全国教育科学"十二五"规划教育部重点课题
（DCA120183）"面向学习创新的电子书包中小学教学应用研究"结项成果

基于电子书包的数字化学习研究与实践

张文兰　著

陕西师范大学出版总社有限公司

图书代号　ZZ18N1681

图书在版编目（CIP）数据

基于电子书包的数字化学习研究与实践／张文兰著. —西安：
陕西师范大学出版总社有限公司，2018.12
ISBN 978-7-5695-0396-8

Ⅰ．①基…　Ⅱ．①张…　Ⅲ．①计算机辅助教学—
教学研究—中小学　Ⅳ．①G434

中国版本图书馆 CIP 数据核字（2018）第 259911 号

基于电子书包的数字化学习研究与实践
JIYU DIANZI SHUBAO DE SHUZIHUA XUEXI YANJIU YU SHIJIAN
张文兰　著

责任编辑	古　洁　杜世雄
责任校对	刘　斌　古　洁
装帧设计	鼎新设计
出版发行	陕西师范大学出版总社
	（西安市长安南路 199 号　邮编 710062）
网　　址	http://www.snupg.com
经　　销	新华书店
印　　刷	西安日报社印务中心
开　　本	787mm×1092mm　1/16
印　　张	17.5
字　　数	270 千
版　　次	2018 年 12 月第 1 版
印　　次	2018 年 12 月第 1 次印刷
书　　号	ISBN 978-7-5695-0396-8
定　　价	41.00 元

读者购书、书店添货或发现印装质量问题，请与本社高等教育出版中心联系。
电话：(029)85303622（传真）　85307864

序　言

　　"信息技术对教育发展具有革命性影响"已成为教育领域的共识,"以信息化引领教育理念和教育模式的创新"是我国当前和未来教育发展的一个重要战略。近年来,国家相继出台一系列推进教育信息化的政策和措施,旨在全力推动信息技术与教育教学的融合发展、强化教育信息化对课程与教学改革的服务与支撑。

　　在此背景下,基于电子书包的信息化学习环境受到教育领域的关注,它以个性化、便捷性、深度互动等多方面的优势,为信息技术与教育教学的深度融合提供了良好的支持,为改变传统的知识传授型教学、实现学生学习的自主性和个性化、培养学生的核心素养提供了有力的支撑,已成为教育信息化发展的热点之一。国际上,美国、日本、韩国、新加坡等国较早就开展了移动设备教学应用的探索;国内,电子书包作为一项重要的教育信息化实践项目,也得到了相关领域的关注和重视,人们对基于电子书包的教学应用开展了广泛的研究。

　　在研究与探索中,如何有效利用电子书包的功能与优势,实现教与学方式的创新、培养学生的核心素养是人们关注的重点。基于这一问题,本人自2012 年开始,依托全国教育科学"十二五"规划教育部重点课题"面向学习创新的电子书包中小学教学应用研究"(课题编号:DCA120183),围绕"基于电子书包的学科教学应用"这一核心议题,开展了多年持续的研究,本书即为该研究的重要成果。

　　在内容上,本书主要围绕"电子书包环境下如何设计和应用创新的教与学模式"这一问题,从时代背景、发展现状、理论基础、学习设计、应用模式、反思展望等方面进行了系统、深入的阐述。全书分为八章,第一章从"信息时代对人才培养的新要求""教育信息化——世界各国教育改革的共同趋向""电子书包发展的技术背景"等几个方面介绍了电子书包教学应用的时代背景;第二章在分析电子书包内涵及特征的基础上,梳理了国内外电子书包教学应用的发展现状;第三章阐述了电子书包教学应用的理论基础,为学习设计和应用模式提供了理论依据;第四章阐明了基于电子书包的数字化学习环境设计框架和内容,为教学应用提供了技术的支撑;第五章提出了基于电子书包的数字化学习设计原则以及设计流程和方法;第六章和第七章探索了具体的电子书包教学应用模式,根据我国中小学分科教学的现实情况以及国际课程改革的跨学科发展趋势,从分科教学和跨学科教学两个方面对电子书包环境下中小学学科教学创新模式进行了阐述,分别构建并在实践中应用了基于电子书包的授导互动教学模式、基于电子书包的项目式学习模式;第八章基于对研究和实践的反思,总结了当前基于电子书包的教与学存在的问题和困境,并提出了未来的行动策略和发展方向。

本书中的主要成果在实践应用中取得了较好的效果,促进了学生核心素养的发展、提高了教师的信息化教学能力、提升了实验学校的教育信息化影响力,同时也得到了教育管理部门和中小学的广泛认可,目前已在陕西、山西、广东等地的多所中小学校推广应用,为促进信息技术与教育教学的深度融合、推进课程与教学的改革与创新提供了理论指导和实践支持。

在研究过程中,西安立人科技有限公司为研究与实践过程提供了硬件、平台、资源等方面的技术支持,广州市农林下路小学、西安市大雁塔小学、陕西师范大学附属中学参与了本研究的教学应用试点,陕西师范大学周榕副教授、赵姝博士也参与了课题的研究工作,没有他们的合作和大力支持,本研究很难顺利进行,在此特别表示感谢。此外,本人的博士研究生刘斌、刘君玲、苏瑞、硕士研究生员阁、连云梅、张俊彪、张思琦、刘春玲、刘洁荣、成小娟、丁静静、江毓君、房萌萌、卢美杏等也参与了本课题的研究,他们发表的部分成果和学位论文多是基于本课题研究完成的。在本人的指导下,他们深入中小学课堂,与一线教师进行点对点、面对面的深度交流和合作,探索出了基于电子书包的多个学科的应用模式,为中小学教师开展"一对一"数字化学习环境下的学科教学提供了有价值的研究成果,这些成果也成为本书写作的重要内容素材。在本书的出版过程中,硕士研究生闫怡、胡姣、刘盼盼参与了书稿的校对工作,出版社的编辑古洁为本书的出版付出了辛勤的劳动,在此一并感谢。

限于本人的能力、时间有限,书中的错误和疏漏在所难免,敬请读者批评指正。

张文兰

2018 年 11 月

目　　录

第一章

电子书包发展的时代背景

> 我呼吁教育主管部门和学校制定新的21世纪评价标准，这些标准不是简单衡量学生会不会在考试中做一些不切实际的题目，而是考察他们是否具备21世纪的技能，如解决问题的能力、批判性思考、企业家风范和创造力等。
>
> ——贝拉克·奥巴马

　　电子书包是新兴技术在教育领域应用的产物,近年来在教育领域的应用备受关注。它作为数字化教育的新媒体和新环境,正逐渐对传统教育产生影响,并成为推动教育信息化发展的一个重要举措。电子书包在教育中的广泛应用既是信息时代对人才培养的新要求使然,也和信息技术的快速发展有关,同时和世界各国教育信息化的发展进程密不可分。

第一节　信息时代对人才培养的新要求

　　教育作为整个社会大系统的一个子系统,与政治、经济、文化等子系统之间有着千丝万缕的联系。一定程度上,正是因为教育的存在,才使社会大系统的运转不断走向深化。当前,国际世界在各个领域的交流愈益频繁,合作更加广泛和深入。一个国家在未来国际世界中所扮演的角色、所拥有的话语权、所能发挥的能量最终取决于这个国家的整体公民素养,而今天在学校接受教育的学生是未来社会公民的核心构成。这就是说,今天如何定位学生的培养目标以及如何培养他们,将可能直接影响他们在未来国际社会中价值发挥的程度。而培养目标的变化也必将导致课程评价标准、课程与教学、学习环境、教师专业等一系列人才培养支撑体系的变化。

一、核心素养——面向未来的人才培养目标

　　面向未来,社会到底需要什么样的人? 他们应该具备哪些素养? 如何培养未来的公民,以使他们能够更好地适应 21 世纪的生活和工作? 这是所有关心教育的人都在不停追问的话题,同样是世界各国关注的焦点。实际上,自 20 世纪 90 年代中后期,国际社会特别是欧美发达国家,普遍将培养学生的素养作为培养目标的重要维度。

(一)欧盟的核心素养

1. 欧盟核心素养提出的背景及由来

　　2000 年 3 月 23 日至 24 日,在葡萄牙首都里斯本举行的特别首脑会议上,欧盟 15 国领导人就欧盟未来十年的经济发展规划达成共识,形成了"里斯本战略"(Lisbon Strategy),其核心目标是使欧盟在 2010 年成为"世界上最有竞争力和活力的知识经济体,实现经济可持续增长,创造更多就业机会以及提升社会凝聚力"。

在教育与培训领域,为了落实"里斯本战略"所提出的相关目标,欧盟理事会下属的"教育青年文化总司"提出了"提高教育和培训系统质量和有效性""为全民提供更加便捷的教育与培训机会"以及"增进各国教育和培训系统对其他国家的开放性"三项战略目标,包括了 13 个具体目标。2001 年至 2003 年间,欧盟委员会针对上述 13 个具体目标先后成立了 9 个专题工作组,其中的"工作组 B"是专门针对核心素养的研制和建设而设立的,其主要任务是甄别和界定"新基本能力包括哪些内容""它们如何与课程相整合"以及"如何在人一生的学习中培养与发展"。2002 年 3 月"工作组 B"提出了 8 项核心素养的第一个版本,此后在广泛调研和大量专家咨询的基础上,8 项核心素养在文字表述和具体内涵上有所调整,最终形成了 2006 年发布的正式版本。

2. 欧美核心素养的结构与内容

欧盟 2006 年发布的核心素养正式版本如表 1－1 所示[①]。共包含 8 项核心素养,分别为:使用母语交流、使用外语交流、数学素养与基本的科学技术素养、数字素养、学会学习、社会与公民素养、主动意识与创业精神、文化意识与表达。

表 1－1　欧盟 2006 年发布的核心素养

核心素养	知识	技能	态度
使用母语交流（Communication in mother tongue）	● 母语的词汇、语法及语言功能等知识 ● 了解文学语言与非文学语言以及各种语境下的不同语言形式	● 在各种场合运用口语和书面语进行交流 ● 甄别和使用不同表达方式、检索和处理信息、使用词典等辅助工具,形成和表达观点	● 对批判性和建设性对话的积极频向 ● 对语言之美的欣赏与追求 ● 与人交流的兴趣 ● 积极和富有社会责任感地使用母语语的觉识

① 裴新宁,刘新阳.为 21 世纪重建教育——欧盟"核心素养"框架的确立[J].全球教育展望,2013,(12):89－102.

核心素养	知识	技能	态度
使用外语交流（Communication In foreign language）	● 外语词汇、语法及语言表达形式等知识 ● 社会习俗与文化方面的知识	● 口语会话、阅读和理解文本 ● 使用词典等辅助工具及自学外语	● 欣赏文化多样性 ● 对语言和跨文化交流的兴趣和好奇心
数学素养与基本的科学技术素养（Mathematical competence and basic competence in science and technology）	● 关于数、度量和结构的扎实知识；基本运算和数学表征；对数学概念和原理的理解和数学问题意识 ● 自然科学基本原理、基本科学概念和方法，技术和技术产品及过程等基础知识；对科学技术对自然界的影响，以及科技的优势、局限和风险等的理解	● 应用基本的数学原理解决日常情境中的问题，遵循和评估证据链；进行数学推理，理解数学证明及运用数学语言和恰当工具 ● 运用技术手段和数据达到目标或得出基于证据的决定或结论 ● 认识科学研究的基本特征并对其结论和推理进行交流	● 尊重事实真相；愿意探寻原因和评价有效性 ● 有好奇心和批判精神；对伦理问题、安全和可持续发展的关注；对自身、家庭、社区和全球问题相关的科学和技术议题的关注
数字素养（Digital competence）	● 有关信息技术本质、作用及操作等方面的知识有较好地理解，包括字处理数据库、信息管理等软件的使用方法；认识网络及电子媒介所带来的可能性和潜在风险；理解信息技术如何支持创新；对信息的可靠性和合法性的判断以及对相关法律和伦理问题的认知	● 批判和系统地检索、收集、处理和运用信息；鉴别和评价信息；使用软件和网络服务生成、表达和理解复杂信息；运用信息技术支持批判性思维、创造和创新	● 对信息的反思和批判的态度；负责任地使用交互性媒体；出于文化的、社会的以及职业的目的置身于网络和虚拟社区的兴趣

核心素养被视作为统领欧盟教育和培训系统的总体目标体系，其核心理念是使全体欧盟公民具备终身学习力，从而在全球化浪潮和知识经济的

挑战中能够实现个人成功与社会经济发展的理想。这一目标体系的突出特点在于统整了个人、社会和经济三个方面的目标与追求,在个人的自我实现与发展方面,核心素养必须为人们追求个人生活目标提供支持,为个人兴趣、梦想及终身学习的愿望提供动力;在社会生活方面,核心素养应该满足每个人建立公民身份、行使公民权利、积极融入社会的需要;在经济方面,核心素养应该使每个人都具备在劳动市场上找到一份合适工作的能力,为欧盟在知识经济中的全球竞争力提供保障。欧盟核心素养框架,在兼顾个人发展、社会进步与经济增长的同时,与欧洲的终身学习战略密切结合,为学前教育、中小学教育、高等教育、职业教育、成人教育及在职培训等各级各类教育建立细化的素养结构,特别是研制具体的课程改革计划和课程标准、开发学业成就测量与评价,以及开展教师培训等研究和实践,起到了统领作用。

欧盟核心素养框架的出台,也吹响了世界范围政府层面发起的课程变革的号角,并为北美和其他国家或地区教育人才素养结构的研究提供了榜样。比如,美国的"21 世纪能力框架"无论从价值取向、内容还是功能定位等方面都与欧盟的核心素养非常类似。

(二)美国的 21 世纪技能

当今世界,美国之所以在经济、科技等方面一直保持全球领先的地位,很大程度上得益于其拥有的具备国际竞争力的人才。而"21 世纪技能"计划体现了美国教育界对未来社会需求的精准的把握和前瞻力,旨在培养能够胜任信息时代的挑战,并在全世界范围内培养优秀的人才。

1. "21 世纪技能"的由来

早在 20 世纪 90 年代,一些国家和国际教育组织就开始讨论 21 世纪所必需的技能。进入 21 世纪,这些技能的重要性更加凸显。作为教育强国的美国,2002 年在联邦教育部的主持下成立了"21 世纪技能合作组织(Partnership For 21st Century Skills)"(以下简称"合作组织"),该组织将 21 世纪应具备的基本技能进行整合,制订了《21 世纪技能框架》(以下简称《框架》),并以合作伙伴的形式将教育界、商业界、社区以及政府领导联合起来,帮助把 21 世纪技能的培养融入中小学教育当中。2007 年 3 月,合作组织发布了《框架》的更新版本(如图 1-1 所示)。图 1-1 全面、清晰地将各种技能以及它们之间的相互关系呈现出来,并设计了系统的方案来保障计划的实施。新的框架以科学理论为支撑,并且具有实践的可操作性,加入该组织的 14 个州在它的指导下有效地开展了"21 世纪技能"计划。

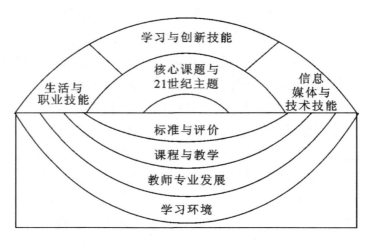

图 1-1　美国 21 世纪技能

2."21 世纪技能"的结构组成

(1)基础:核心学科

美国有研究者认为,21 世纪的教育必须建立在坚实的学科知识基础之上,教师在核心学科的教学过程中培养学生的"21 世纪技能"。核心学科包括阅读、外语、美术、数学、经济、科学、地理、历史、政府和公民。核心学科的教学需遵循以下原则:

① 让学生参与知识获取的过程。学科知识的学习并不意味着只是信息的储存,学生应当通过思考,主动建构自己的知识体系。

② 增加学科知识的深度。美国基础教育内容向来侧重广度而非深度,特别是数学学科,有些概念虽然年复一年的重复,但学生并不能够深刻地理解。

③ 注重知识的实际运用。学生应当能够把学科知识运用到工作、家庭、社区以及未来的学习中。课程设计和教学应当培养学生的迁移能力,使知识与学生个人的真实世界有所关联,从而加深对学科的理解。

④ 融入跨学科问题。要将跨学科的主题(全球意识,财政、经济、商业

和企业能力,公民素养,健康素养,环境素养等)贯穿于核心课程之中。

(2)技能领域一:学习与创新技能

21世纪技能中被置于最顶端的、也被认为是最关键的技能为学习与创新技能。在这一维度下又包括:批评性思考与问题解决能力(专家思考能力)、交流与协作能力(复杂交流能力)、创造与革新能力(运用想象和发明的能力)。以上三种技能不仅是使人在学习和创造性劳动中终生受益的关键技能,还是自主式终身学习者取得成果的核心要诀。

批判性思考和问题解决能力被许多人认为是21世纪学习的新基础。认知科学揭示了一条亘古不变的教学原则:学习者在掌握学科知识之前,必须先有学以致用的企图。事实证明,学以致用(将批判性思考、问题解决能力以及创新能力运用于学科知识),能激发学习者的学习动力,提高学习效果。

交流与合作能力一直是教育关注的一项基本技能。这一技能包括正确表达、流利阅读以及清晰的书写等几个方面。信息时代多样化的沟通和交流工具与方式的出现,要求人们具备更广、更深的个人交流和协作技能,以促进共同学习。在很多情况下,合作与交流是同时发生的,比如与不同的团队一起工作,或者为了完成一个共同的目标而进行必要的协商。特别是当前,很多国际化的工作团队需要跨越时间、国家和文化进行合作。

以新方式解决问题的能力、发明新技术或对现有技术进行创造性的运用能力,特别是发现新的知识和推出全新行业的能力被认为是适应信息时代、面向未来的核心能力。传统教育的侧重点是事实、记忆、基本技能和应试,这种传统对于创造力和革新力的培养并不利。美国心理学家加德纳认为,培养创造力的教学具有以下特征:探究、挑战性问题、宽容、鼓励和多犯错误。

批评性思考与解决问题的能力、交流与协作能力以及创造与革新能力是我们在21世纪学习、工作和生活所必备的三种最重要能力。当今时代的信息技术工具和手段使这些学习和革新技能变得更加强大,由此带来对信息、媒体和ICT等数字媒体素养技能的要求。

(3)技能领域二:信息、媒体与技术技能

信息技术的发展为我们带来多样化的、数字化的学习工具和手段,为学习者拓展思考、学习、交流、合作和创造提供了前所未有的支持和力量。但同时也要求学习者掌握和学会处理海量信息、媒体和新的技术手段。

现在的学生成长在一个数字化的信息世界中，他们有丰富的技术设备来接收、存储和加工信息，但如何及时并善于访问信息、批判性而又睿智地评估信息、准确而创造性地利用信息等这些信息素养却并不是每一个学习者具备的。在21世纪，每个学习者、每个公民的信息素养和娴熟程度都需要提高和增强。

21世纪的学生被各种数字媒体所包围，他们需要学会怎样将可以得到的媒体资源最有效地用于学习，如何利用媒体创建工具、创建优秀而有效的交流产品，如视频、音频、播客和网站，这便是信息时代所需的一项基本技能——媒体素养。

尽管我们称之为"数字土著"的21世纪的学生，从出生的那一天起，就"浸泡在数字字节"中，在使用技术方面一般比其父母或老师更出色，但他们在如何最有效地运用这些强大的技术作为一种研究、组织、评估和交流信息的工具，合理地运用数字技术访问、管理、集成、评估和创建信息以及合乎道德和伦理规范地使用技术方面的技术技能仍需进一步的培养。

（4）技能领域三：生活与职业技能

灵活性和适应性、主动性和自我引导、社会和跨文化技能、生产能力和绩效能力、领导能力和责任感等五项技能被认为是21世纪公民或年轻人适应21世纪学习、工作和行使公民权利及履行公民义务的关键技能。因为我们处在一个巨变的时代，快节奏的技术变革迫使所有人必须迅速适应新的交流、学习、工作和生活方式；同时，针对21世纪日新月异的技术变革和快节奏的生活，更强的主动性和自我引导能力以及理解和包容文化、社会背景上的差异并利用这些差异创造性地工作的能力都是21世纪的社会中学习者或年轻人必须具备的基本技能；此外，制定并实现目标、与团队高效地协作和配合、在工作中展示领导能力并承担责任、表现创造性、为自己的行为建立价值准则等能力，也同样是21世纪公民应该具备和教育机构必须加以重视和培养的重要能力。

需要说明的是，生活与职业技能并不是在学生步入社会后才发挥作用，有研究表明,发展这些社会技能,对学校教育有积极影响。当学生开始试图自我控制时,暴力和破坏性行为减少,交往更顺畅,学会移情并帮助他人,学会为自己的行为负责。他们能够把短时满足转变为长时获得,期望更深层的学习并取得更大的成就。尽管这些技能在很长一段时间内都被提倡,但随着各种可用于工作和学习的强大的数字工具的问世,它们都已有了新的内涵,它们无疑将成为我们将来迈向 22 世纪的重要技能。

(三)21 世纪核心素养教育的全球框架

面对日新月异的社会与经济变革,全球许多国际组织、国家和地区都在思考如何培养未来的公民,以使其能够更好地适应 21 世纪的工作与生活。2016 年 6 月 3 日由世界教育创新峰会(WISE)与北京师范大学中国教育创新研究院共同发布了《面向未来:21 世纪核心素养教育的全球经验》的报告。

该报告是在对世界 29 个国际组织和经济体制定的核心素养框架中的相关内容进行了拆分,再将含义相近、层级相当的项目合并,共归纳为 18 个素养条目,大体反映了全球范围内不同组织或经济体的政策制定者对未来公民所应具备的核心素养的基本判断和整体把握。在这 18 项素养条目中,有 9 项都与某个特定内容领域密切相关,称之为领域素养,包括基础领域素养(6 项)和新兴领域素养(3 项);另 9 项超越特定领域的素养称之为通用素养,它们分别指向高阶认知(3 项)、个人成长(2 项)与社会性发展(4 项)。具体内容见表 1 - 2。

表 1 - 2　21 世纪核心素养内容

维度	素　养
领域素养	基础领域素养:语言素养、数学素养、人文与社会素养、艺术素养、运动与健康素养
	新兴领域素养:信息素养、环境素养、财商素养
通用素养	高阶认知:批判性思维、创造性与问题解决、学会学习与终身学习
	个人成长:自我认知与自我调控、人生规划与幸福生活
	社会性发展:沟通与合作、领导力、跨文化与国际理解、公民责任与社会参与

该报告也对各素养在不同国际组织和经济体中的分布状况进行了分

析,发现沟通与合作、创造性与问题解决、信息素养、自我认识与自我调控、批判性思维、学会学习与终身学习以及公民责任与社会参与等七大素养为各国际组织和经济体高度重视;同时,财商素养、环境素养、人生规划与幸福生活以及领导力等素养也开始得到关注。此外,通过比较发现,无论收入水平高低,不同国家和地区对语言、数学、人文与社会、运动与健康、批判性思维、沟通与合作、公民责任与社会参与等素养的关注程度基本相当;较之中等及以下收入经济体,高收入经济体更加关注信息素养、创造性与问题解决、跨文化与国际理解,特别是自我认识与自我调控;而中等及以下收入经济体更加重视科技素养、艺术素养、环境素养,特别是学会学习与终身学习;值得一提的是,财商素养、人生规划与幸福生活以及领导力仅为高收入经济体所关注。

二、面向核心素养培养的基础教育课程深化改革

2001 年启动的新课程改革是我国在千年转换时期为实现素质教育理想并适应时代发展的又一次努力。它在价值观上提出了解放每一个学生、每一个教师和每一所学校的追求,在知识观上提出了自主、合作、探究的教育方法论体系,在管理上提出了"分权化"或"均权化"的课程管理体制,这一切均体现出 2001 年新课程改革的教育民主性质。2001 年新课程改革可大致划分为两个阶段:2001—2014 为第一阶段,旨在构建我国素质教育课程体系;2015 年以后为第二阶段,旨在构建我国信息时代的课程体系。第二阶段的课程改革一方面继续坚持素质教育的方向和理念,一方面主要探讨了信息化、全球化及知识经济时代的特点及其对个人、社会和教育发展提出的新挑战,并在此基础上确立人才培养的目标,建构与新的人才培养目标相应的课程体系。为此,教育部自 2015 年初开始,借鉴国际课程改革的先进经验,并结合 2001 年以来基础教育课程改革尚存在的一些问题,确立了以发展学生核心素养为目标的课程改革方向。

(一)新世纪的基础教育课程改革

进入新千年,针对我国基础教育存在的一些有悖于素质教育要求与教育规律的问题,如:教育观念滞后,人才培养目标同时代发展的需求不能完全适应;思想品德教育的针对性、实效性不强;课程内容存在"繁、难、偏、旧"的状况;课程结构单一,学科体系相对封闭,难以反映现代科技、社会发展的

新内容,脱离学生经验和社会实际;学生苦于死记硬背,教师乐于题海训练的状况普遍存在;课程评价过于强调学业成绩和甄别、选拔的功能;课程管理强调统一,致使课程难以适应当地经济、社会和学生多样发展的需求,等等。2001 年我国启动了第八次课程改革,这次改革是在历次课程与教材改革的基础上进行的,充分考虑到现代社会发展、信息技术进步与学生性质变化等因素,确立了基础教育课程改革的总目标:大力推进基础教育课程改革,调整和改革基础教育的课程体系、结构、内容,构建符合素质教育要求的新的基础教育课程体系。为了实现这一总目标,提出 6 项改革的具体目标[①]:

(1)改变课程过于注重知识传授的倾向,强调形成积极主动的学习态度,使获得基础知识与基本技能的过程同时成为学会学习和形成正确价值观的过程。

(2)改变课程结构过于强调学科本位、科目过多和缺乏整合的现状,整体设置九年一贯的课程门类和课时比例,并设置综合课程,适应不同地区及学生发展的需求,体现课程结构的均衡性、综合性和选择性。

(3)改变课程内容"难、繁、偏、旧"和过于注重书本知识的现状,加强课程内容与学生生活以及现代社会和科技发展的联系,关注学生的学习兴趣和经验,精选终身学习必备的基础知识和技能。

(4)改变课程实施过于强调接受学习、死记硬背、机械训练的现状,倡导学生主动参与、乐于探究、勤于动手,培养学生搜集和处理信息的能力、获取新知识能力、分析和解决问题能力以及交流与合作能力。

(5)改变课程评价过分强调甄别与选拔的功能,发挥评价促进学生发展、教师提高和改进教学实践的功能。

(6)改变课程管理过于集中的状况,实行国家、地方、学校三级课程管理,增强课程对地方、学校及学生的适应性。

(二)走向核心素养发展的基础教育课程改革

2001 年启动的基础教育课程改革在实施十多年后,在改变传统的"知识本位"和以"教"为主的教学模式,改变单一的课程结构和封闭的学科体系、

---

① 崔允漷.新课程"新"在何处?——解读《基础教育课程改革纲要(试行)》[J].教育发展研究,2001,(9):5-10.

改变教与学的方式及课程评价、课程管理方面取得了一定的成效,但随着经济全球化深入发展,信息网络技术突飞猛进,各种思想文化交流、交融、交锋更加频繁,学生成长环境发生深刻变化,青少年学生思想意识更加自主,价值追求更加多样,个性特点更加鲜明,随着国际竞争日趋激烈,人才强国战略深入实施,时代和社会发展需要进一步提高国民的综合素质,培养创新人才。这些变化和需求对课程改革提出了更高的新要求。与此同时,面对日新月异的社会与经济变革,全球许多国际组织、国家和地区都在思考如何培养未来的公民,以使其能够更好地适应 21 世纪的工作与生活。核心素养作为各国学校教育培养目标而被广泛关注。作为 21 世纪学校教育培养目标的新追求,核心素养早在 2003 年世界经合组织(OECD)发布的《核心素养促进成功的生活和健全的社会》(Key Competencies for a Successful Life and a Well – Functioning Society)的报告中已被正式提出,世界各国基于核心素养的课程改革也在初步尝试的过程中。目前,世界各国都把核心素养视为课程设计的 DNA,努力研制基于核心素养的教育或课程标准,期望在核心素养统领下以教育或课程标准为抓手发动教育改革。

在上述背景下,培养学生的核心素养成为我国基础教育课程改革进一步深化和发展的方向。2014 年 3 月,在《教育部关于全面深化课程改革落实立德树人根本任务的意见》中,"核心素养"被置于重要地位,并成为引领课程改革深化的方向。2016 年 9 月 13 日,由教育部委托北京师范大学林崇德教授牵头的近百人研究团队历时近两年研究形成的中国学生发展核心素养框架正式颁布(如图 1 – 2 所示)。

目前,教育部正组织研究并提出各学段学生发展核心素养体系,明确学生应具备的适应终身发展和社会发展需要的必备品格和关键能力,突出强调个人修养、社会关爱、家国情怀,更加注重自主发展、合作参与、创新实践。研究制订中小学各学科学业质量标准和高等学校相关学科专业类教学质量国家标准,根据核心素养体系,明确学生完成不同学段、不同年级、不同学科学习内容后应该达到的程度要求,指导教师准确把握教学的深度和广度,使考试评价更加准确反映人才培养要求。并强调各级各类学校要从实际情况和学生特点出发,把核心素养和学业质量要求落实到各学科教学中。在核心素养体系和学业质量标准确定的基础上,教育部将会进一步组织修订课程方案和课程标准,编写、修订高校和中小学相关学科教材,加快推进考试

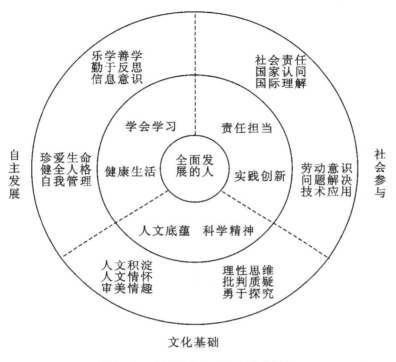

图1-2 中国学生发展核心素养框架

招生制度改革,注重综合考查学生发展情况,引导学校实施素质教育,科学选拔人才。

第二节 教育信息化——世界各国教育改革的共同趋向

自20世纪90年代中后期,国际社会特别是欧美发达国家,普遍将培养学生的素养作为培养目标的重要维度。在各国核心素养的框架中,都把信息素养作为一个重要的教育目标加以关注。同时,随着信息技术特别是新一代信息技术,如传感技术、物联网技术、移动通讯技术、大数据分析、3D打印等在教育领域的应用,不仅提供了新的教育手段,更对教育教学的观念、教学内容及教与学的方式、教学评价的方式等都产生了深刻的影响,在使教育面临新的挑战的同时,也为教育的变革与发展提供了新的机遇,为核心素养的培养、教育质量的提升、教育公平的实现等,提供了有力的信息化环境的支撑。面对国际化、信息化及核心素养培养对教育改革的重大影响,各国纷纷制订和修改本国教育改革方案,积极地迎接挑战。以教育信息化促进教育教学的发展和创新成为世界各国教育改革的共同趋向。

一、世界各国基础教育信息化发展进程

教育信息化是指在国家统一计划和组织的推动下,应用现代信息技术(计算机技术、多媒体技术、网络技术、通信技术、物联网技术、人工智能技术、大数据技术等),通过各种渠道重点建设,充分利用软件、硬件资源,加速教育现代化,促进教育的改革和发展。在推进教育信息化的进程中,各国教育信息化发展不尽相同。受篇幅所限,我们将有选择地介绍欧美、亚洲等一些国家的基础教育信息化发展的进程,通过对这些国家教育信息化发展进程的了解,能够使我们对世界各国教育改革和教育信息化发展有一个初步的了解。

(一)欧美国家的教育信息化发展进程

在世界各国纷纷推动本国的教育信息化,促进教育改革的浪潮中,美国的教育信息化走在了世界的前列,欧洲国家紧随其后,各国都先后提出了促进本国教育信息化的一系列举措。

1. 美国教育信息化发展进程

美国教育领域高度重视信息技术对教育变革的推动作用,教育信息化研究和实践一直走在世界前沿,并为世界各国教育信息化建设和发展提供可借鉴的经验和示范。

早在 1996 年,美国中学已达到平均 9 人一台微机,在全部中小学中约有 65% 的学校实现了联网,14% 的教室连接了 Internet。同年为了顺应 20 世纪 90 年代初期和中期由戏剧性的技术革新带来的教育机会,美国教育部颁发了世界上第一个国家教育技术计划——《让美国学生为 21 世纪做好准备:迎接技术能力的挑战》,该计划提出了一个以四项国家教育技术目标为导向的广泛改进教与学的远景设想。

2000 年底,为了进一步落实将技术应用到教育中的承诺,美国又颁布了《数字化学习——美国国家教育计划》。在这一新的计划中,美国联邦教育部部长理查德·W. 赖利向国会和政府提出了新的国家教育技术目标,即 E – LEARNING:PUTTING A WORLD – CLASS EDUCATION AT THE FINGER-TIPS OF ALL CHILDREN,翻译成中文就是数字化学习:让所有的孩子随时

都能得到世界一流的教育。该计划共包括 5 个方面的内容,目标 1:所有的学生和教师都能在教室、学校、社区以及家庭中使用信息技术;目标 2:所有的教师都将能够有效地运用技术帮助学生达到较高的学业标准;目标 3:所有的学生都要具备信息技术方面的知识与技能;目标 4:通过研究与评估,促进新一代技术在教与学中的应用;目标 5:通过数字化内容和网络的应用改革教与学。

2005 年 1 月 7 日,美国教育部在 2004 年版《美国国家教育技术计划——迈向美国教育的黄金时代:因特网、法律和美国当代学生变革展望》中,提出了第三个美国国家教育技术计划,该计划是在美国政府 NCLB 法案(不让一个儿童落伍)指导下制订的国家教育技术发展战略性计划。不同于前两个计划,新的计划是在以学生为中心的研究报告的基础上提出的。计划从美国学生的变化、美国学校面临网络时代的挑战、新型教育形态在学校教育形态之外呈爆炸式发展及信息技术支持下的教育测量的发展等几个方面对美国教育信息化现状进行了分析,并进一步提出了今后美国国家教育技术的 7 个主要行动步骤和建议,包括:加强领导、考虑革新预算、改进教师培训、支持 E－learning 和虚拟学校、鼓励使用宽带网、迈向数字内容、数据整合系统等。

2008 年 6 月,在美国得克萨斯州圣安东尼奥市召开的第 29 届全美教育信息化年会(NECC2008)上,美国国际教育技术协会颁布了《面向教师的美国国家教育技术标准(NETS·T)》的第 2 版。正如 eSchool News 网站所说,NETS·T(2008)为教师从工业时代向数字化时代全面转变过程中运用技术提供了一个全新的指导框架。

2009 年 6 月,在由美国国际教育技术协会主办的全美教育信息化年会上正式发布了《面向管理者的国家教育技术标准》(National Educational Technology Standards for Administration,NETS·A)的第 2 版。该标准中一个最重要的转变就是从"以学生为中心的教学"转向"以学生为中心的学习",从教师的"专业发展"转向"持续的专业学习"。尽管只有一词之差,但却隐含着新版 NETS·A 致力于促进学生和教师专业发展的教育理念。

2010 年 3 月 5 日,美国教育部教育技术办公室(Office of Education Technology)发布了题为《变革美国教育:技术推动学习》的国家教育技术计划草稿。同年 11 月,正式发布了这项国家教育技术计划。该计划提出了一个技术推动的 21 世纪学习模式,围绕学习、评价、教学、基础设施、生产力等 5 个方面,提出了主要发展目标和建议。美国国家教育技术计划(NETP2010)旨在通过发动一场彻底的教育改革,提高美国的教育质量,为美国的继续发展培养各种先驱者和创新者。在这个计划当中,充分肯定了技术在教育中的重要地位,并且认为技术是教育改革的动力源泉。

2015 年 11 月,美国联邦教育部教育技术办公室颁布了第 5 个"美国教育技术规划"——《为未来做准备的学习:重塑技术在教育中的角色》(NETP2016)。该规划针对美国教育面临的困惑和挑战,重新审视了技术变革学习的作用,旨在通过变革学习方式和经历,缩小长期存在的公平性和可及性差距,为所有学习者发展创造条件。该计划内容涵盖学习、教学、领导力、评价和基础设施等 5 个领域,各个领域的目标如下。①

(1)学习:技术支持的参与式和自主性学习

NETP2016 提出针对学习的目标是:让所有学习者能够在正式和非正式场合通过沉浸式和自主性学习获得学习经验,以成为当前全球互联社会中积极的、创造的、有知识的、合乎伦理的参与者。

(2)教学:利用技术开展教学

NETP2016 提出教学的目标:在技术支持下,教师可以与他人、数据、内容、资源、专门知识和学习体验联结起来,以调动和激发他们为所有学习者提供更加有效的教学。

(3)领导力:为创新和变革创建文化和条件

NETP2016 提出领导力的目标:为了学习中所使用的技术,在教育领导者角色和责任的所有层面中嵌入对技术支持教育的理解,州、区域和地方应建立在学习中使用技术的愿景。

(4)评价:学习测量

NETP2016 提出评价的目标:教育系统在各个层面上都将发挥技术的力量,对重要的事情进行测量,并且使用评价数据提高学习。

(5)基础设施:能够使用和有效使用

NETP2016 提出基础设施的目标:任何学生和教师,无论何时何地,都可

---

① 赵建华,蒋银健,姚鹏阁,李百惠,为未来做准备的学习:重塑技术在教育中的角色——美国国家教育技术规划(NET2016)解读[J].现代远程教育研究,2016(02):3-17.

以根据需要使用可靠、全面的基础设施进行学习。

NETP 的领域内容反映了美国教育信息化建设所关注的内容,即学习是第一位的,促进学生成长和发展是教育信息化建设的目的和核心。教学是引领和促进学习的重要条件,尤其教师质量是决定教育质量的重要因素。领导力则是保证教育系统高效率的关键,作为领导力核心的愿景,尤其针对技术应用的愿景是决定其能否发挥作用的关键。随着技术在教育中的使用,评价目标、过程、结果均发生了质的变化。基础设施建设则是反映技术发展与教育需求的环境要素,是教与学变革的基础性要素,也是支撑新型教与学的关键和核心。虽然教育信息化建设涉及的要素非常多,但是这 5 个核心要素决定了教育信息化建设的效益。因此,处理好 5 个要素彼此之间的关系是推进教育信息化建设快速发展的前提和保障。

2. 英国的教育信息化发展进程

教育信息化这一概念在英国通常称为教育中的信息与通信技术(Information and Communication Technology in Education)。英国政府十分重视信息通信技术对教育改革及教育发展的推动作用。2004 年 7 月,英国教育与技能部(Department for Education and Skills,DFES)在其颁布的《儿童与学习者五年规划》中指出,信息与通信技术是整个英国教育改革的核心。作为推动教育改革的强大动力,信息与通信技术是需要学习的内容,它不只是传统教育的辅助工具,更是推动整个教育体系发展的重要因素,它将促使英国基础教育的目标、内容、方法、形式以及学校结构等方面发生深层次的变革。

2005 年 3 月,英国教育与技能部颁布实施了《利用技术:改变学习及儿童服务》信息化策略。在策略中,英国政府提出了如下的教育信息化发展基本目标:①通过观念分享更多精彩课程以及专业人员在线帮助等形式改善教学与学习,帮助儿童及青年提高学习成绩;②通过特殊需要支持更多学习激励方式、更多关于如何以及在哪里学习的选择,来帮助学习困难者;③建立一个公开的、可及的体系,为父母、亲属、儿童、青年、成年学习者以及企业等提供更多的在线信息与服务,通过更多交叉机构合作提高个性化支持与选择;④通过在线研究、观念分享及课程计划访问、儿童服务系统及方法改良、成果共享及更轻松的管理等方式,实现更优化的效率与效能。

2007 年,英国政府发布《2007 年信息化监测报告:教育信息化的进展及成效》(Harnessing Technology Review 2007:Progress and Impact of Technology in Education）。报告显示：2007 年，英国中学的学生和计算机的生机比为3.6：1，小学的生机比为 6.2：1。笔记本电脑拥有率在小学和中学都有上升，小学达到90%，平均每校 14 台；中学达到95%，平均每校 77 台。

2008 年 7 月，英国教育与通信技术局公布了新的《利用技术：新一代学习（2008—2014）》信息化策略，其中在总结英国自 2005 年利用技术策略实施以来教育机构及相关产业在信息通信技术推广应用方面所取得的成绩与经验基础之上，确立了下一阶段新的教育技术发展目标及措施计划，以更好地适应新时期英国教育及学习者发展的需求。

2009 年 6 月，教育通信和技术管理机构启动了"下一代学习"2009—2012 年实施计划，主旨是面向未来教育、技术和革新的技术策略，针对基础教育信息化建设制订了《下一代学习宪章》（Next Generation Learning Charter）。这一宪章作为学校信息化发展的有效评估体系，并提供学校的自我评估框架及评估工具，利用该工具可以评审学校自身的实践情况，帮助学校制定发展计划。

自 2011 年起，英国教育信息化重视发展"数字化自信体系"，该体系注重为学生提供随时随地可获取的学习资源和支持，帮助学生建立高阶技能，使所有学生都能提高学习收益。信息技术促进教育教学变革创新，信息技术与教育教学紧密融合成为发展主题，学生面向未来的素养培养得到高度重视。2011 年 11 月，英国政府宣布启动"政府云（G - Cloud）"计划，开启了绿色管理之路。政府云改变了以往由个人电脑存储程序和数据的方式，所有的数据都被存储在"云"上，电脑与服务器可以通过访问网络来获取"云"上的数据，包括基础设施、服务平台、应用程序等。

2013 年 9 月，英国将原来的"ICT"课程调整为"Computing"，包括三个领域："数字素养""信息技术"和"计算机科学"。数字素养是能自信、安全、有效地使用计算机；信息技术是为满足用户特定需求而选取软件，配置数字化设备；计算机科学包括算法、数据结构、程序、系统架构、设计等原理。"Computing"课程标准指出："高质量的 Computing 课程学习，有助于学生利用计算思维和创造力来理解并改变世界。……确保学生具备数字素养，让学生应用 ICT 表达自己想法，使他们能达到一定的水平以适应未来工作，并成为数字社会的积极参与者。"同时，课程也强调计算机科学对于科学、工程的基础性以及驱动技术创新促进国民经济发展的意义。

（二）亚洲国家的教育信息化发展概况

在亚洲,一些经济比较发达的国家和地区在教育信息化方面显示出赶超美欧的强劲势头。

1.新加坡教育信息化举措

新加坡在教育信息化方面可以说是一步登天,早在 1996 年就推出了雄心勃勃的教育信息化计划——投资 20 亿美元使每间教室连通 Internet,并做到每两位学生一台微机,每位教师一台笔记本电脑。2003 年 12 月发布的世界各国信息技术发展状况排行榜显示,新加坡的"计算机网络准备能力指数（NRI）"在全球排名第二位,仅次于美国。而且新加坡中小学校的计算机与学生数之比还超过了美国,在学校上网的方便程度也位居世界前列。这些与新加坡政府大力推动教育信息化是分不开的。新加坡是世界上少数几个最早制定教育信息化总体规划的国家之一。

1996 年,新加坡制定了国家教育信息化总体规划。该规划的一期工程（Masterplan Ⅰ,简称 MP1）于 1997 年开始实施,2002 年结束。其基本目标是:到 2002 年,所有学校的学生与计算机之比要达到 2：1,每位教师要拥有一台笔记本电脑,在学校的各个学习区要配置电脑和多媒体学习资源;所有学校要实现高速上网,并为所有教师和小学四年级以上的学生提供电子邮件账号;学校 30% 的教学时间要应用信息技术,而且要通过信息技术在教学中的有效应用来提高学生的思考能力、学习能力和交流能力。

从 2003 年开始,新加坡启动了教育信息化总体规划的二期工程（Masterplan Ⅱ,简称 MP2）,起止时间是 2003—2007 年。二期工程的指导思想和目标是:信息技术将被作为提升教学的有力手段,并进一步探索信息技术与学科教学整合的有效途径;要建立"能力驱动"型学习模式,要通过充分发挥信息技术的作用,来满足不同能力学生的不同需求,以建立学习型社会,并把学生培养成为终身学习者;二期工程更强调在一期工程的基础上,将信息技术进一步融入新的教学体系,并通过改造学校的文化,来推动和支持学生的思考和学习。

2008 年 8 月 5 日,新加坡又制定了教育信息化第三期规划（Masterplan Ⅲ:2009—2014）。其大致战略是:①信息技术与课程整合;②开发不同的基于最佳实践的专业发展途径和信息技术有效帮助学生学习的模式;③共享实践经验;④在学校部署相应的设备（移动设备和笔记本电脑）以支持 MP3

计划的实施。规划中强调学生对学习的投入,鼓励他们进行更多自我管理的质疑和学习,同时利用信息技术创设能调动所有感官的交互环境,为学生呈现更加清晰的学习内容,提高学习内容的传播和记忆的质量。

2015年新加坡教育部又启动了教育信息化第四期发展规划《Master Plan 4（2015—2020）》(简称MP4)①。MP4关注的焦点从自我导向性学习和协作学习拓宽到全部课程。MP4与新加坡教育部倡导的以学生为中心、以价值为导向的教育理念一致,可被概括为"一个愿景、一个目标、两个推动者、四种方法"。具体来讲,MP4的愿景就是培养"为未来做好准备和负责任的数字学习者";目标是借助技术为每一位学生提供优质教育;两个推动者一个是作为学习体验和学习环境设计者的教师,一个是作为文化建设者的学校领导者。新加坡政府于2014年公布了全球第一个智慧国家蓝图《智慧国家2025》,新加坡教育信息化正经历由"技术联通"到"智慧联通"的转型,在发展智慧教育方面走在了全球的前列。

2.日本教育信息化发展进程

日本从21世纪开始,以IT立国为目标,制定了一系列政策,推动教育信息化也是其中重要的一环。

2001年,日本提出"E-Japan战略",在教育信息技术方面,设立了至2006年实现校内局域网安装率达到100%、教学用计算机达到每5.4人一台、能用计算机进行指导的教师比例达到100%等目标。但是截至2006年,实际上校内局域网安装率为50.6%,教学用计算机为每7.7名学生一台,能够使用计算机进行指导的教师比例也仅为76.8%。因此,2006年日本推出了以2010年为目标的"IT新改革战略"。学校局域网安装率和能用计算机指导的教师比率达100%,这两个目标没有变化,教学用计算机的比率提高到每3.6人一台,也增加了每位教师都配置一台电脑的目标。2009年,出现了亚洲经济危机,作为紧急经济危机应对政策,日本政府用约4 000亿日元的预算实施了"学校新政(School New Deal)"构想,以建设适应21世纪的学校环境为目标,在推进学校建筑耐震化、环保化的同时,提出促进学校教育信息化,使每位教师都有一台电脑,并推动电子黑板的引进。

---

① 魏雪峰,李逢庆,钟靓茹.2015年度国际教育信息化发展动态及趋势分析[J].中国电化教育,2016,(4):120-127.

2004 年日本政府公布了新的信息化发展战略——"u – Japan"战略。该战略希望通过泛在网络,从而在日本国内形成一个信息网络无所不在的社会,使得所有人都可以随时随地上网,不再受时间空间的束缚。

2005 年 10 月 24 日,日本 IT 战略总部制定了 2006 年度以后的新战略——《后 2005 年代 IT 战略行动计划》,计划在 5 个领域提出了具体措施和建议,具体包括:进一步推进中小学教育信息化;加强人与人的交流,促进终身学习;在发达的信息社会中建立合理的大学结构;以信息技术推动艺术和体育的传播与交流;加强信息伦理道德教育。2007 年,日本教育工学振兴会根据日本政府发布的"IT 新改革战略"的规划,开展了名为"校园 ICT 环境的未来形态"的课题研究,并将其划分为 2010 年和 2015 年两个发展阶段。主要内容包括:全国学校的教室 ICT 环境与教学的融合,学校配备 ICT 专员并开展校内管理研修,利用 E – Learning 系统为家庭学习扩展学习机会。2008 年 7 月,日本文部科学省出台的《教育振兴基本计划》中特别强调了地区、学校和家庭需要加强信息道德教育及校园 ICT 化的支持体制。

2010 年 10 月,文部省发布了《教育信息化指南》,从 9 个方面描述了学校开展 ICT 教育的必要性、对学生的指导、信息化的推进、信息体制化建设等,持续而有力地推动了教育信息化向全面纵深发展。同年,日本政府启动了"未来学校"项目。"未来学校"项目旨在于 2015 年前,利用平板电脑为所有 6～15 岁的在校生提供电子化图书,并于 2020 年前,完成全国范围的普及和应用。同时日本政府还发布了两份有关教育信息化发展的指导性文件,即《教育信息化展望大纲》和《教育信息化指南》。这两份文件的颁布又把日本教育信息化发展推到了一个新的高度。①

2011 年,文部科学省制定了"教育信息化愿景"(与我国的教育信息化十年发展规划类似),以 2020 年为时间节点,以培养学生 21 世纪基本技能为目标,开始了学习环境构建、学习指导方法研究、电子教科书开发、教师 ICT 指导技能提升、校务信息化等多个项目。特别是从 2010 年开始,以日本总务省为中心进行的"未来学校"项目,在全日本选择了 20 所学校(小学 10 所、中学 8 所、特别支援学校 2 所),学生和教师每人一台平板电脑,在每个

---

① 魏先龙,王运武. 日本教育信息化发展战略概览及其启示[J]. 中国电化教育,2013,(9):28 – 34.

教室安装电子黑板,完善学校的无线网络,构建了随时随地都可以学习的 21 世纪的学习环境,并研究了对应环境下的学习和教学方法。与该项目相结合,文部科学省进行了教材开发和指导方法的研究①。

2015 年 5 月,日本教育部组织召开座谈会,讨论电子教材能否取代纸质教材;6 月,大日本印刷公司和微软日本分公司联合推进中小学纸质教材电子化项目,对 3 万页纸质教材开展电子化试点工作。

3. 韩国教育信息化发展进程

韩国作为世界信息技术强国,也是教育信息化发展较早和较成熟的国家之一,其教育信息化的发展目前处于世界领先的地位。

2004 年,韩国政府制定了《E－Learning 资源体制综合发展计划》。以此为契机,中小学开始积极引入 E－Learning 体制。该体制起到了从传统教室为中心的 ICT 应用教育向以充分利用网络空间的教与学模式转变的作用。

2006 年 7 月,韩国教育部发表《实现学校革新和扩大教育机会的 E－Learning 行动计划》,包括 7 个推进课题:①通过课程改革促进 E－Learning 的有效以利用和基础设施建设;②强化学校管理者和教师的 E－Learning 能力;③以学生中心的资源开发和管理体制的构筑;④学校环境的 E－Learning 普及化;⑤教育信息化的成果管理系统的构建;⑥参加并协助支撑 E－Learning 辅助体制的建立;⑦通过综合的报告推进 E－Learning 的有效性。同年 12 月,教育人力资源部发布了《2005 年度促进教育信息化实施计划》,以不断改善教育信息化基础设施建设,营造世界上最好的 ICT 教育应用环境。

为了开发新的教学资源,适应未来的 U－Learning(无所不在的学习)时代,提升学校教育的质量,2008 年,韩国教育部选择部分学校作为数字教科书的试点学校,分析试验效果并提出改进方案。开展对数字教科书的研究工作,包括开发的标准化程序以及残疾学生的教学资源开发问题等。同年,为了扩大教育福利,充分考虑残疾人的需要,建立了特殊教育 E－learning 支持系统,具体实施方案是:①为有听说障碍的孩子开发教学软件和资源,建设 5 个特殊教育信息网站,增加为残疾人服务的网络图书馆的数量;②成立

---

① 山西润一,宋庆清.日本中小学教育信息化的发展现状与动向——日本教育工学会会长山西润一专访[J].外国中小学教育,2015,(5):1－4.

一个特殊教育 ICT 委员会;③设立远程教育培训中心,为从事特殊教育的教师提供专业培训;④继续组织与特殊教育信息化相关的一些活动,比如电子体育竞技、特殊教育展览和研讨会等。

韩国 2011 年颁布了"智慧教育推进战略"的国家教育政策,主要包含六大战略:①数字教科书的开发和应用,争取到 2015 年所有的中小学都取消纸质教材。根据该计划,韩国在 2015 年前将把小学、初中、高中所有课程都开发成电子教科书,集成了教学内容和参考书、习题集、词典等功能,并能在个人电脑、智能手机、智能电视等所有智能终端上使用。②通过加强在线学习与大学先修课程制度间的联系等措施推广在线学习。③构筑教育内容的公共利用环境,确保资源在受保护的条件下被广大教师和学生自由使用。④强化智慧教学与管理,提升教学质量,促进教育管理的规范化、科学化和智能化。⑤推行以云计算为基础的教育服务。⑥设立旨在推进智慧教育的未来教育研究中心。韩国智慧教育战略体系的核心是数字教科书的普及推广,期望通过教材的彻底革新来带动整个教育体系的升级改造。

可以看出,世界主要发达国家一直都非常重视本国教育信息化的建设和发展,通过一系列的计划、政策、工程、项目来推动教育信息化的基础设施建设、资源建设、教育教学应用、教师培训及相关评价,进而促进整个教育系统的变革。这些系列举措为电子书包的发展奠定了良好的基础。

二、我国基础教育信息化发展进程

在世界各国教育信息化浪潮的推动下,我国也推出了一系列旨在通过教育信息化深化教育改革与发展的重大举措。这一举措波及基础教育、职业教育、高等教育、成人教育等不同教育领域,这里着重介绍我国基础教育领域教育信息化方面的进展。

2000 年 10 月,教育部主持召开了第一次全国中小学信息技术教育工作会议,并在该会议上做出决定:从 2001 年起用 5 到 10 年左右时间,在全国中小学基本普及信息技术教育,将信息技术教育课程列入中小学生的必修课程,全面实施"校校通"工程,使全国 90% 左右的独立建制的中小学校能够与互联网或与中国教育卫星宽带网连通,使学生能够用多种手段和形式,用经济的成本获得丰富而优质的教学资源和课程,最终实现资源共享,实现信息技术与课程的整合,实现教与学方式的变革,以信息化带动教育的现代化,努力实现基础教育的跨越式发展。

2001 年我国启动了新一轮的基础教育课程改革,在这次课程改革中明确提出:要大力推进信息技术在教学过程中的普遍应用,促进信息技术与学科课程的整合,逐步实现教学内容的呈现方式、学生的学习方式、教师的教学方式和师生互动方式的变革,充分发挥信息技术的优势,为学生的学习和发展提供丰富多彩的教育环境和有力的学习工具。

2003 年 9 月国务院召开了第一次农村教育工作会议,在《国务院关于进一步加强农村教育工作的决定》第七条中提出:实施农村中小学现代远程教育工程,促进城乡优质教育资源共享,提高农村教育质量和效益。农村中小学现代远程教育工程的实施,标志着我国的教育信息化已在全国范围内全面开展——从东部发达地区扩展到中西部地区,从城市中小学深入到广大农村的中小学。

2004 年底,根据《中华人民共和国教师法》和《中小学教师继续教育规定》的有关精神和《2003—2007 年教育振兴行动计划》以及《教育部关于加快推进全国教师教育网络联盟计划,组织实施新一轮中小学教师全员培训的意见》(教师[2004]4 号)的有关要求,为提高广大中小学教师应用教育技术的能力和水平,促进教师的专业化发展,教育部颁布了《中小学教师教育技术能力标准(试行)》,这是我国第一个关于教师专业能力的标准。该标准对中小学的教学人员、管理人员、技术支持人员从意识与态度、知识与技能、应用与创新、社会责任等四个方面提出了规范化的要求,从而成为我国中小学教师实施教育技术培训、考试和认证的重要依据。

为了使上述标准能真正贯彻、落实,使广大中小学教师应用教育技术的能力切实有所提高,并通过这种提高来支持基础教育的新课程改革和农村远程教育工程,2005 年 4 月教育部又启动了"全国中小学教师教育技术能力建设计划"项目。

"全国中小学教师教育技术能力建设计划"项目的宗旨是:以《中小学教师教育技术能力标准(试行)》为依据,以全面提高中小学教师教育技术应用能力,促进技术在教学中的有效运用为目的,建立中小学教师教育技术培训和考试认证制度,组织开展以信息技术与学科教学有效整合为主要内容的教育技术培训,全面提高广大教师实施素质教育的能力水平。

2010 年我国在《国家中长期教育改革和发展规划纲要(2010—2020

年)》第十九章中,明确提出要加快教育信息化进程,包括:

1.加快教育信息基础设施建设

信息技术对教育发展具有革命性影响,必须予以高度重视。把教育信息化纳入国家信息化发展整体战略,超前部署教育信息网络。到2020年,基本建成覆盖城乡各级各类学校的教育信息化体系,促进教育内容、教学手段和方法现代化。充分利用优质资源和先进技术、创新运行机制和管理模式,整合现有资源,构建先进、高效、实用的数字化教育基础设施。加快终端设施普及,推进数字化校园建设,实现多种方式接入互联网。重点加强农村学校信息基础建设,缩小城乡数字化差距。加快中国教育和科研计算机网、中国教育卫星宽带传输网升级换代。制定教育信息化基本标准,促进信息系统互联互通。

2.加强优质教育资源开发与应用

加强网络教学资源体系建设,引进国际优质数字化教学资源,开发网络学习课程,建立数字图书馆和虚拟实验室,建立开放灵活的教育资源公共服务平台,促进优质教育资源普及共享。创新网络教学模式,开展高质量高水平远程学历教育。继续推进农村中小学远程教育,使农村和边远地区师生能够享受优质教育资源。

3.强化信息技术应用

提高教师应用信息技术水平,更新教学观念,改进教学方法,提高教学效果。鼓励学生利用信息手段主动学习、自主学习,增强运用信息技术分析解决问题能力。加快全民信息技术的普及和应用。

4.构建国家教育管理信息系统

制定学校基础信息管理要求,加快学校管理信息化进程,促进学校管理标准化、规范化。推进政府教育管理信息化,积累基础资料,掌握总体状况,加强动态监测,提高管理效率。整合各级各类教育管理资源,搭建国家教育管理公共服务平台,为宏观决策提供科学依据,为公众提供公共教育信息,不断提高教育管理现代化水平。

2012年,为了实现规划纲要中所勾勒的教育信息化蓝图,教育部制定了我国第一个国家教育技术计划——《教育信息化十年发展规划》,规划的目标定位最终确定为:"到2020年,全面完成《教育规划纲要》所提出的教育信息化目标任务,形成与国家教育现代化发展目标相适应的教育信息化体系,基本建成人人可享有优质教育资源的信息化学习环境,基本形成学习型社会的信息化支撑服务体系,基本实现所有地区和各级各类学校宽带网络的全面覆盖,教育管理信息化水平显著提高,信息技术与教育融合发展的水平显著提升。"教育信息化整体上接近国际先进水平,对教育改革和发展的支撑与引领作用充分显现。为了实现规划目标,教育部自 2012 年起先后推出了一系列举措,推动我国教育信息化的快速发展。主要举措包括:

1. 实施"三通两平台工程"

(1)宽带网络校校通。为每一所学校提供宽带网络接入条件和软硬件设施,基本完成各级各类学校网络条件下的基本教学环境建设,包括:为学校建设能上网的多媒体教室,为教师提供一套基本的软件工具和教学资源,并为一定比例的教师配备计算机且经过培训能利用网络教学资源进行备课、授课。

(2)优质资源班班通。就是要使基本实现"宽带网络校校通"的学校的大部分班级的课堂教学能够使用优质数字教育资源,能够通过优质数字教育资源和信息技术手段提高教学质量和促进教育均衡发展。要通过不同的应用模式,把信息技术在教学活动、教研活动以及跨校教学中的应用变成一种常态。

(3)网络学习空间人人通。以网络学习空间这一实名制、组织化、可控可管的网络支持平台为依托,集教学组织、资源交易、社区交流、管理服务等多项功能于一体,为每位学生和教育者提供实名制的网络空间,探索适应新一代学生需要的个性化学习环境。

(4)教育资源公共服务平台。教育资源公共服务平台建设的主要目的是最大限度实现软、硬件资源的集约共享,降低学校信息化成本和建设难度,推动资源建设与使用良性互动,提高应用水平。教育资源公共服务平台是一个运用云计算技术构成的覆盖全国的、多级分布的、互联互通的、为"优质资源班班通"和"网络学习空间人人通"提供技术支撑和网络服务的云服务体系。

(5)国家教育管理信息系统。国家教育管理信息系统建设的主要目的是通过建设覆盖全国各级各类教育的学生、教师和办学条件基础数据库、管理信息系统和决策服务系统,提高教育服务水平,支撑教育科学决策,加强教育管理。平台建设的基本构思是"两级建设,五级应用",通过应用系统收集和汇总数据。"两级建设",就是建设中央和省两级教育管理数据中心。"五级应用"就是由教育部统一组织开发中央、省、地(市)、县、学校五级应用系统,部署在中央和省两级数据中心,各省通过省级数据中心为所属地(市)、县、学校提供应用服务。

2. 启动教学点数字教育资源全覆盖项目

教育部于 2012 年 11 月启动实施"教学点数字教育资源全覆盖"项目，为全国 6.7 万多个教学点配备数字教育资源接收和播放设备，配送优质数字教育资源，组织教学点应用数字教育资源开展教学，利用信息技术帮助各教学点开好国家规定课程。

3. 制定新的《中小学教师信息技术应用能力标准》①

2014 年 5 月，为贯彻党的十八届三中全会精神，落实教育规划纲要，构建教师队伍建设标准体系，全面提升中小学教师信息技术应用能力，促进信息技术与教育教学深度融合，教育部研究制定了《中小学教师信息技术应用能力标准（试行）》。《能力标准》根据我国中小学校信息技术实际条件的不同、师生信息技术应用情境的差异，对教师在教育教学和专业发展中应用信息技术提出了基本要求和发展性要求。其中：①应用信息技术优化课堂教学的能力为基本要求，主要包括教师利用信息技术进行讲解、启发、示范、指导、评价等教学活动应具备的能力；②应用信息技术转变学习方式的能力为发展性要求，主要针对教师在学生具备网络学习环境或相应设备的条件下，利用信息技术支持学生开展自主、合作、探究等学习活动所应具有的能力。该标准根据教师教育教学工作与专业发展主线，将信息技术应用能力区分为技术素养、计划与准备、组织与管理、评估与诊断、学习与发展 5 个维度。能力标准的详细内容可参阅教育部网站。

4. 开展"一师一优课，一课一名师"活动

为贯彻落实党的十八届三中全会提出的"构建利用信息化手段扩大优质教育资源覆盖面的有效机制"，按照《教育部关于全面深化课程改革 落实立德树人根本任务的意见》精神，2014 年 7 月教育部启动了"一师一优课、一课一名师"活动。②

（1）活动的总体目标是：通过活动，使每位教师能够利用信息技术和优

---

① 教育部办公厅关于印发《中小学教师信息技术应用能力标准（试行）》的通知［EB/OL］.［2014 - 05 - 27］. http://www. moe. edu. cn/publicfiles/business/htmlfiles/moe/s6991/201406/170123. html.

② 教育部办公厅关于开展 2014 年度"一师一优课、一课一名师"活动的通知［EB/OL］.［2014 - 07 - 01］. http://www. moe. edu. cn/publicfiles/business/htmlfiles/moe/s8001/201407/171300. html.

质数字教育资源至少上好一堂课;使每堂课至少有一位优秀教师能够利用信息技术和优质数字教育资源讲授;形成一套覆盖中小学各年级各学科各版本的生成性资源体系;推动信息技术和数字教育资源在中小学课堂教学中的合理、有效地应用的深度融合。

（2）活动的阶段目标是:2014 年组织 200 万名教师在国家教育资源公共服务平台上"晒课",从中评选出 2 万堂年度"优课";2015 年增加 200 万名教师（累计 400 万名教师）在国家平台上"晒课",从中评选出 3 万堂年度"优课";2016 年增加 100 万名教师（累计 500 万名教师,覆盖 50% 专任教师）在国家平台上"晒课",从中评选出 4 万堂年度"优课",初步建成覆盖中小学各年级、各学科、各版本课程的生成性资源体系。

2015 年 5 月在青岛国际教育信息化大会上,国家主席习近平发来贺信,强调"因应信息技术的发展,推动教育变革和创新,构建网络化、数字化、个性化、终身化的教育体系,建设'人人皆学、处处能学、时时可学'的学习型社会,是人类共同面临的重大课题",并且在贺信中同时指出"中国将坚持不懈推进教育信息化,努力以信息化为手段扩大优质教育资源覆盖面。我们将通过教育信息化,逐步缩小区域、城乡数字差距,大力促进教育公平,让亿万孩子同在蓝天下共享优质教育,通过知识改变命运"。上述论述从战略高度指明了我国教育信息化今后工作的目标、方向和途径。

2016 年 6 月,为深入贯彻党的十八大和十八届三中、四中全会、五中全会精神,落实中央有关教育信息化的战略部署和第二次全国教育信息化工作会议精神,完成《国家中长期教育改革和发展规划纲要（2010—2020 年）》和《教育信息化十年发展规划（2011—2020 年）》确定的教育信息化目标任务,教育部颁布了我国《教育信息化"十三五"规划》,提出:到 2020 年,基本建成"人人皆学、处处能学、时时可学"、与国家教育现代化发展目标相适应的教育信息化体系;基本实现教育信息化对学生全面发展的促进作用、对深化教育领域综合改革的支撑作用和对教育创新发展、均衡发展、优质发展的提升作用;基本形成具有国际先进水平、信息技术与教育融合创新发展的中国特色教育信息化发展路子。①

---

① 教育部关于印发《教育信息化"十三五"规划》的通知［EB/OL］.［2016－06－07］. http://www.moe.edu.cn/srcsite/A16/s3342/201606/t20160622_269367.html.

基于电子书包的数字化学习研究与实践

第三节　电子书包发展的技术背景

信息技术正在加速进入到我们的日常生活,从普通手机、商务通、电子词典,到现在的平板电脑、智能手机、智能手表、互联网电视等。电脑也从奢侈品变成消费品,人手一台笔记本电脑或是平板电脑已经不是难事,智能终端的移动性、交互性和廉价性正在获得全球认同。此外,人类传播知识的载体随着信息技术的发展也在不断演变,从最初的口耳相传到手抄文字,从纸张印刷到各种电子媒介的出现,再到电子教材的出现,信息技术如同强劲的浪潮一波一波加速了人类学习的进化,人类学习已经迈入高度发达的信息技术时代。在这股潮流的推动之下,电子书包迅速成为产业界、教育界以及普通大众关注的焦点。

一、对教育产生影响的新媒体与新技术

为了追踪国际范围内信息技术在教学领域的应用及其发展趋势,美国新媒体联盟(New Media Consortium, NMC)在 2004 年发起了《地平线报告》。《地平线报告》主要是预测和描述未来五年全球范围内会对教育产生重大影响的新兴技术,其报告框架由概述、驱动技术采用的关键趋势、阻碍技术采用的重大挑战、技术的重要进展、研究方法、咨询委员会成员等部分构成。经过十多年的发展,新媒体联盟的《地平线报告》已经成为国际教育信息化发展和信息技术与教学融合创新实践的参照系和风向标。它不仅为国际教育信息化的发展与教育改革指明了方向,也对我国的信息化教育改革与实践带来了全新视角和重要参考,具有很高的战略价值,受到各级教育行政部门、各级各类学校管理人员、教育研究人员和一线教师的高度重视。①

---

① 高媛,黄荣怀.《2017 新媒体联盟中国高等教育技术展望:地平线项目区域报告》解读与启示[J].电化教育研究,2017,(04):15-22.

表 1-3　2017 年新媒体联盟《地平线报告》(基础教育)预览版

基础教育中推动技术应用的关键趋势	
Short - Term Trends (短期趋势)	Coding as a Literacy(语义编码) Rise of STEAM Learning(STEAM 学习的兴起)
Mid - Term Trends (中期趋势)	Growing Focus on Measuring Learning(学习测量的逐步关注) Redesigning Learning Spaces(学习空间的重构)
Long - Term Trends (长期趋势)	Advancing Cultures of Innovation(推进文化创新) Deeper Learning Approaches(深度学习方式)
基础教育中影响技术应用的重大挑战	
Solvable Challenges (可应对的挑战)	Authentic Learning Experiences(学习经验的认证) Improving Digital Literacy(信息素养的改进)
(Difficult Challenges) 有难度的挑战	Rethinking the Roles of Teachers(教师角色的反思) Teaching Complex Thinking(教学综合性思考)
(Wicked Challenges) 严峻的挑战	The Achievement Gap(成绩差距), Sustaining Innovation through Leadership Changes (领导变革的持续创新)
基础教育中教育技术的重要发展	
One Year or Less (一年以内)	Makerspaces(创客空间) Robotics(机器学习)
Two to Three Years (两到三年)	Analytics Technologies (学习分析技术) Virtual Reality(虚拟现实技术)
Four to Five Years (四到五年)	Artificial Intelligence(人工智能技术), Internet of Things(互联网技术)

如表 1-3 所示,2017 年新媒体联盟《地平线报告》(基础教育)预览版与往年正式发布的版本一样,介绍了支持基础教育发展的技术趋势、技术挑战以及重要技术,具体可登录 http://www.nmc.org/nmc-horizon/浏览。

在 2017 年新媒体联盟《地平线报告》(基础教育)预览版的"基础教育中教育技术的重要发展"部分指出,Makerspaces(创客空间)与 Robotics(机器学习)会在 2017 年或 2018 年成为基础教育领域的重要支持技术——这与中国目前鼓励的"创新创业教育"以及"大众创业、万众创新"的大环境背景相一致——基础教育阶段的学习者接触到"创客"与"机器人"的机会也越来越多。Analytics Technologies（学习分析技术）与 Virtual Reality（虚拟现实技术）将会在 2019 或 2020 年左右成为基础教育领域的重要支持技术。通过电子书包等智能学习媒体收集基础教育阶段学习者在学习过程中产生有价值的数据，教师或教学管理者采用 Analytics Technologies（学习分析技术）分析基础教育阶段学习者的学习行为，有利于基础教育阶段学习者更加科学、有效地进行学习。Virtual Reality（虚拟现实技术）具有沉浸感、交互性及想象性等特点，可将基础教育阶段的教学资源整合、优化、升级，该技术所采用的自然人机交互方式也能在一定程度上调动基础教育阶段学习者的学习兴趣与积极性。Artificial Intelligence（人工智能技术）与 Internet of Things（互联网技术）将会在 2021 或 2022 年左右成为基础教育领域的重要支持技术。由谷歌（Google）旗下 DeepMind 公司戴密斯·哈萨比斯团队开发的人工智能体阿尔法围棋（AlphaGo）以优异的战绩战胜了许多人类围棋世界冠军，若将 Artificial Intelligence（人工智能技术）运用到基础教育学习阶段，以人工智能教育体的形式，基础教育阶段的学习者也许在不久的将来可以拥有一个"无所不知"且能随时随地提供教学服务的家庭教师。Internet of Things（互联网技术）一直以来都是基础教育阶段重要的支持技术，随着互联网技术的深入发展，社会性软件将融入更多的教育功能，真正实现人人、人机实时互通的理想网络学习状态。

二、支持电子书包发展的硬件与软件技术

新媒体与新技术更多更好地应用于教育领域，是硬件与软件技术快速发展的体现。电子书包（新媒体）与支持电子书包发展的硬件与软件技术（新技术）两者属于相辅相成的关系，电子书包（新媒体）所集成的所有硬件与软件技术（新技术）强化了电子书包自身的功能，而支持电子书包发展的硬件与软件技术（新技术）通过在电子书包（新媒体）上的具体应用，实现了新技术应用领域的拓展。接下来，通过支持电子书包主要硬件与软件技术的依次论述，说明电子书包发展的技术背景。

（一）CPU 技术

中央处理器（Central Processing Unit，以下简称 CPU）是一块超大规模的集成电路，是电子书包终端的运算核心和控制核心。相对于过去的单核处

理器电子书包终端,目前电子书包终端采用多核处理器,如苹果 A10X Fusion(六核)、Intel Atom X7(四核)、ARM Cortex A75(四核)等(如图 1 – 3 所示)。通过把一个进程分担给两个或多个核心去处理,电子书包终端的每个核心利用率得以提高,同时也降低了单核满负荷运转时带来的功耗消耗,再加上架构的与制作工艺的提升多核处理器已经全面超越了单核处理器,多核处理器使得电子书包终端更加高效节能。电子书包终端使用智能操作系统,需要多任务处理器能力支持。即使是满负荷运转的单核处理器处理后台多任务的能力已不能满足电子书包终端后台多任务的数据交换需求,多核处理器提升了电子书包终端多任务处理能力。

图 1 – 3 电子书包终端不同品牌的多核 CPU

早期电子书包终端的单核心处理器在满负荷处理任务的时候,是很难再增加新任务运行的,由于电子书包终端会产生卡顿现象,从而降低了电子书包学习者的学习体验。而电子书包终端具备多核处理器后,通过合理的规划任务,使得在一个核心工作时,如果需要运行新的任务,系统会立刻分配给另一个不在工作的核心来完成新增任务,学习者的操作体验得以优化,电子书包终端支持的学习活动也会变得丰富而多样,从而流畅地实现电子书包个性化推送等功能。多核处理器为电子书包终端带来了更优质的学习者学习体验。

(二)GPU 技术

图形处理器(Graphic Processing Unit,以下简称 GPU)是电子书包终端里一块高度集成的芯片,其中包含了图形处理所必需的所有元件,承担输出显示图形图像的任务。具体来说,电子书包终端上显示的所有图像和画面,皆是由不计其数的大小不一的多边形相互拼接、遮盖而成。换而言之,电子书包终端上显示的图片、视频以及操作系统界面,都是由无数个多边形组成。每秒钟生成的多边形越多,表示电子书包终端的 GPU 性能越高。电子书包终端 GPU 具有的处理图形速度的快慢在很大程度上决定多边形生成速度的

快慢,也就是电子书包在具体使用时,教学资源中 2D(图片、视频等)或 3D
的教学资源显示或处理速度快慢。目前电子书包终端上大多采用 NVIDIA
和 AMD – ATI 等公司出品的 GPU(如图 1 – 4 所示)。

图 1 – 4　电子书包终端不同品牌的 GPU

电子书包终端的 GPU 和 CPU 之间通过 RAM 内存进行数据交换,高性
能 GPU 可以大大减少 CPU 的运行负担,提升电子书包终端整体效能,也为
电子书包使用过程中高清教学图片的快速显示,高清教学视频的流畅播放,
甚至 3D 教学资源的便捷使用提供了保障。

(三)多点触控技术

多点触控技术(Multitouch 或 Multi – Touch,又称多重触控、多点感应、
多重感应)是电子书包终端内一项重要的自然人机交互技术。该技术通过
电子书包终端的触摸屏实现,学习者手指触碰触摸屏做出特定手势,手势经
过检测、识别、反馈等处理,以信号的形式输入电子书包操作系统,实现传统
键盘和鼠标无法实现的功能,是一种非语言的自然且高效的人机交互方式。
目前,多点触控技术支持的电子书包学习,可识别电子书包学习者的单击、
双击、拖动、旋转、拓展等手势操作。多点触控技术除了支持电子书包学习
者的单人操作,也支持多人操作,有利于促进合作学习、探究学习等学习模
式运用。

在电子书包支持的语文课堂中,学习者可以直接在屏幕的指定区域通
过手指拖动操作书写汉字。书写完成后,通过两个不同手指的操作可放大
或缩小自己书写的汉字作品,电子书包还能记录书写汉字的笔画顺序,教师
或家长通过点击回放观看学习者汉字的笔画顺序是否符合要求。在电子书
包支持的地理课堂中,学习者可以使用手势旋转 3D 岩石模型,全方位地了
解不同类岩石的固有特征,形象具体,生动有趣。在电子书包支持的化学课
堂中,学习者可以通过双击或拖动手势放大微观层面原子进行观察,也可以
拖动两个不同的原子进行组合探究是否会引起化学反应(如图 1 – 5 所示)。

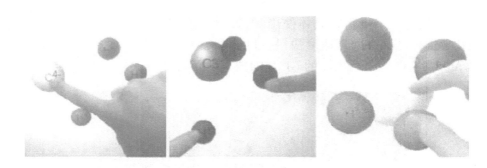

图 1-5 多点触控技术支持下的电子书包化学课堂学习

(四)移动通信技术

目前,第四代(4G)移动通信技术包括信道传输,抗干扰性强的高速接入技术、调制和信息传输技术,高性能、小型化和低成本的自适应阵列智能天线,大容量、低成本的无线接口和光接口,系统管理资源,软件无线电、网络结构协议等。传承第三代(3G)移动通信技术与 WLAN 的优势,第四代移动通信技术(以下简称 4G 网络)采用无线蜂窝电话通讯协议,改进了拨号上网时期终端需要通过网线才可连接网络的非便捷性。除此之外,4G 网络上传、下载速度得到了进一步提升,能够达到 100Mbps 的速度下载,比传统拨号上网快 2 000 倍,上传的速度也能达到 20Mbps(如图 1-5 所示)。

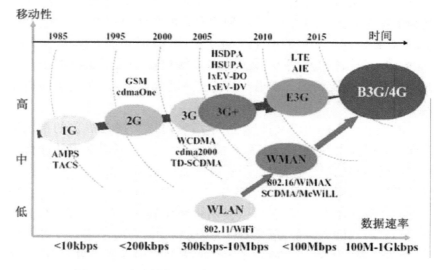

图 1-6 移动通信技术支持下电子书包网络传输速度

西南大学李莹等认为移动通信技术支持的学习具有学习不受时空的限制性、学习情境的真实性、交互的及时性、学习社群范围的宽广性、学习资源的丰富性等优势。[①] 移动通信技术支持下的电子书包网络传输速度大大提升，学习者使用电子书包终端能够随时随地与学习服务云平台交流互通，不仅能够及时获取所需的电子书包学习资源，也可以将电子书包学习过程中的生成性资源上传分享，以促进师生、生生等之间的交流互动。基于移动通信技术的电子书包学习，为开展移动学习、泛在学习等学习模式提供了有利条件。

（五）大数据与云计算技术

美国麦肯锡全球研究所将大数据（Big Data）定义为一种规模大到在获取、存储、管理、分析方面大大超出了传统数据库软件工具能力范围的数据集合，具有海量的数据规模、快速的数据流转、多样的数据类型和价值密度低四大特征。

美国国家标准与技术研究院（NIST）定义：云计算是一种按使用量付费的模式，这种模式提供可用的、便捷的、按需的网络访问，进入可配置的计算资源共享池（资源包括网络、服务器、存储、应用软件及服务），这些资源能够被快速提供，只需投入很少的管理工作，或与服务供应商进行很少的交互。

从技术的角度来看，大数据与云计算的关系就像一枚硬币的正反面一样密不可分。大数据必然无法用单台的计算机进行处理，必须采用分布式架构。大数据的特色在于对海量数据进行分布式数据挖掘，但大数据必须依托云计算的分布式处理、分布式数据库和云存储、虚拟化技术。以云计算技术为基础的服务平台，能够为网络学习空间的建设提供相应的软件系统。它能够涵盖学生、教师、家长、管理员、教育机构所需的学习、教学、管理、互动交流、资源下载、信息发布等功能。[②] 具体来说，从学习者登录电子书包服务云平台的时间与地点到他们获取数字化学习资源的类型与次数，或是教师通过电子书包管理模块中获取学生练习时个人做题速度、正确率与每道题目的得分情况等（如图1－7所示）。这些纷繁复杂的大数据通过云计算技术处理后，以图表等可视化的形式呈现，便于教师或教学管理人员分析学

① 李莹,瞿堃. 移动通信技术支持下的基于问题的学习［J］. 现代教育技术,2012,
（08）:55－58.
② 张莉娟,傅钢善. 基于云计算的电子书包网络学习空间构建［J］. 中国医学教育技术,
2015,（05）:479－483.

习者的学习行为,结合学习者认知发展规律特点,为学习者制定个性化的学习策略。

图1-7　大数据与云计算技术支持下电子书包学生数据收集、分析

(六)语音识别技术

语音识别技术(Automatic Speech Recognition,ASR),是能将人类语音信息词汇转换成计算机可识别信息(按键、二进制编码或者字符序列等)的一种技术。语音识别技术基本原理框图(如图1-8所示),其中,预处理模块滤除原始语音信号中的次要信息及背景噪音等,包括抗混叠滤波、预加重、模/数转换、自动增益控制等处理过程,将语音信号数字化;特征提取模块对语音的声学参数进行分析后提取出语音特征参数,形成特征矢量序列。语音识别系统常用的特征参数有短时平均幅度、短时平均能量、线性预测编码系数、短时频谱等。特征提取和选择是构建系统的关键,对识别效果极为重要[①]。

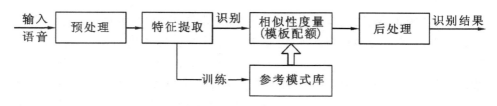

图1-8　语音识别技术基本原理图

基于语音识别技术的电子书包对于语言课程的学习具有较大的意义。

---

① 禹琳琳.语音识别技术及应用综述[J].现代电子技术,2013,(13):43-45.

例如,在低年级语文或英语课程的学习中,学习者使用电子书包的朗读功能跟读课文材料后,再使用电子书包录音功能结合语音识别技术,对学习者矫正课文材料字、词、句的发音极有帮助。相对复读机或录音机,这些传统的语音教辅设备无法智能地判断学习者语音语调是否正确、标准,学习者通过电子书包中的语音识别技术可以得到字、词、句发音的反馈后,在教师或家长的引导下反复练习发音,加强语调改进。

(七)虚拟现实技术

虚拟现实(Virtual Reality,以下简称 VR)技术又称灵境技术,它是以计算机技术为主,利用并综合三维图形技术、多媒体技术、仿真技术、传感技术、显示技术等多种高科技的最新发展成果,利用计算机等设备来产生一个逼真的三维视觉、触觉、嗅觉等多种感官体验的虚拟世界,从而使处于虚拟世界中的人产生一种身临其境的感觉。根据用户参与虚拟现实的不同形式以及沉浸的程度不同,虚拟现实技术主要可分为沉浸式 VR、桌面式 VR、增强式 VR 和分布式 VR 四类[①]。

电子书包教学资源结合 VR 技术,有助于优化电子书包教学资源的质量与效果,在一定程度上提升学习者的学习兴趣,帮助学习者更好地融入相应的学习环境。例如在历史或者地理课程中,电子书包的 VR 类型教学资源具有一定的沉浸感,可将学习者带入立体的虚拟学习环境,直观体验历史事件发生背景或置身于地理环境当中。VR 技术所采用自然人机交互方式能够便捷地支持一些理科课程实验操作,例如物理、化学、生物等课程的虚拟实验等,安全、便捷、经济且安全系数上升,并支持学习者反复操作(如图 1 - 9 所示)。

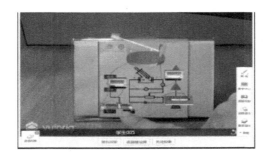

---

① 胡小强. 虚拟现实技术基础与应用[M]. 北京:北京邮电大学出版社,2009.

图 1-9　VR 技术支持下电子书包虚拟实验

　　从近十年特别是 2010 年后我国推出的教育信息化的一系列政策可以看出,构建网络化、数字化、个性化、终身化的教育体系,建设"人人皆学、处处能学、时时可学"的学习型社会,为学生提供个性化学习环境,促进学生个性发展是教育信息化发展的内在宗旨和目标,这为电子书包的快速发展带来了强有力的政策支持。另一方面,新媒体与新技术的蓬勃发展,如电子书包结合新一代性能更强的 CPU 与 GPU、多点触控技术、移动通信技术、语音识别技术、大数据与云计算技术、虚拟现实技术等也进一步推动了电子书包在教育领域的应用与发展。各国教育信息化政策、项目、工程的大力推动及信息技术的快速发展,都为电子书包在教育领域特别是基础教育领域的广阔应用带来了广泛的前景。

第二章

电子书包的应用与发展现状

　　无视 BYOD 教育应用前景的学校事实上在拒绝、排斥学校围墙之外世界的变化。学校不能剥夺学生利用他们选择的工具进行学习的自由与权利,而每一位教师都需要花费一定的时间与精力去探索如何将新技术用于课堂教学并获得教学成功。

——Nielsen

　　进入 21 世纪的学校需要鼓励他们的教育者利用新型的教学策略——可以让学生更好地为未来做好准备而不依赖于过去令他们感到愉悦的制度与方法。

——Nielsen

电子书包最初进入课堂,是源于社会、家长对学生减负的要求和期待,但随着电子书包的功能越来越丰富,电子书包的内涵已经发生了很大的变化,已从早期人们所理解的电子书转变为一种全新的学习环境,并且随着其功能的越来越丰富和强大,其在教育教学中的应用也越来越广泛。在国际上,电子书包比较早地走进美国、英国、法国、韩国、日本和新加坡等国的课堂教学,国内从 2009 年开始,广东、上海、北京、江苏、安徽、陕西、湖南、湖北、福建等地陆续开展了电子书包的教学试点应用。

第一节　电子书包的内涵与特征

在世界各国纷纷试点电子书包在教学中的应用的时候,人们对电子书包的认识也在不断深化。随着电子书包功能越来越强大,其内涵也不断丰富。那么,什么是电子书包呢? 电子书包有哪些主要特征和功能呢?

一、电子书包的内涵

电子书包是伴随着电子书的出现而产生的,最初源于阅读电子书、电子课本的终端,随着技术的发展和电子书包应用的深入,人们对电子书包的理解有了更深的认识。在了解电子书包的概念之前,有必要对相关概念进行梳理,以便更好地认识电子书包的内涵。

(一)相关概念

1. 电子书

电子书又称为 E－book,是指将文字、图片、声音、影像等信息进行数字化处理后的一种出版物,它是一种必须通过特殊的阅读软件,以电子文件的形式进行阅读的书籍。它区别于以纸张为载体的传统出版物,是一种传统纸质图书的可选替代品。

电子书拥有与传统书籍许多相同的特点:包含一定的信息量,比如有一定的文字量、彩页;其编排按照传统书籍的格式以适应读者的阅读习惯;通过被阅读而传递信息,等等。但是电子书作为一种新形式的书籍,又拥有许多传统书籍所不具备的特点:数字化、具有多媒体功能,通过计算机设备读取并通过屏幕显示出来,具有图文声像结合的特点;信息容量更大,存储方便,便于携带,可通过网络下载,复制和传播比纸质书更容易;可读性强,电子书可以以更灵活的方式组织信息,方便读者阅读。

2.电子课本

电子课本是指以学校领域的教学和学习方面的信息和知识作为主要内容,以数字化、交互功能的智能化为主要特点,以形象直观的视、音、图、文等形式展现出来的通过电子介质阅读的课本。

电子课本是指将教学需要的教材、教辅、工具书等按照科学的结构整合而成的综合教学资源包,其强大的交互功能、多媒体、丰富性等特点有利于提高学生的学习兴趣,其中的问题提示、图文介绍、动画演示、真人实景示范等形式可以帮助学生更好地理解问题和强化记忆。此外,电子课本加入书签、笔记和标注等功能,可以更好地提高学生学习的积极性。

3.电子书包

关于电子书包,目前国内外的理解不尽相同。国外主要存在两种观点:一种观点认为,电子书包是一个计算机支持的数字化协作学习空间,它以网络为环境基础,支持师生、生生间的同步或异步交流与资源共享。[①] 另一种观点认为,电子书包是一种支持非正式学习的通用网络设施,学生可以使用基于蓝牙、无线网络等技术的设备,随时随地登录、退出,管理自己的数字资源。[②] 而在国内,关于电子书包并没有一个统一的定义,比较有代表性的观点有两种:一种是从数字出版领域的视角,将电子书包看成是若干电子书按照科学的结构整合而成的数字化教学资源包,包含学生学习需要的教材、教辅、工具书等;另一种则是从硬件装备领域的视角,将电子书包看作一种未来的教育电子产品(大多体现为轻便型移动终端),整合了数字阅读和上网通讯两大主要应用功能。[③]

从以上概念来看,电子书包与电子书、电子课本之间的关系可以用图2-1来表示。[④]

---

① CHABERT G,MARTY J CH,CARON. B,et al. The Electronic Schoolbag:A CSCW Workspace. Presentation and Evaluation[J]. AI& Society – AIS,2006.

② BRODERSEN C,CHRISTENSEN B,GRONBAK K, et al. eBag – a Ubiquitous Web Infrastructure for Nomadic Learning [R]. World Wide Web Conference Series – www, 2005.

③ 祝智庭,郁晓华.电子书包系统及其功能建模[J].电化教育研究,2011,(4):24 – 27.

④ 祝智庭,郁晓华.电子书包系统及其功能建模[J].电化教育研究,2011,(4):24 – 27.

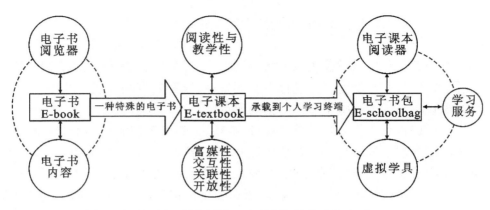

图 2 - 1　电子书—电子课本—电子书包的关系(祝智庭,2011)

(二)电子书包的内涵解析——"实"的硬件设备和"虚"的应用服务

　　根据上述概念的界定和邻近概念的区分,我们可以看出,电子书包不仅仅是简单的移动终端和设备,而是包含了硬件和软件两方面的内涵。

　　从硬件(图3-2所示)上来看,电子书包是一种个人的学习终端,这种终端具有便携性、移动性等特点,为学习者的个性化学习、移动学习等新型学习方式提供方便。从这一角度看,电子书包可以体现为多种设备形态。根据新浪调查,早期国内电子书包主要表现为三类[①]:一类是比较传统的用"猫"连线上网的电子书包,主要在北京地区推广。这一类电子书包重800多克,外形就像放大了的商务通。几乎具有笔记本电脑的全部功能,有液晶显示屏、芯片、操作系统,可以存储大量文件、课本。电子书包的内存高达3 000多万字,可以将从小学到初中的全部教科书的内容存进去。同时通过电子书包的内置"猫",可以上网下载各种学习资料、收发电子邮件等,并配有各种应用功能。另一类是比较先进的无线上网的电子书包,主要在上海地区推广。据黄浦区教育信息中心主任奚立洁介绍,电子书包实际上是一个笔记本电脑,利用蓝牙技术将课本内容、教学等信息搬到网上,同时上网不再需要用连线。随时打开电子书包,都可以直接登陆因特网查阅、下载资料,收发邮件。这一类电子书包的重量在1千克~3千克之间。第三类是由

---

　　① "电子书包"能否融入教育大市场[EB/OL].[2002-01-25]. http://tech. sina. com. cn/s/n/2002-01-25/101092. shtml.

人民教育出版社信息技术中心与香港文传公司合作研发的电子书包。这类电子书包同样具有阅读和上网等功能。可以说,这是电子书包最初发展的阶段,主要突出电子书包的工具性。

图2-2　电子书包硬件设备

随着电子书包的流行,目前国内有多家厂商在经营和开发电子书包项目,开发的产品也逐渐由传统的硬件设施向软件(包括资源与服务(如图2-3所示)层次转型,人们对电子书包的内涵理解也从最初关注"实"的硬件设备转换到关注"虚"的应用服务层面。那么,从软件上来看,电子书包是一个包含了学习资源、学习支持服务的学习平台,它为学习者实现个性化学习、学习管理、学习分析和学习评价等提供服务和支持。从这一视角而言,电子书包就好比学生的个人学习环境,从促进面向信息化时代的新的学生能力发展(如自主学习能力、批判反思能力、知识建构能力、沟通协作能力、创新发展能力、国际理解能力与社会责任心)的创新人才培养目标出发,除了要能支持每一个学生随时随地学习连接,还要能满足每一个学生需求的个性化学习体验。因此,个性化、移动性、按需服务将成为新一阶段电子书包发展的关键特性。①

① 祝智庭,郁晓华. 电子书包系统及其功能建模[J]. 电化教育研究,2011,(4):24-27.

图 2 - 3　电子书包软件系统(学生端)

二、电子书包的主要特征

电子书包的系统由学习终端、学习资源、服务平台以及虚拟学具组成,从这四个组成要素来看,都表现出与传统技术和学习环境不同的特点。

(一)学习终端的便携性、移动性

从硬件上来看,电子书包是一种应用于教学的可移动、便于携带的终端设备。便携性是指学习终端轻薄、便于携带,这是电子书包最显著的一个特点,目前教学中使用的终端设备大小一般与书本大小差不多,重量在 500 - 1000 克左右,并且电子书包可以容纳海量的数据和学习资料,非常有利于学生的携带。移动性是指学习终端具有无线网络接入功能,可以实现随时随地的学习,同时电子书包还支持手写、滑屏、自动翻页等功能,能在教学应用中实现移动学习和泛在学习。

(二)学习资源的多媒体化、微型化、海量化

电子书包内含的学习资源是电子书包"虚"的应用服务的基础,也是支持学习创新的重要内容。其资源具有海量、多媒体、微型化等特点。首先,电子书包可以容纳海量的学习资源,不仅有电子教材资源,还包含作业资源、拓展学习资源、动态交互资源等,可以将传统的纸质学习材料通过数字化处理存入电子书包,这样可以减少传统书包重量,为学生减轻负担,同时扩大学生的知识视野。其次,多媒体化是指电子书包中的资源的形式多样化,这些资源可以通过多种媒体形式来表现,如通常具有视音频、动画、文本、图片等多媒体形式,达到为学生创设生动、形象的学习情境的目的,从而更好地实现激发学生的学习动机;微型化是指电子书包中的资源设计逐步向以知识点为主要内容的片段化、微型化资源形式发展。

（三）支持服务的多样化、个性化

随着电子书包应用的深入,其包含的服务功能越来越丰富,它不仅为课堂教学,也为学生自主学习,还为家校联系都提供了服务功能,它为使用者提供了多样化服务,满足使用者的个性化需求。当然,这里的使用者包括学生、教师、家长以及社会教育工作者。

（四）虚拟学具的多形式化、多功能化

从形式上看,虚拟学具主要有两种表现形式:一种是将传统物理性的学习工具以数字化、虚拟化的形式呈现,比如电子词典、虚拟直尺等;另一种则是结合认知科学和学习理论的研究成果而设计的用以支持学习活动优化的新兴工具,比如概念图工具、群件工具等。从功能上看,虚拟学具可分为教具和学具。学具首先要满足的是学生的"学",其核心层是个人学具集,然后还包括班级学具集和社会学具集。教具是实现对学生端个人学具集的设计和组织,并与学生端的班级学具集建立耦合关系,因此核心层是班级教具集,然后才是服务于教师个体专业发展的个人教具集和社会教具集。①

三、电子书包的主要功能

电子书包的内涵包含"实"的设备和"虚"的服务两个方面,我们在电子书包的应用中主要侧重其功能的实现。从电子书包的应用范围来看,主要涉及教学、学习和管理三个方面。那么,电子书包对于现代化的教学、学习和教学管理有哪些方面的功能和作用呢?

（一）学习方面

电子书包在学习方面的功能主要表现在其支持多样化的学习方式,电子书包为学生提供了丰富的信息化资源,拓展了学生的学习空间,并且为学生创造了现实中无法实现的探究的、个性化的、泛在的学习环境,便于学生开展多样化的学习方式。

1.利用移动终端特性支持泛在学习

轻巧便携的电子书包终端使学生能够在任何时间、地点,以任何方式学习任何知识。电子书包为学生创造智能化的环境,学生可以充分获取学习信息,并根据自己的需要在多样化的学习空间以多样的方式进行学习。

---

① 祝智庭,郁晓华.电子书包系统及其功能建模[J].电化教育研究,2011,(4):24-27.

2.电子书包中的海量资源支持个性化学习

电子书包提供海量的信息化资源,既包括教师提供的课程学习资源和相关拓展资源,也包括基于云技术的课外学习资源及其提供的个性化推送服务,这些条件能够满足不同学习风格和个性差异的学习者的需要,充分地支持学生的个性化学习。

3.多样化的学习工具和资源支持探究性学习

电子书包能够提供丰富多样的学习工具,包括认知工具、知识建构工具、交流工具等,这些工具能够帮助学生开展各种学习活动。同时,电子书包易于创设现实环境中无法实现的、虚拟的、情境性的环境,支持学生发现问题、分析问题、解决问题,从而更好地实现探究性学习。

图 2-4　电子书包支持多样化学习方式

(二)教学方面

1.支持教师的备课

电子书包中基于云技术的多媒体资源以及基于云平台的备课系统能够有效帮助教师在课前进行备课,完成多元化的教学设计方案。

2.课堂教与学活动的支持

课堂教与学活动的支持是教学得以顺利开展的基本形式,而电子书包可以为课堂活动的开展提供软硬件支持。常见的做法,如教师通过电子书包系统向学生提出问题或组织讨论,包括课堂测试、反馈、统计、游戏、竞赛等,学生在终端开展相应活动,并且教师可以快速诊断学生活动情况并进行针对性教学,向学生展示结果;再如利用智能测评系统及电子档案袋对学生学习过程进行全程动态监控及个性化测评,然后根据测评结果实现因材施教和差异化教学。

3.教学互动的实现

电子书包不仅可以通过目前课堂教学中的电子白板实现教师端与学生端的课堂互动,还可以更加方便地实现课外的师生互动及交流,如通过电子书包的教学系统及基于web 2.0的社会网络支持在课堂教学和课外学习中开展同步、异步的交流与协作,这些活动使教与学的互动空间得到极大的扩展,使互动深度得到进一步加强。

4.学习过程的记录与分析

电子书包能够记录学生学习状况及成长情况。教师可以通过数据挖掘,了解学生的学习现状及学习习惯,掌握学生课后作业的完成情况,并对这些数据进行记录和分析,及时判断学生的学习情况,并针对不同层次的学生,推送相应的学习内容与作业,以便及时对学生进行个别辅导,开展针对性的指导和反馈。

图2-5 电子书包的教学应用及功能

(三)管理方面

1.基本的教学管理功能

电子书包具备基本的教学管理功能,包括班级管理(班级的创建、升级、管理等)、消息管理(发布消息、查看消息、统计消息等)、作业管理(作业的发布、查看、统计等)、考勤管理(课堂点名、考勤记录等)。

2.家校联系与沟通

电子书包除了包含传统的"家校通"功能外,还提供更加丰富的家、校、生互动功能,如学生成长史及家教秘书等,让家长、学生、教师利用电子书包互通信息、相互交流、了解学情。通过电子书包系统的"家校通"功能,我们可以搭建学校与家长相互沟通的桥梁,共同创造和谐的育人环境。

3.资源整合构建数字化校园或智慧校园

电子书包具备强大的资源整合功能,可以很好地实现资源的分类存储与管理,融合学校教育资源、家庭教育资源、社会教育资源,构建个人知识库,实现各种资源的聚合以及智能推送。在学校环境中,可以基于物联网、云计算、大数据处理等技术,以电子书包等智能设备为基础,将其与多媒体教室、网络教室中的软、硬件设施进行无缝链接,创设新型的信息化学习环境——智慧校园,从而实现对学习环境的全面感知、形成开放自主的学习环境、基于海量数据及数据挖掘提供个性化学习服务。

第二节 电子书包应用与发展现状

全球著名的新媒体联盟在 2011 年发布的地平线报告中预测,电子书包是对未来学习科学发展产生重大影响的技术之一,将在很短的时间内进入普及。近年来,世界各国都在积极推进电子书包的试点及普及工作,据克里夫兰市场咨询公司的调查报告,迄今至少有 50 个国家(地区)计划推广电子书包。[①] 我国也正在如火如荼地开展电子书包的设计、开发与应用,希望通过电子书包的应用项目来促进教育教学的创新发展。本节主要就电子书包在国内外的应用现状做以介绍,以便让我们了解电子书包应用与发展的概貌。

一、国外电子书包的应用与发展现状

在国外,电子书包的探索与应用由来已久。在形式和名词上,国外的"电子书包"应用经常与"iPad 项目"、"一对一"数字化学习、"泛在学习(U-biquitous learning)"密不可分,这些项目都具有几个核心特征:学生每人拥有一个可移动的终端设备,如便携式电脑、iPad、智能手机等;终端设备拥有丰富的资源和软件工具;利用无线网络支持教与学活动,等等。为名词统一和便于表述,本书一并用"电子书包"这个名词。世界各个地区都已经开展了相关的电子书包的应用与实践,特别是欧美地区与亚洲的新加坡,韩国以及我国香港、台湾地区已经走在前列,取得了迅速的发展。下面,我们首先在

---

① 张迪梅."电子书包"的发展现状及推进策略[J].中国电化教育,2011,(9):87-89.

对国外几个典型地区的电子书包教学应用情况进行概述的基础上,简要介绍和分析国外典型的电子书包教学应用项目。

(一)世界各国电子书包教学应用发展概述

1. 新加坡电子书包教学应用的发展概况

电子书包最初付诸实践的是新加坡。1999 年,新加坡政府在一所叫德明中学的学校内试行了首批 163 个电子书包。这时的"电子书包"实际上是一种便携式电子阅读器,它在技术上与现在普通的电子阅读器并无太大区别,学生们通过插入不同的卡(课本卡、作业卡及字典卡),通过电子簿的彩色荧幕翻看课本,从事学习活动。因此,新加坡也被称为"第一个走进电子书包的时代国家"。

2011 年,由新加坡教育部、国家电脑局和两家科技公司耗资 200 万元新加坡币(约合 119 万美元)合作开发了一款电子书包,并在中小学校园大规模使用。这个重量少于 1 千克的电子书包,将能储存他们现在所有的课本、笔记本和作业等数据资料。学生只需开启电脑,就能够掌握一切与课堂学习有关的资讯。看来,新加坡电子书包实际上是一个贮存、记载和阅读信息、资料的电子装置,上面设有若干电子卡插槽,学生可以插入课本卡、作业卡和字典卡等,还能与互联网连接收发电子邮件,可以和地球上任何一个地区的学生交流学习心得。这意味着新加坡部分中小学生,已经真的不需要背着沉重的书包就可以轻松上学了。

2. 美国一对一学习及其典型项目

美国的电子书包应用起源于一对一数字化学习。在硬件设备上,苹果 iPad 是电子书包发展最典型的装备——主要是在 iPad 中添加学习应用程序以及电子教材。2010 年 6 月,美国加州启动电子书包进校园计划,采用分阶段让州立的各级学校逐步使用电子书包。2012 年 7 月,圣地亚哥联合学区(San Diego Unified School District)购买了 26 000 台 iPad,计划部署到 340 个班级中。该项目为搭建"21 世纪整合交互课堂",开销多达 1 500 万美元。[①] 2013 年 9 月,洛杉矶联合学区(Los Angeles Unified School District)花费 3 000 万美元在第一阶段为该地区从幼儿园到高中 47 所学校的 3 万名学生配置

---

① HASELTON T. School district buys 26 000 iPads[EB/OL].[2012 – 06 – 26]. http://www.technobuffalo.com/2012/06/26/school – district – buys – 26000 – ipads/.

iPad。剩下的将陆续在接下来的 14 个月中完成。① 如今,美国大部分学校都为学生配备笔记本电脑,运用电子书包进行教育教学。在美国出现了很多典型的电子书包应用案例,比较具有代表性的项目有:美国十几个州的学校加入的 One－to－One Computing Initiatives（一对一计算项目,也叫作 Laptop Program）、美国麻省理工学院媒体实验室发起的百美元笔记本电脑"一童一机"项目(OLPC)等。

3. 韩国和日本电子书包应用进展

在亚洲,韩国和日本也是较早研发、使用电子书包的国家。早在 2002 年 12 月,韩国就提出"提高高等教育电子化学习综合计划",旨在建立大学电子化学习支持中心以及行政信息系统。2004 年 12 月,韩国又提出"提升电子化学习的人力资源发展战略",制定《E－Learning 资源体制综合发展计划》,中小学也开始积极引入。2007 年 3 月,韩国启动了电子课本项目。2011 年 5 月,韩国教育技术部递交的《智能教育推进战略》中,预算开支约合 20.7 亿美元的教育改革方案,计划从 2011 年开始,除了向所有小学和初高中学生发放纸质的语文、英语、数学教科书之外,还将同时发放光盘形式的电子教科书。电子教科书的内容和纸质教科书完全相同。英语电子教科书中还加入了语音文件,可以帮助学生练习听力。对于低收入家庭高中生免费提供电子书包,计划在 2015 年前全面实现学生课本数字化改造,采用"云计算"计算机网络系统辅助教学,帮助学生个性化制定各自的学习方法。同时,韩国"行政中心城市"世宗市从 2012 年开始推出智能学校。计划将 150 多所学校全部建设成为智能化学校。到目前为止,智能学校每个班级的学生为 25 人。智能学校里安装有 72 英寸电子黑板、带有电脑的电子讲桌以及无线 AP 天线等设备,还给学生们统一配备了个人平板电脑。

在日本,电子书包的推进是以电子教材的开发与应用为开端的。早在 2000 年,日本邮政省与文部省合作,开始着手编写适应新形势学校教育要求的电子教材,并成立了"因特网教育系统推进恳谈会",由教育界和信息通信产业界的专家和部分学校教师等组成。2010 年 10 月,日本通讯部则在 10 所小学进行电子书包试用计划。每人配备一台平板电脑,教室中安装了互

① Leonard, D. The iPad goes to school [EB/OL]. [2013－10－24]. http://www. business-week. com/articles/2013－10－24/the－ipad－goes－to－school－the－rise－of－educational－tablets.

动式黑板。到 2011 年试点学校增加到 50 所,预算达到 10 亿日元,并且计划到 2015 年,每人都将配备一台电子书包。同时,日本于 2011 年提出"学习创新工程",以电子教科书的研发、使用为基础。在中小学教材的基础上积极采用网络环境、触摸终端、电子黑板、电视会议系统、教学辅助系统等辅助教学,筛选出 20 所中小学(10 所小学、8 所高中以及 2 所特别支援小学)实验基地,进行 3 年的实践研究,开发有效的教学指导方法和标准化电子教材。

亚洲国家除了新加坡、韩国和日本外,马来西亚等国家也开始推进电子书包。马来西亚早在 2001 年开始在吉隆坡及其周边地区 200 所中小学试验性推广电子书包。随后,近年来登嘉楼州政府也将开始向州内 324 所小学的 2.5 万名五年级学生免费提供电子书包,以此取代现有的纸质课本。现在,马来西亚则在全国重点地推广电子书包。

4. 香港、台湾地区电子书包应用情况

香港教育统筹局于 1998 年便发布了《与时并进:善用信息科技学习五年策略(1998—2002)》文件,全力推动香港信息科技教育发展,2002—2003年又引进了"无线网络计划—电子书包"试验计划,并选出 10 所中小学进行有关试验,正式拉开了香港关于电子书包应用的序幕。随后,香港开始了大量而广泛的电子书包实施计划和应用项目。2006 年,香港教育统筹局耗资400 万在 6 所小学推行"电子书包"试验计划,计划的目的是希望学生能利用手提电脑,透过无线网络连接学校网络及互联网,充分利用学校的空间,扩展他们的学习领域,而老师也可以尝试新的教学法以及不同的教学模式,以提高学生的学习兴趣。2010 年,香港新雅推出"电子书包",这是全球第一台专为儿童设计的中英文彩色电子书。2011 年香港方面又拨款 5 900 万港币给 61 所学校推行电子学习试验计划,与出版社合作研发电子课本,以供免费使用。2012 年香港新竹市政府选定青草湖国小为电子书包教学实验学校,1 月开始到 7 月为实验期,以一至六年级共 6 个班级的 165 位师生为实验对象,导入平板电脑作为师生课堂上的学习辅助教材。平板电脑在学科的应用起初主要体现在音乐、美术等课程上,例如在 iPad 触控屏幕上学习弹奏钢琴,或使用绘图软件绘画。后续则与康轩、翰林等教科书业者合作,在iPad 上提供国语笔顺教学、数学测验,甚至是取代传统纸本家庭联系簿的数码家庭联系簿,扩大平板计算机教学应用。

台湾地区电子书包应用也启动较早,其概念在 2001 年伴随着中文电子书阅读机"文昌一号"的设计与发布首次提出。2002 年,台湾地区开展了数字化科技计划,成立了电子书包发展促进会并推广电子书包的教学实际应用,先后有大批的一线中小学校陆续加入电子书包试行行列。2010 年 9 月,"电子书包实验教学计划"再度开始,为期两年,5 所试点小学,后来又陆续扩至 10 所学校。终端包括小笔记本电脑、PDA、平板电脑、数字笔与数字纸等。这次电子书包试点计划不同于以往之处在于,不仅要配备电子载具硬件,还要配合由教育主管部门与成功大学教育研究所杨雅婷教授领衔团队及十余所大学的专家教授成立的专属辅导团队,着重于电子书包导入教学对学生身心发展影响,学生学习、教室教学、课程设计及教学设备等进行全方位思考、分析与比较。台湾于 2010 年由"教育部"试点电子书包实验计划实施后,台北市亦于 2011 年宣布将推动电子书包相关计划,期望 3 年内台北市内 150 所中小学学生人手一台平板计算机;同时,台湾的"经济部"工业局亦陆续协助国内厂商,与各学习场域合作及推动各种行动学习应用实验计划。而后,台湾地区主要县市均有大规模或少数的试点计划也同时规划或执行中。此后,电子书包逐渐走进中小学的各个学科,无论是作为认知工具,还是个人学习环境,台湾地区的发展速度都是比较快的。

(二)国外电子书包教学应用的典型项目及特点

项目推动是技术支持教学创新的典型发展模式。国外实施的移动设备教学应用项目非常多,规模上包含了州级项目、县郡级项目、学区级项目、校级项目和个别试验班级项目等不同大小的实践应用。但是,从实施模式来看,我们可以将其分为两大类型:一类是由政府、企业或学校统一提供设备和应用服务的整体行动,如典型的有面向发展中国家和地区的 OLPC 项目,以及美国缅因州的 MLTL 行动(the Maine Learning and Technology Initiative),德克萨斯州的 TIP 项目(Technology Immersion Pilot)、新加坡、韩国等国家的电子书包项目等;另一类主要是经济发达地区实施的学生自带终端设备的应用模式,如典型的 BYOD 项目。

1. OLPC 项目

OLPC 是"One Laptop Per Child"的缩写,意即"每个孩子拥有一台笔记本电脑",最初由美国麻省理工学院的尼葛洛庞帝教授提出,该项目旨在为发展中国家以及贫困地区的儿童提供廉价、实用的笔记本电脑,从而让他们得到一种现代化学习的机会。很多国家和地区参与了这项计划,如巴西、泰国、柬埔寨、多米尼加、乌拉圭、秘鲁等。

OLPC 在实施过程中秉承了 5 个核心原则:儿童权力、低龄、饱和度、联系性、免费和开源。① 在 OLPC 项目实施中,主要有以下几个要点:(1)注重资源的提供。OLPC 项目不仅提供笔记本电脑,还会在其中带有大量的学习以及软件工具,以供教学和学习使用。(2)强调教学法的设计以及师生互动。"教师必须对课堂中设置的问题以及需要学生参与的活动形成相应的计划",创新师生的互动形式和内涵。(3)重视教师的作用以及教师的培训提高。贝塞拉博士指出,在 OLPC 项目中,教师根据课程及教学的需要,自行决定技术融入的时机和范围,同时决定教师自我的角色。同时,秘鲁作为全球最大的 OLPC 项目实施国,非常注重教师教育技术能力的提高,启动了教师教育计划,设计了相关的培训课程。(4)强调教育公平以及学习效果的提升。OLPC 项目关键在于改善学生的学习条件,为他们提供平等地利用教育资源的机会。OLPC 项目实施后,学生的旷课和辍学率明显下降,同时,学生兴趣也有所提升,学生可以运用技术帮助自己思考并解决问题,以此培养其创造性和批判性思维。②

2. MLTI 行动③

MLTI,即"Maine Learning Technology Initiative",是美国缅因州实施的一项利用移动设备融入教学的行动。该行动力求让每一位学生和教师都拥有一台可上网的移动设备,充分挖掘移动技术在学习中的潜能,以此来实现教与学方式的创新。缅因州 MLTI 行动的内容包括:(1)为每一位学生和教师提供计算设备,并且设备带有适合不同年级学生使用的学习软件;(2)获得基本的研究数据和信息;(3)关于学生学习效果的多样化评价标准,为试验学校提供多种评价选择;(4)教师专业发展;(5)对技术的全面支持;(6)更新、替换设备的开销;(7)一套项目评价体系。同时,MLTI 行动还非常注重

---

① 刘俊生,余胜泉. 一对一数字化学习研究的领域与趋势[J]. 现代教育技术,2012,(1):19 - 24.

② 任友群,侯承宇. 每个孩子都应该有一台自己的笔记本电脑——访秘鲁教育部首席教育技术执行官奥斯卡·贝塞拉[J]. 开放教育研究,2011,(1):4 - 9.

③ 刘俊生,余胜泉. 一对一数字化学习研究的领域与趋势[J]. 现代教育技术,2012,(1):19 - 24.

学习效果的评估。

3. BYOD 行动

BYOD,即"Bring Your Own Device",我们把它译为"自带设备"。它起源于 IT 企业,最初是指企业员工在工作场所中利用自带设备来改进工作绩效的一种模式。近年来,BYOD 模式逐渐被引入教育中来,即允许学生将个人的智能设备带入教学场所以获取资源,从而提高教学效果,它已在美国、加拿大、瑞典、法国、智利等多个国家开始了应用。

Nielsen 阐述了 BYOD 行动的必要性,优化教育教学效果并不能靠禁止学生在校使用个人信息终端来实现,无视 BYOD 教育应用前景的学校事实上在拒绝、排斥学校围墙之外世界的变化,因此,学校管理者需要为当前的学生制定新的管理策略,而教师需要更新他们过时的教学实践策略。[①] BYOD 行动关注学生 21 世纪技能的培养和提高,以美国宾夕法尼亚州 Hanover 学区 BYOD 行动为例,其理念是充分把握 21 世纪学习的本质特征——学生是信息的生产者而不仅仅是消费者。其实施要点包含几个方面:建设学区 BYOD 行动网站,提供教学资源;客观对待移动设备的教学作用,尊重教师使用移动设备的需求;为保证教学效果,制定了设备使用、教学整合、管理与支持等方面的行动策略。[②]

除了上述 3 个典型项目,国外还开展了很多相关的实践项目和行动,在此不一一赘述。通过对这些项目的分析与思考,我们可以梳理出这些典型项目及行动以下的几个共同特征。

(1)资源的支持。资源是技术支持教学创新的基本前提,几乎每一个项目都强调了资源的建设和支持,如 OLPC 项目中笔记本电脑中装有大量的教学资源和软件资源,Hanover 学区的 BYOD 行动中建设了专门的行动网站以提供资源支持,缅因州的 MLTI 行动中移动设备也带有丰富的学习软件,等等。

(2)强调教学设计及活动组织。托马斯·弗里德曼曾提出:"单独引进

① NIELSEN L. Why BYOD, Not Banning Cell Phones, Is the Answer [DB/OL]. [2012 – 05 – 09] http://theinnovativeeducator. blogspot. com/2012/05/why – byod – not – banning – cell – phones – is. html.

② 李卢一,郑燕林.美国中小学"自带设备(BYOD)"行动及启示[J].现代远程教育研究,2012,(6):71 – 76.

技术是远远不够的，只有当新技术与做事情的新方式方法结合起来的时候，生产力方面巨大的收益才会来临。"国外的这些项目都十分重视教学法设计以及教与学活动的组织和支持，具体包括创新师生互动的形式和内涵、对技术应用的全面支持、合理设计教学活动、制定教学整合策略等。由此可以看出，资源必须与教学活动、教学设计结合起来才能发挥其效益。

（3）教师作用的发挥以及教师培训计划。教师是教学创新的关键要素，决定了实际应用效果。这些项目都关注了教师技能培训和提高，如秘鲁的 OLPC 项目启动了教师教育计划，Hanover 学区的 BYOD 行动专门为教师提供了技术论坛与其他相关资源，缅因州的 MLTI 行动中也包含了教师专业发展的内容。因此，重视教师作用的发挥以及教师培训计划，对开展移动设备教学应用来说是一个至关重要的环节。

（4）学生 21 世纪技能的培养。每一个项目的实施目的都不再局限于传统学业表现及标准化考试成绩，而是重在培养和提高学生的素养，特别强调学生 21 世纪技能的提高。具体来说，学生 21 世纪技能包含了信息媒体与技术技能、学习与创新技能、生活与职业技能。而移动设备教学应用则着眼于学生这些技能和素养的提高，为他们适应未来社会做准备。

（5）项目的实践效果及评估。效果评估是决定项目被广泛采纳和持续推广的重要依据，每一项行动都关注了移动设备教学应用的实际效果，并对其进行了检验和评估，评估的内容包含了学生 21 世纪技能和素养的提高、教学行为改变、教师专业技能提高等方面。

二、国内电子书包的应用与发展现状

我国电子书包最早是在"校校通"工程背景下作为教育信息化起步阶段的一个重要终端产品而提出的，最初目的在于让孩子们沉重的书包变轻，随后在褒贬不一、争议不休的试点中经历了十多年的发展历程。这十多年间，电子书包应用发展迅速，试点不断推进，尤其是广东、上海、江苏、浙江等多地的试点工作富有成效，取得了一定的影响。时至当下，以电子教材和移动设备为基础的电子书包已经在教育教学领域得到极大关注及应用。

（一）电子书包的萌芽和起步（2000—2008 年）

早在 2000 年，我国就已提出电子书包的概念。当时，教育部颁布的《关于在中小学实施"校校通"工程的通知》中指出，为有效提高所有中小学的教育教学质量,5～10 年后,全国 90% 以上中小学都必须完成校园网建设,使所有的中小学师生都能共享网上教学资源。随后不久,2001 年 10 月,北京伯通科技有限公司研发生产的"绿色电子书包"即通过教育部电教办专家认证,并于当年 12 月正式投放市场。这款"绿色电子书包"内存 3 000 多万字,囊括了从小学到初中的全部教科书内容。当时《北京日报》评论:"不用多久,小学生就可以卸下沉甸甸的书包,背着仅重 800 克的电子书包上学了。"①这也掀起了国内电子书包的第一次热潮,正式拉开了我国探索电子书包应用的序幕。2003 年,上海金山区金棠小学开始试用电子书包代替传统书本教材。随即,电子书包又分别在北京、上海、大连、广州等地试用。2004年,人民教育出版社负责的全国教科规划教育部重点课题"手持式电子教科书在教学中的应用研究"也启动了电子书包的应用研究。但是,由于当时的技术水平、设备成本等条件的限制,电子书包并未被普遍推广开来,而且经历了长时间的冷却期。

在这一阶段,尽管电子书包从概念的提出到项目试点经历了近十年的时间,但电子书包的发展及应用非常有限,少量的应用也是仅限于北京、上海等经济发达城市的小范围的试点。同时,有些厂商急于推出的"电子书包"与我们现在理解的电子书包有很大差别,产品的技术水平和功能都非常有限,人们对电子书包的认识也不够全面,教师、学校对试点应用风险的担心,家长对电子书包影响孩子视力、成绩等的忧虑,这些因素都限制了电子书包的应用和发展。

(二)电子书包的迅速发展(2008—2013 年)

自 2008 年开始,电子书包的热潮再次掀起,主要表现为三个方面:一方面是以厂商为代表的各种电子书包开始进行开发和销售;另一方面是以学校为代表,北京、上海、深圳等全国发达城市纷纷建立起电子书包试点学校、试点班级;最后,以政府为代表在政策上进行引领。②

1. 企业推动

企业力量的推动对电子书包的迅速发展具有非常重要的作用,电子书

---

① 电子书包进校[EB/OL].[2010 - 12 - 18]. http://www.360doc.com/content/11/1231/15/5682299_176312247.shtml.

② 贺平,郑娟,王济军.电子书包应用现状与未来研究趋势[J].中国电化教育,2013,(12):52 - 56.

包市场中不断加入著名的 IT 公司以及在各大城市不断试点电子书包的应用探索,让越来越多的人看到了电子书包的优势,也使得电子书包的应用进入了快速发展的高峰期。2008 年,英特尔"'一对一'数字化学习应用研究项目"再一次激活了冷却的电子书包,政府、企业、学校也看到了电子书包的新思路,也使得电子书包的试点应用出现在更多的课堂中。2009 年 4 月 8 日,在英特尔信息技术峰会上,由英特尔公司和汉王科技股份有限公司合作推出的一款汉王电子书包 HCQ890 成为电子书包新一轮发展的产品形态先锋。同年 7 月,在第三届全国数字出版博览会上,广东省出版集团数字出版有限公司、北京人教希望网络信息技术有限公司和广州金蟾软件研发公司联合举办"电子书包"启动仪式。2010 年 11 月,中国电信上海公司与上海市虹口区教育局、英特尔(中国)公司和微创公司签订共建"基础教育电子书包"项目协议,首期覆盖 8 所幼儿园和中小学校的 760 余名学生。2012 年 3 月,西安立人科技股份有限公司与陕西师范大学合作成立中小学数字化教育研究所,旨在探索以电子书包试点项目为依托的中小学教育信息化问题,在教育新媒体、新技术的设计、开发、应用和评价方面开展合作研究。

2. 政府引领

国家教育部及各地方教育行政部门对教育信息化的政策引领,促进了电子书包的快速发展。在国家层面,教育部《国家中长期教育改革和发展规划纲要(2010—2020 年)》提出"加快信息化进程",加速了电子书包的开发与应用。2012 年,教育部颁布《教育信息化十年发展规划(2011—2020年)》,其中提出"建设智能化教学环境,提供优质数字教育资源和软件工具,利用信息技术开展启发式、探究式、讨论式、参与式教学,鼓励发展性评价,探索建立以学习者为中心的教学新模式,倡导网络校际协作学习,提高信息化教学水平",并要求按照"统筹规划,分类推进"的工作方针,根据各级各类教育的特点和不同地区经济社会发展水平,统筹做好教育信息化的整体规划和顶层设计,明确发展重点,坚持分类指导,鼓励形成特色。2015 年 9 月,教育部发布:《关于"十三五"期间全面深入推进教育信息化工作的指导意见(征求意见稿)》,意见中进一步指出:"要深化信息技术与教育教学的融合互动,拓展教育信息化对教育现代化的带动作用。各级教育行政部门要采取多种形式,积极鼓励广大师生在日常教学与学习过程中根据需要广泛应用已较为成熟的各类信息技术、设备和工具,探索使用新技术、新设备与新工具。广大师生要将技术、设备、工具的使用与教学改革相结合，利用技术、设备和工具探索，创设适应信息时代特点的新型教学环境（如新型教室），创新教学模式，切实提升教育教学的现代化水平。"国家新闻出版广电总局在《新闻出版业"十二五"时期发展规划》中也明确提出大力发展互联网无线网络电子书包项目，并表态今后将加大扶持力度。

地方层面，上海是首个从教育行政层面推进电子书包项目的地区，《上海市中长期教育改革和发展规划纲要（2010—2020）》及《上海市"十二五"教育信息化发展规划》明确提出"推动电子书包和云计算辅助教学的发展，促进学生运用信息技术丰富课内外学习与研究"的规划。北京市教委也于2010年发布《北京市中长期教育改革和发展规划纲要》及《北京市"十二五"时期教育改革和发展规划》，开始启动"数字校园"实验项目，此实验项目包括"校校通""班班通"和"生生通"，这就为电子书包的广泛应用提供了有力的政策条件。陕西省中小学电子书包试点工作是从2010年陕西省建成"陕西基础教育专网"、搭建"陕西教育资源网"，并在硬件环境和软件条件基本具备之后，由省电教馆组织省内专家经过三年研究论证，进行的一项探索教育信息化发展新路径的实验开始。整个实验由省电教馆提出实验技术方案，经省教育厅批准于2011年正式实施。这些政策为电子书包的广泛应用和深入推进提供了良好的支持环境，从而推动了电子书包的快速发展。

3. 试点项目推进

试点项目的推进是真正让电子书包走向教学实践的重要因素。这一阶段，各地区都开展了大量而广泛的电子书包试点项目，让学校、师生对电子书包广为理解和逐渐接受。下面列举一些较为重大的电子书包试点项目。2011年5月，上海市虹口区在8所中小学及幼儿园进行电子书包的首期试点。年底上海市虹口区启动了第二批"电子书包"试点项目，参与学校也扩大到18所，约有1700名学生参加。随后，上海的嘉定、闵行区等多所中小学也开始试用电子书包。同样，北京也在多个地区的学校启动了电子书包试点项目，如2012年，北京史家小学率先将iPad引入品德与社会课。随后，北京朝阳区白家庄小学启动了iPad教学实验项目。陕西省电子书包的试点项目启动于2011年，该项目在全省11个市（区）选择了20所试点校开展"电子书包"试点，参加学生1000余人，项目投入837万元。在重庆，该市江北区于2012年在全市6所学校开展电子书包试点。此外，国内很多地区如江苏、云南、山东、浙江、福建等地均有电子书包试点基地。

4．科学研究的推动

科学研究是电子书包应用的又一大推动力量，它为电子书包的应用提供了科学依据和智力支持。在这一阶段，有关电子书包的国家级科研项目非常多，研究者们主要围绕电子书包在教学中的应用开展了实践应用和实验研究。比较典型的科研项目有：2010 年周宏的全国教科规划青年项目"多媒体互动电子书包系统研制及教学成效研究"、2011 年吴永和的国家社科基金重点项目"电子课本出版与生态发展的研究"、2012 年张文兰的全国教科规划教育部重点项目"面向学习创新的电子书包中小学教学应用研究"、2012 年张志强的国家社科基金项目"中外电子书产业比较研究"等。

（三）电子书包与教育的深度融合（2013—　　）

经过上一阶段的快速发展，电子书包的应用已广为人知，也引起了广泛的关注，开展了大量的实践。但理性地来看，电子书包在教育教学中的融合应用仍然还有很长的路要走。这一阶段表现出的主要特点是在实践层面放缓了应用的脚步，人们开始冷静地思考，并从电子书包应用与教育深入融合的角度开始探索。在推进主体方面，由最初的企业强力推动到"政策规划主体＋专业引领主体＋实践主体＋技术服务主体"的协同推进；在应用内容方面，由开始的硬件、软件系统研发及关注电子书包的应用形式到关于电子书包环境的构建以及与教学的深入融合发展；在应用层次方面，由注重电子书包的教学应用模式到开始注重学生的多元化学习需求、电子书包的应用效果研究以及电子书包环境下学生的学习体验及心理变化。

随着电子书包教学应用的深入，其应用领域和范围越来越广，对教与学的变革作用越来越明显，在应用的广度上增加了电子书包在 STEM 教育中的应用、电子书包与创客教育的融合等；在应用的深度上也探索了基于电子书包的翻转课堂教学模式、电子书包支撑下的项目式学习等。

1．电子书包在 STEM 教育中的应用

STEM 是科学（Science）、技术（Technology）、工程（Engineering）和数学（Mathematics）英文首字母的简称，源于 1986 年美国国家科学基金会《大学的科学、数学和工程教育报告》中提出的"科学、数学、工程和技术"教育的纲领性建议。但 STEM 教育不是科学、技术、工程和数学知识的简单叠加，而是将这四种学科整合到一种教学范式中，把零碎知识变成相互联系的统一整体,倡导由问题解决驱动的跨学科理科教育。STEM 教育以项目学习为主要的学习方式,具有跨学科、情境性、协作性、设计性、技术增强性等特征。

电子书包作为个人学习平台,具有海量资源、结构化知识及随时接入网络的功能,它通过教具和学具的有机结合,展开互动性教学,并以平板电脑为应用终端,通过云资源平台,借助覆盖全学科的电子教材、辅助资料、教学工具和个性化的教学应用软件,实现新技术、新媒体和新实践带动教育理念变革,为培养学生的高阶思维提供了重要的支持,可作为 STEM 教育的重要基础。因此,STEM 教育逐渐以云服务终端应用为核心的电子书包作为主要学具,基于电子书包平台,融入"3D 打印技术",进行理论、技术与应用的协同推进。①

2. 电子书包与创客教育的融合

创客教育可以从广义和狭义两个方面来理解,广义的创客教育一般是指以培育大众创客精神为导向的泛在教育形态,而狭义上的创客教育则是以培养创客素养为导向的特定教育模式②。学校情境下的创客教育一般是指基于学习者的兴趣,以项目式学习的方式,倡导造物、鼓励分享,以培养创客素养为主要目标的教育形式。与以往的教育形态相比,创客教育具有明显的特点:彰显主体教育理念,以学习者为中心,强调学习者在创客活动中的主体性;注重培养学习者的创新能力和实践精神;强调"做中学"的学习方式,融合了体验学习、项目式学习、DIY 理念的方法。

创客教育的开展离不开创客空间及学习资源的支持。创客空间是创客活动的载体,也是开展创客教育的主要环境,它是实体的物理空间以及虚拟的线上空间的结合体。在虚实融合的创客空间中,物理空间为创客搭建项目创作的物理环境,而虚拟空间则为他们提供交流学习、共享成果及社会化评估的服务。在目前的创客空间解决方案中,电子书包作为数字化教育生态新环境,常常作为学习者实施方案、创作作品、创新问题解决的重要工具和基础,支持传统手工技能与数字化技能、艺术与工程素养的融合,为学习者提供了合作、创新、投入的学习环境,是基于创造的学习平台不可或缺的

---

① 王娟,吴永和."互联网 +"时代 STAEM 教育应用的反思与创新路径[J].远程教育杂志,2016,(2):90 − 97.

② 祝智庭,雒亮.从创客运动到创客教育:培植众创文化[J].电化教育研究,2015,(7):5 − 13.

元素。

3.基于电子书包的翻转课堂应用

翻转课堂,译自"Flipped Classroom",是指重新调整传统课堂学习的时间和知识学习的顺序,学生在课前完成知识的学习和掌握,而课堂变成了老师与学生之间以及学生与学生之间互动的场所,包括答疑解惑、知识的运用等,从而实现知识的内化过程。

电子书包能够为翻转课堂教学模式提供全方位的技术支撑,能解决课前学生学习过程中教师与学生之间的"断层"问题,有效提升翻转课堂教学效率。目前,很多地区都开展了基于电子书包教学系统的翻转课堂教学实践,较为典型的如东北师范大学附属中学开展的实践研究,其基本过程分两部分完成:第一部分为课前自学探究,第二部分为课上合作探究,具体过程见注释文献内容①。在翻转课堂教学过程中,电子书包教学系统为教师和学生构建了一个个性化的教学环境,教师在该环境中进行备课、授课、学情分析和交流指导等教学活动,学生在该环境中获取个性化学习资源,进行自主学习和协作学习等。在电子书包教学系统的支持下,翻转课堂教学活动的优势得以更好地发挥。

4.基于电子书包的项目式学习应用

项目式学习作为一种基于建构主义理论的学习模式,近年来受到国内外学者、教育工作者的广泛关注。美国巴克教育研究所把以课程标准为核心的项目学习定义为"一套系统的教学方法,它是对复杂、真实问题的探究过程,也是精心设计项目作品、规划和实施项目任务的过程,在这个过程中,学生能够掌握所需的知识和技能"。

随着电子书包的深入应用,探索电子书包环境下项目式学习的设计与实施也成为当前的实践热点。上海、广州、深圳等多地中小学都相继开展了基于电子书包的一对一学习环境下项目式学习的实践,广州市农林下路小学开展的国家课程项目式重构研究与实践便是其中的一个典型代表。该校自2012年开始启动了项目式学习实践,首先根据项目式学习的理念将现有的国家课程改造成项目式课程,然后结合一对一网络环境的优势与特点,构

---

① 马相春,钟绍春,徐妲,等.基于电子书包教学系统的翻转课堂教学模式实践研究[J].电化教育研究,2017,(6):111－115.

建了基于网络的项目式学习模式,探索了电子书包支持的一对一学习环境下项目式学习活动流程,形成了富有成效的实践模式,具体实践过程及成果见注释①。

　　通过对电子书包应用发展历程和现状的梳理我们不难发现,一方面,随着信息技术的不断发展,电子书包的教学功能越来越丰富,越来越贴近一线教师的教学和课堂教学的需求,如随着翻转课堂和微课在中小学的广泛推广,很多厂家开发的电子书包都适时地迎合了这一趋势,增加了帮助教师进行微课制作的功能,有的电子书包在功能上不再仅停留在支持课堂教学和课堂交互上,还开发了支持小组分组、作品分享、作品点评等功能,以更好地支持项目式学习等新的学习方式的开展。此外,电子书包在教学中的应用模式也越来越多样化,有关这方面的具体情况,我们将在第六、七章进行更深入的讨论。

---

① 张文兰,张思琦,林君芬等.网络环境下基于课程重构理念的项目式学习设计与实践研究[J].电化教育研究,2016,(2):38-45.

第三章

基于电子书包的教与学理论基础

> 当前,我们在帮助学生为从事尚未出现的工作做好准备……为运用迄今尚无问世的技术做好准备……以便他们能够解决那些我们现在甚至还不知道是问题的问题。
>
> ——理查德·莱利(美国前教育部长)

电子书包教学应用是教育信息化发展的一种新形态,其实质是以电子书包作为技术支撑构建新型的学习环境,从而实现创新的教与学方式。电子书包在教学中的应用绝不仅仅只是技术的引入,而是涉及深层次的教学理念和教学结构的改变。因此,推动和实施电子书包的应用必须以科学、合理的理论为指导。我们认为,活动理论、混合式学习理论、多元智能理论、情境认知理论对目前电子书包教学应用具有重要的理论指导意义。活动理论强调活动的中介作用,是一个研究不同形式实践的跨学科框架,它为电子书包教学应用提供了分析、设计的理论模型;混合式学习理论的核心思想是优化组合,对电子书包的教学应用来说,重在将各种学习方式、媒体等进行混合,择优选取一种最佳方案;多元智能理论强调学生的多元化发展、个性化发展,它为电子书包教学应用指明了方向;情境认知理论注重学习的实践性以及与情境联系的意义,它是电子书包环境下教与学活动的重要认知基础。

第一节　活　动　理　论

活动理论是一个交叉学科的理论,是研究特定历史文化背景下人的活动的理论,它以"活动"为基本单元和逻辑起点去研究和解释人的学习和发展问题。随着教育改革的推进,活动理论逐渐成为人们热议的话题。特别是在建构主义理论的发展与盛行中,人们纷纷提出在活动中学习的理念,并提出各种与活动相关的教学方法和教学模式,如活动教学法、学习活动设计等。同样,活动理论对电子书包环境下的教与学有着重要的指导意义。

一、活动理论的产生与发展

活动理论的哲学根源可以追溯到 19 世纪黑格尔的古典哲学与马克思的辩证唯物主义。黑格尔认为,人类意识不仅与人的生理有关,还与对历史文化的积极同化有关,与主体征服客体的活动有关。而马克思则从实践的本质出发,探讨了物质与意识之间的关系。他们都将活动作为分析人类发展的立足点。

20 世纪 20 ~ 30 年代间,苏联心理学界开展了在马克思主义哲学的基础上重构心理学的工作,对心理学中居统治地位的唯心主义哲学观点进行了批判,突破了以往仅从生理上分析人类思维的心理学思路。心理学家普遍赞同"实体性原则:意识与活动的不可分离性",即人类思维的产生和发展必须在一个有意义的、目标导向的、人与环境交互的社会背景中理解①。第一个把活动作为心理学研究对象的是 C. JI. 鲁宾斯坦。1922 年他在《创造性自主活动的原则(关于现代儿童学的哲学基础)》一文中,将属于哲学范畴的"活动"概念引用到心理学中,认为人的理性结构是在人的自主活动中确立的,心理的发展也正是这些活动的结果之一。之后,经维果茨基、列昂节夫等人的研究而逐步丰富。1987 年,芬兰学者恩格斯托姆(Engeström)对维果茨基之后的活动理论进行了研究和发展,并将活动理论分为三代。

第一代"活动理论"把人类行为视为指向目标对象的行为,揭示人类行为首先是以工具和语言、符号、意念和技术之类的"人造物"的创造与使用为中介的。这种理论重点突出了维果茨基提出的"中介"概念,把文化制品和人类文化关联起来,从而把个体与社会关联起来。第二代"活动理论"始于列昂节夫的《活动·意识·人格》,他的"活动"概念的革新性在于在集团和共同体的宏观层面上去分析活动,并引进了规则、共同体和分工等三个社会要素,从而把个体与共同体的互动凸现出来,并且强调存在于活动系统中的矛盾对于变化与发展具有的推动作用。这样,人类行为被视为一连串相关活动的建构,一种文化历史的形态。第三代"活动理论"针对第二代"活动理论"对文化多样性缺乏敏感性的弊端,超越单一活动系统和学校封闭的学习状态的局限,提出了"学习者集体"和"高级学习网络"的概念。并且以相互作用的多种活动系统作为分析单位,推进了在这些活动系统之间设计网络、对话、合作的实践研究,从而开拓了"活动理论"的新天地。②

二、活动理论的基本内容

"活动"是活动理论中的核心名词,它既可以是人类与周围客观事物交流与改造的过程,也可以是人类完成对客观环境认识和需要目的的过程。从心理学角度来看,人的心理、意识是在活动中形成和发展起来的,因此,活动理论将活动作为基本的单元来分析和解释人的发展和学习。活动,即教与学过程中行为总和,是学生对知识认知与技能发展的总和。活动理论的

① BANNON L. Activity Theory[EB/OL]. [2006 - 04 - 05] http://www - sv. cict. fr/cotcos/pjs/TheoreticalApproaches/Actvity/ ActivitypaperBannon. htm.

② 钟启泉. 教学活动理论的考察[J]. 教育研究,2005,(5):36 - 42.

具体内容主要包括 4 个方面:基本的分析单位——活动及活动系统;活动具有层级结构;活动的内化和外化体现了活动发展与心理发展的辩证统一;活动是发展变化的。①

(一)基本的分析单位——活动及活动系统

活动系统包括了主体、客体、共同体(或称为团体)、工具、规则、分工六个要素。其中,主体、客体、共同体属于活动系统的核心成分,工具、规则和分工属于活动系统的次要成分,具体(如图 3-1 所示)。

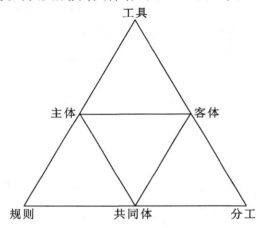

图 3-1　活动系统

在整个活动系统中,主体是活动的执行者,是活动系统中的个体要素;客体是主体通过活动想要影响、改变或产生的东西,也是活动系统生产出来的包括物质上的、精神上的、符号上的制品,具有自然属性和社会文化属性;共同体是活动过程中享有共同确定的实践、信念和理解,追求一个共同事业的诸多个体的集合,是活动发生时活动主体所处的群体,因而活动主体是共同体的一个成员;活动理论认为,人类的活动必须有工具作为媒介,工具是主体作用于客体的手段,它将活动主体与客体联系起来,它可以是转换过程中使用的任何东西(包括物理的、方法的),是研究和开发的中介工具;规则是活动过程中对活动进行约束的明确规定、规范、法律、政策和惯例,以及隐性的社会道德规范、文化传统、标准和共同体成员间的关系;分工是指在达

---

① 高洁. 基于活动理论的网络学习活动设计:《课程整合的理论与实践》课程网络学习活动的设计与实践[D].北京:首都师范大学,2012.

到目标的过程中共同体中的不同成员所承担的责任,这包括了横向的任务分配、纵向的权利和地位的分配。

活动系统的各要素并非稳定、相互独立,而是有着互动和矛盾,动态且持续地与其他要素互动,这些矛盾和互动在子系统中体现出来。这些子系统包括生产子系统、交流子系统、消耗子系统、分配子系统四个子系统(如图3-2所示)。其中,生产子系统是最重要的,整个活动系统的目标就是通过生产子系统实现的。其他的子系统服务于生产子系统,是在实现整个活动系统的目标时的支持部分。①

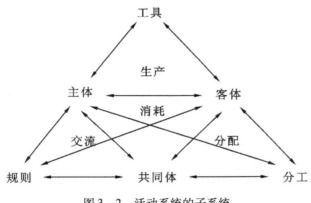

图3-2 活动系统的子系统

(二)活动系统具有层级结构

在活动理论中,活动是有意识的过程,受动机支配,它所关注的是作为驱动力的意图和动机,因而活动被看作是意图水平。活动是由一系列行动组成的,通过规划和问题解决行动完成活动。每个行动都受到目标的控制,是有意识的,并且不同的行动可能会达到相同的目标,故而行动属于功能性水平。行动又是通过一连串的具体操作来完成的。操作本身没有自己的目标,它只是被用来调整活动以适应环境,并且操作本身还受到环境条件的限制。总的来说,任何一个活动,都符合于一定的需要,由一定的动机所激发,由行为所组成,借助于操作而实现的。

---

① 雷兰兰,林德丰. 从活动理论看 MP-Lab 数学课堂的设计[J]. 现代教育技术,2009,(9):27-30.

在活动系统的层级结构中,特定的活动以激发动机为标准;行为服从于自觉的、有目的的活动;操作是直接取决于达到目的的具体条件。活动理论在很大程度上解决了系统发展的动力问题。活动系统结构的层级化性质提供了支持活动、行为和操作的层级化动机①。

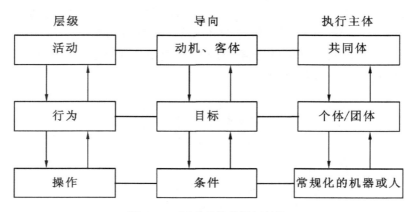

图3-3 活动系统的层级结构

如图3-3所示,在活动系统的层级结构中,第一层是目的性层次:活动是客体导向的,是要实现一定的目标,驱动活动开展的动力是主体的动机,该层的执行主体是共同体;第二层是功能性层次:一系列的行动能够组成活动,要实现活动并且满足动机,行为往往以目标为导向,其执行主体是个体或团体;第三层是常规性层次:操作是指在一定条件下的操作,行为是靠一系列的操作完成的,这些操作是无意识的、自动化的,并且依赖于一定的条件,其执行主体是常规化了的人或机器。

(三)活动的内化和外化体现了活动发展与心理发展的辩证统一

传统的心理学主要研究内部活动,如想像活动、记忆活动等。对于外部活动,则被看成是表现出来的内部活动、意识的活动,一般而言,并不作为心理学的研究对象。行为主义心理学主张研究外部行为,但却又和意识脱离开来。

列昂捷夫主张除研究内部活动外,还应该从一定的侧面对外部活动进

---

① LEONT'EVv, NIKOLAEVICH A. Problems of the development of the mind [M]. New York:International universities Press, 1981.

行研究。列昂捷夫还提出,内部的心理领域是在外部活动中、通过外部活动而发生、形成的,外部活动则直接实现和客观对象的实际接触,内部的心理领域正是通过外部活动这个环节向外部对象世界敞开着大门的,外部对象世界也是通过外部活动这个环节而进入内部心理领域的。

在活动理论中,是将内部活动和外部活动区分开来的,并且内部活动与外部活动二者之间是可以相互转化的。外部活动转化为内部活动称之为内化,内部活动转化成外部活动称之为外化。内化是通过提供一种手段,使人在不执行实际操作的情形下与外部的现实世界进行潜在的交互(如想象、考虑计划等);而当内部活动需要被证明、调整,或者是多个协作者之间需要协调的时候,常常需要外化过程。

(四)活动是发展变化的

活动是一个整体,也是一个系统,它在一定的历史条件的环境下进行,活动的组成要素会随着环境的改变而改变,同时,人类的活动也会影响环境的变化。

三、分析活动的一般框架

活动理论提出了分析和理解人类活动的一般性概念框架,可以为更具体的理论提供基础,但没有提出分析活动的序列和具体方法。因此,人们在使用活动理论时很难找到可操作的办法。为此,乔纳森等人对活动理论进一步进行分析,并利用活动理论分析问题。1999 年,乔纳森(David H Jonassen)利用活动理论作为分析框架设计了建构主义学习环境,并从确定活动的目的、分析活动的核心要素、分析活动的结构、分析中介、分析活动所处的环境和分析活动的发展性这 6 个步骤和 15 个子步骤进行分析。我国吕布娇等人在此基础上又加入了分析活动的子系统和分析活动的矛盾这两个步骤,并最终形成了分析活动的一般框架,如表 3 - 1 所示。①

---

① 吕巾娇,刘美凤,史力范.活动理论的发展脉络与应用探析[J].现代教育技术,2007,(1):8 - 14.

表 3-1　分析活动的一般框架（吕巾娇,2007）

1.确定活动的目的		
1.1	确定结果	活动完成后会有哪些结果呢？以什么样的形式存在？
1.2	理解主体的动机	主体有哪些期望？ 哪些期望会受环境变化的影响？
1.3	分析与活动相关的环境	活动周围的环境如何？活动周围的社会交流形式如何？ 活动通过什么样的方式与环境交流？
1.4	预测可能出现的问题	什么时候可能出现问题？问题会出现在哪里？ 访谈与活动相关的人员,分析可能出现的矛盾、确定影响活动的可能因素,分析方法包括文献法、观察法、访谈法等。
2.分析活动的核心要素		
2.1	主体	谁是活动的参与者？他们的年龄、心理、知识背景如何？ 他们的职责分别是什么？有什么样的思想？ 达到目标后有哪些奖励？
2.2	共同体	活动需要哪些人共同参与？共同体如何影响主体的目标？ 为凝结力量,共同体需要哪些努力？ 小组如何走向成熟？交流的规则如何形成？ 主体在其他共同体中遇到的矛盾如何影响其在该共同体中的表现？ 主体参与的其他共同体怎样看待该活动？ 达到目标后有哪些奖励？
2.3	客体	活动要操作的对象是什么？它被如何呈现？ 活动期望的结果是什么？它被如何呈现？会有哪些阶段性成果？ 客体如何变化才能让主体实现目标？ 需要采用什么规则评价成果？谁来制定和使用这些规则？
3.分析中介（主体、客体、共同体之间的中介）		
3.1	工具中介物（工具）	活动中会有什么工具？是物质工具还是心理工具？ 这些工具容易获得吗？如何随时间变化？ 什么思想或理论引导着这个活动？主体如何使用它们？

3.2	规则中介物（规则）	哪些规则、法规、假设(正式－非正式,内部－外部)会引导活动？ 主体如何理解和描述这些规则？ 这些规则会如何变化？会随着任务的不同而变化吗？
3.3	角色中介物（劳动分工）	谁担任这些角色？这些角色与个人的经验如何相联系？ 这些角色会如何影响小组任务？个人有哪些权利影响其他人？ 什么驱使了角色的转变？

4.分析活动的子系统

4.1	生产系统	主体如何使用工、符号和其他中介？ 中介物对活动有哪些影响？它们是否改变了主体的表现、能力和信念？ 从客体到结果,发生了哪些转变？
4.2	交换系统	共同体中的规则是如何协商的？ 参与者如何规范自己的行为？
4.3	分配系统	按什么规则将客体在共同体中进行分配？ 共同体中分工的融洽程度如何？
4.4	消费系统	主体与共同体如何共同作用于客体？ 共同体成员促进还是阻碍了生产过程？ 活动中有哪些能量和资源？共同体如何消费能量和资源？ 他们的消费对生产过程产生了什么影响？

5.分析活动结构

5.1	分析活动自身	活动如何转变、经历了哪些阶段？不同阶段中会发生什么转变？ 活动的目的和动机是什么？
5.2	将活动分解成行为	根据阶段,将目的分为多个具体的目标,目标之间的关系如何？ 完成各个目标需要什么行为？行为中如何形成规则和程序？ 行为需要什么样的完成者(包括个体和小组)？
5.3	将行为分解成操作	实现目标需要哪些具体的操作？ 分析现有的条件,并与操作相匹配,操作中如何实现自动化？ 操作需要什么样的完成者(包括个体或机器)？

6. 分析活动中的矛盾		
6.1	要素自身的矛盾	6个要素各有什么特性？ 要实现目标,6个要素各自有什么困难？
6.2	要素之间的矛盾	将6个要素两两对应,找出二者间的关系。 6个要素之间的矛盾如何？ 如何描述？
6.3	中心活动与更先进文化活动之间的矛盾	中心活动周围可能会出现哪些更高级文化形式的活动？ 现有活动的客体/动机与活动的更高级文化形式活动的客体/动机之间有什么矛盾？
6.4	中心活动与周边活动之间的矛盾	还有什么活动与中心活动的客体与结果相一致或背离？ 什么活动可以给中心活动提供工具、帮助或教育？ 找出与中心活动有关的制度、法规等活动。
7. 分析活动所处的环境		
7.1	内部环境（共同体内）	个人在进入小组时有哪些自由？ 个人如何参考其他小组的经验？ 共同体有什么信仰和假设？ 任务如何在共同体中进行分配？（外部命令或内部自发形成） 劳动分工的灵活性如何？ 每个角色的贡献如何评价？ 什么工具对完成任务有用(无用)？ 主体会再次使用这些工具吗？
7.2	外部环境（共同体外）	与活动相关联的社会结构是什么？ 对活动有什么样的支持或约束？ 什么样的外部规则、法规或假设引导活动的进行？
8. 分析活动的发展性		
8.1	要素之间有什么样的关系？	6个要素会如何变化？ 如何描述要素间的正式与非正式关系？
8.2	这些关系是如何形成的？	成员间的关系如何形成？ 是什么驱动的？ 如何在更大的环境中理解这些关系？
8.3	这些关系会如何改变？	关系的变化是什么原因引起的？ 变化中会产生哪些阶段性成果？

四、活动理论对电子书包教学应用的指导意义

（一）活动理论强调对活动的设计和分析，为电子书包环境下的教学设计提供了新思路

根据活动理论的启示，活动是教与学的基本单元，在教学中要做好活动的设计和分析。尤其是乔纳森等人提出的活动分析框架，为教学设计和教学活动的开展提供了极强的实践指导意义。我们在教学中要重视对活动流程的设计，就可以根据活动分析框架的 8 个步骤及其要素来进行。根据活动系统的层级结构，我们在教学活动设计中首先要确定活动的目标以及参与活动的动机，然后将活动分解成具体的行为，最后将行为转化为操作，然后将这些行为或操作序列化。关于电子书包环境下的学习活动设计，详见第五章内容。

（二）活动设计中充分发挥学生的主体性

活动理论认为，学习不是一个知识的被动接受过程，而应当是意义的建构过程。因此，在电子书包环境下的教学，应突出学生的主动建构及主体性地位，其活动设计应围绕着活动系统的主体（学生）展开，在活动开展过程中，要使学生主动参与活动，并且要重视激发学生的动机，将学生个体与社会文化及周围环境等因素联系到一起。

（三）充分发挥电子书包在活动环境的构建以及活动中介方面的作用

活动理论强调人类的活动是以工具为中介的，工具是主体作用于客体的重要中介。学习活动是学习者与学习环境的相互作用过程，而学习者与学习环境之间进行交互需要借助一定的工具。而电子书包对构建一对一的个性化学习环境以及为学习活动的开展提供工具方面能发挥很大的作用，能够让学生主体与学习活动的情境联系起来，并且支持主体之间的交流协作。因此，电子书包对于活动理论的实践及应用有着天然的优势，我们在电子书包支持下的教学中也要充分发挥这种优势。

（四）加强电子书包环境下的资源建设与开发

资源是活动开展的基础和桥梁，对于电子书包环境下的教与学活动的有效开展有着重要的作用，如题库资源、视频资源等都影响了教学活动的开展和有效进行。并且，我们在资源的设计与开发中，要以主体的需求为导向，注重激发并满足学生的兴趣，在资源的形式上要注意多样化。

（五）在活动开展中注意学习共同体的培育与互动

共同体作为活动系统的一个核心成分,对活动的开展与效果有着至关重要的影响。它是指活动发生时,活动主体所在的群体,它由若干共享客体的个体或小组组成。共同体在活动过程中支撑着知识建构与意义协商,强调人际互动,在学习中发挥群体动力作用。在基于电子书包构建的一对一学习环境中,我们要对学习共同体的形成进行一定的设计,实施一定的策略来培育学习共同体。首先要围绕学习活动的主题和任务,设计、开发相应的学习资源,确定活动的任务和目标,然后根据学习任务及学习者的特点,选择一定的组织方式,比如,采用小组合作学习的方式。其次,教师要围绕所确定的教学内容及目标展开与学习者的交互活动,同时要鼓励共同体内部成员的交流和协作活动。再次,为支持学习共同体持续的交流协作活动,教学设计者需要为他们提供有力的交互工具,这包括沟通工具、协作工具、追踪评价工具等。

第二节　混合式学习理论

随着人们对 E‑learning 的实践反思,最初出现于企业培训领域的混合式学习(Blended Learning)逐渐成为教育信息化的一个重要发展趋势。经过十多年的研究和实践,混合式学习理论逐渐成熟,在教育教学中也得到了广泛的应用。混合式学习整合了传统课堂学习与网络在线学习的双重优势,通过二者的相互融合、相互补充、相互促进实现更佳的教学效果,它为解决传统教学的弊端以及在线学习的推广应用提供了新的思路和方法。同样,电子书包环境下的教学也不能完全依赖于一对一的学习方式而放弃传统课堂教学活动,最佳的方案应该是整合二者的优势,实现混合式教学。

一、混合式学习提出的背景

在 20 世纪 90 年代初,随着信息技术迅速发展,E‑learning 在教育领域得到了迅速的应用与发展,也推动了教育理念的更新和教育模式的变革。在此背景下,美国教育界曾对"有围墙的大学是否将被没有围墙的大学(网络学院)所取代"这一问题展开了激烈的辩论。然而,经过多年的实践,国际教育界尤其是美国教育界越来越清醒地认识到"E‒learning 能很好地实现某些教育目标,但不能代替传统的课堂教学"和"E‒learning 不会取代学校教育,但是会极大地改变课堂教学的目的和功能"。这样就为混合式学习(Blending Learning)新含义的提出与推行奠定了基础。同时,我们在对建构主义在教学应用的反思中逐渐认识到建构主义理论的确可以解决很多传统教育难以解决的问题,但却不能解决教育中的所有问题。指导教育教学改革的理论应该是多元化的,而不应该是一元化的,即要重视行为主义理论和认知主义理论对教育教学改革的指导作用和意义。在这些实践与思考中,逐渐形成并发展了混合式学习理论。

二、混合式学习理论内涵

(一)混合式学习的概念

混合式学习一词来源于英文的"Blended Learning"或"Blending Learning"。自 2001 年以来,混合式学习逐渐成为企业培训和教育实践领域的热点话题。关于混合式学习的概念,国内外也有多种表述。

美国学者霍夫曼(Jennifer Hofmann),认为混合式学习是教学设计人员将一个学习过程分成多个模块,然后再用最优的媒体或媒体组合,呈现适合学习者学习的最佳模块或模块组合,从而实现最好的学习效果。[①]

美国学者德里斯科尔(Margaret Driscoll)认为混合式学习中的"混合"应包含 4 个方面的内容,包括为实现教学目标而将基于网络的技术(如文本、流媒体和虚拟课堂实况等)进行混合、为实现理想的教学效果而将多种教学方式(如建构主义、人本主义、行为主义和认知主义等)和教学技术或非教学技术进行混合、为优化教学效果而将基于面对面的培训方式与任何形式的教学技术(如录像带、CD‒ROM 和基于网络的培训等)进行混合、为取得良好的学习或工作绩效而将具体的工作任务与教学技术进行混合。[②]

印度 NIIT 公司 2002 年发表的《混合式学习白皮书》提出"混合式学习

---

① HOFMANN J. Blended Learning Case Study[DB/OL]. [2001‒04‒01]. http://www.astd.org/LC/2001/0401_hofmann.htm.

② DRISCOLL M. Blended Learning:Let's Get Beyond the Hype[EB/OL]. http://www‒07.ibm.com/services/pdf/blended_learning.pdf.

应被定义为包括面对面学习、实时的 E-learning 和自定步调的学习相结合的学习方式。此外，混合式学习多数时候也会被用来描述多种传输媒体、智能学习导师和多种技术的混合应用。这些技术有 E-learning、电子绩效支持以及知识管理实践等"。①

英国学者索恩（Kaye Thorne）认为"混合式学习是从 E-learning 发展而来的概念，它将在线学习与传统学习和开发方法混合起来"。②

国内最早提出混合式学习的概念并对其进行理论阐述的是何克抗教授。他认为，混合式学习就是要把传统学习方式的优势和网络化学习的优势结合起来，也就是说，既要发挥教师引导、启发、监控教学过程的主导作用，又要充分体现学生作为学习过程主体的主动性、积极性与创造性。

黎加厚教授把 Blended Learning 翻译为"融合性学习"，他认为融合性学习是通过优化选择和组合所有教学要素，从而实现教学目标。同时他还强调"融合性学习"要"教师和学生在教学活动中将各种教学方法、模式、策略、媒体、技术等等按照教学的需要娴熟地运用，达到一种艺术的境界"。③

李克东教授认为"简单而言，混合学习可以看作面对面的课堂学习（Face-to-Face）和在线学习（On-line Learning，或 E-Learning）两种方式的有机整合。混合学习的核心思想是根据不同问题、要求，采用不同的方式解决问题，在教学上就是要采用不同的媒体与信息传递方式进行学习，而且这种解决问题的方式要求付出的代价最小，取得的效益最大"。④

通过对这些概念的分析与内涵理解可以看出，虽然国内外不同学者对混合式学习的概念表述不同，但本质上都大同小异，普遍将其看成传统学习与在线学习的融合，这其中包括教学方法、媒体、模式、内容、资源、环境等各种要素的优化组合，以达到优势互补的目的，最终实现优化教学。

---

① 田世生，傅钢善. Blended Learning 初步研究[J]. 电化教育研究，2004，(7):7-11.

② THORNE K. Blending Learning:how to integrate online & traditional learning[M]. London: Kogan Page Limited, 2003.

③ 黎加厚. 关于"Blended Learning"的定义和翻译[EB/OL]. [2000-06-18] http://www.zbedu.net/jeast/000618.html.

④ 李克东，赵建华. 混合学习的原理与应用模式[J]. 电化教育研究，2004，(7):1-6.

（二）混合式学习理论的基本内容①

混合式学习理论包括以下 4 个方面的"混合"，具体阐述如下。

（1）学习理论的混合。混合式学习的学习策略需要多种学习理论的指导，以适应不同的学习者以及不同类型的学习目标、不同学习环境和不同学习资源的要求。因而，包括建构主义学习理论、人本主义学习理论、教育传播理论、活动理论、虚实交融理论、情境认知理论等都是支撑该学习理论的理论。混合式学习理想倡导以学习者为中心的主动探究式的学习。

（2）学习资源的混合。精心开发的在线课程、生动趣味的教师面授、同事的经验分享、全面的资料积累等，把资源尽可能多地整合到一个平台上，建立"一站式"的学习，形成强大的企业知识管理中心，实现隐性知识显性化、显性知识体系化、体系知识数字化、数字知识内在化。

（3）学习环境的混合。"我随时准备学习，但我不想总是被教导。"（温斯顿·丘吉尔）一个理想的混合式学习模式综合了多种功能，能够使学习者参与多个正式、非正式的学习活动。它是建立在完全以学习者为中心的环境中，从信息到教学内容，从技能评估到支持工具，从训练到协作环境，一切都围绕学员展开。

（4）学习方式的混合。充分利用网络的力量，将网络学习与课堂面授有机结合。有实时与非实时、同步与异步的教师讲授，可进行讨论学习、协作学习，基于"合作"理念的小组学习，还有传统和围绕网络开展的自主学习。将正式培训与非正式学习无缝对接，让学习浑然一体。

（三）混合式学习的设计框架和模式

如何设计混合式学习，是实践中关注的核心问题。目前国内外有多种混合式学习设计框架和模式，以下列举几种典型的设计框架和模式。

1. 科恩的混合式学习的八角模型

美国学者科恩（Khan）将混合式学习的要素概括后组成一个八边形（如图 3-4 所示）。该模型包括 8 个维度，用于对混合式学习项目的计划、发展、传递、管理、评价。②

---

① 黄荣怀，周跃良，王迎.混合式学习的理论与实践[M].北京：高等教育出版社，2006.

② SINGH H. Building Effective Blended Learning Programs[J]. Educational Technology, 2003, 43(6):51-54.

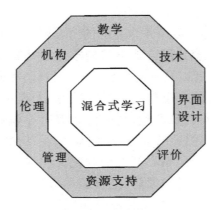

图 3 – 4　科恩关于混合式学习的八角模型

（1）教学（Pedagogical）：关注学习内容分析、学习者分析和学习目标分析，以及 E – learning 的设计与实施策略；

（2）技术（Technological）：关注学习环境中的技术设施，包括设施规划、硬件和软件（学习环境支持和学习内容管理）；

（3）界面设计（Interface Design）：支持混合式学习中所有组成元素，包括界面设计、站点设计、内容结构、导航、图表以及帮助设计等；

（4）评价（Evaluation）：评价混合式学习项目的易用性，包括学习者绩效和教学与学习环境评价；

（5）管理（Management）：学习环境的维护以及与信息的分发传递；

（6）资源支持（Resource Support）：为促进有意义学习而向学习者提供在线支持和各种在线和离线资源；

（7）伦理（Ethical）：在开展混合式学习应注意文化和社会的多样性、学习者多样性以及机会均等；

（8）机构（Institutional）：关注管理事务、学术问题以及数字化学习中的学生服务。

2. Josh Berisn 提出的混合式学习设计过程

美国加利福尼亚州培训顾问机构 Bersin & Associates 的校长及创办人 Josh Berisn 提出一个混合式学习设计过程（如图 3 – 5 所示）。该过程包含 4 个基本环节：识别和定义学习需求；根据学习者特征制定学习计划，开发评价策略；根据混合式学习的实施环境，开发或购买学习内容；执行学习计划，跟踪学习过程并对学习结果进行测量。①

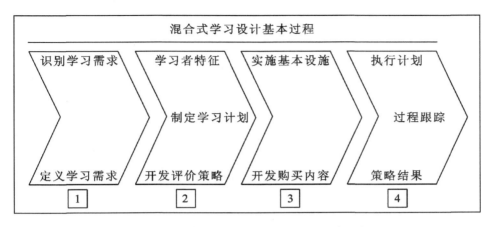

图 3 - 5　混合式学习设计过程的四个基本环节

3. 黄荣怀等人的"混合式学习课程的设计框架"

黄荣怀教授等人提出混合式学习课程的设计框架(如图 3 - 6 所示)。该框架将混合式学习课程的设计分为前端分析、活动与资源设计和教学评价设计 3 个阶段②。

(1)前端分析。在对课程资源和活动等进行具体的设计之前,必须先对课程教学的基本情况进行分析观测,即前端分析,以便确定该课程是否适合开展混合式学习。前端分析阶段包括 3 个方面的工作:学习者特征分析;基于知识分类的学习目标分析;混合式学习的环境分析。前端分析的目的是根据学习者的熟练程度确定学习目标,从而为后续工作提供依据,其结果表现为一份综合上述基本教学情况和教学起点的分析报告。

(2)活动与资源设计。这个阶段的工作由混合式学习总体设计、单元(活动)设计和资源设计与开发 3 个环节组成。在总体设计环节,课程设计人员应当在明确课程整体学习目标的基础上,对相应学习活动的顺序做出安排,确定学习过程中信息沟通的策略,并充分考虑为学习过程提供哪些支

① BERSIN J. Blended Learning: What Works? [EB/OL]. http://www.e-learningguru. com/wpapers/blended_bersin.doc.

② 黄荣怀,马丁,郑兰琴,等.基于混合式学习的课程设计理论[J].电化教育研究,2009,(1):9-14.

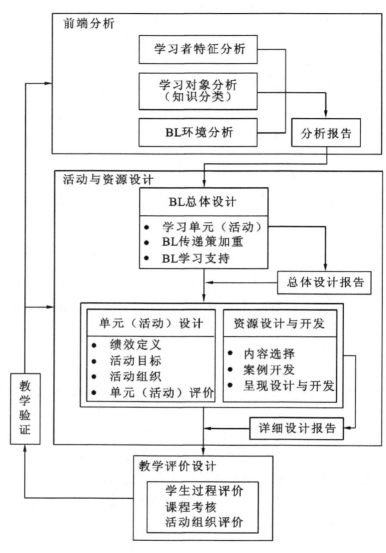

图 3 - 6　混合式学习课程设计框架

持。总体设计实际上已经为其他两个环节的设计工作确定了基调,而且总体设计的结果也正是一份详尽的设计报告,将课程设计的主要思路和设想充分地表述出来,使单元(活动)设计环节和资源设计与开发环节不必再为这些基本问题存在疑问,可以专心完成具体的技术工作。

（3）教学评价设计。教学评价设计是课程设计的第三个阶段，主要通过学习过程的评价（如使用电子学档）、课程知识的考试（如在线考试）和学习活动的组织情况评定等方式对教学效果进行评价。前面两个阶段所确定的学习活动目标、混合式学习的环境等是进行评价设计的重要依据。

三、混合式学习对电子书包环境下教学的指导意义

混合式学习已成为当前教育教学的一种重要实践模式，其核心思想是优化组合，在教与学过程中将各种学习方式、媒体等进行混合，择优选取一种最佳方案。毋庸置疑，电子书包环境下的教学理应遵循混合式学习理论的基本原则，应将传统课堂教学模式与电子书包支持的移动学习模式以及传统教学媒体与电子书包有效地结合起来，实现教学效果的最优化。

（一）在教学媒体和工具的选择上注意多种媒体的优化组合

混合式学习是在对传统教学及在线学习的反思基础上形成的一个重要理念，其最基本的表现形式就是通过多种教学媒体和工具的组合，恰当发挥各种媒体和工具的教学优势，从而实现不同教学方式的混合应用。电子书包作为一种教学工具、教学媒体、教学环境，对教学改革和学习创新都具有巨大的优势，它所具有的移动性、个体性等特点能实现很多传统教学媒体和教学环境无法达到的目标。但是，我们也应理性对待教学中电子书包的应用，不应过分依赖于电子书包，应使其与其他教学工具和媒体进行优化组合。

（二）在教学方式的选择上注意传统课堂教学与在线学习的有机结合

不可否认，在线学习是一种最大限度发挥学习者学习主动性和积极性的学习模式，也成为新时期教学应用的新形式。但它也有一些难以克服的缺点，如学习监控、学习交互等问题。传统课堂教学却可以弥补在线学习的这些问题，而它的弊端和所具有的问题也很明显。因此，在电子书包环境下的教学应注意结合传统课堂教学与在线学习的优势，充分开展混合式教与学。当然，根据混合式学习的理论内涵，其混合不是要素之间的简单叠加，也不是简单的媒体合用，它不仅包括教育思想、教育方法的混合，还包括学习资源、学习方式的混合。在混合式教与学模式中，教师的角色、教学模式、教学方法、教学评价等方面都发生了极大的改变，教师需要在分析学生需求、教学内容、教学环境的基础上，充分利用在线教学和传统课堂教学的优

势设计出混合式学习的教学活动,来实施有效教学。

(三)在教学评价方式的选择上,注意多种评价相结合

教学评价始终是教学的核心问题。根据不同的分类方法,教学评价有形成性评价和总结性评价、定量评价和定性评价等不同形式。由于混合式学习包含了传统课堂的面对面教学以及个体自主的在线学习等多种形式,因此其评价注定要涉及多个要素以及多样化的评价标准。根据混合式学习的评价原则,电子书包环境下的教学评价,从学生方面来看,既要关注学生的课程学习成绩,又要重视学生在情感、态度和学习过程的变化;从教师方面来看,既要关注教师的教学效果,也要关注教师课程实施的过程以及对学生的反馈等。还有一点值得我们注意的是电子书包系统支持的学习过程数据及记录,对于我们开展基于大数据的学习分析和过程评价提供了有利的条件和实现的可能,这也是当前教育领域关注的一个热点话题。

(四)在教学理念上,注重教师主导与学生主体相结合的原则

传统的教学是以"教师为中心,传授知识为目的"的教学形式,教师组织监控整个教学活动过程,是知识传授者,强调教师的主导作用。而在线学习则更多地强调个别化学习和自主学习,强调学生的主体作用。混合式学习则是师生面对面的课堂教学和学生在线学习有机结合,强调教师教学过程中的主导作用和学生学习过程中主体地位的有机统一,充分发挥学生的主动性、积极性与创造性。

第三节　多元智能理论

多元智能理论是目前世界教育领域里被广泛传播并对当前各国教育改革产生重要影响的理论。该理论之所以能够在国际教育界得到迅速而广泛的传播和接受,一个重要的原因在于它的基本思想符合当前教育改革的主导思想,它强调人类具有多种能力,为帮助教育理论和实际工作者进一步充分认识和发挥每个学生的潜在能力,提供了一个新颖的有力的理论依据。而电子书包作为教学中引入的一种新技术、新环境,它不仅为实现教学与学习方式的转变提供了实现的可能,同时也为学生多元智能的发展提供了丰富多彩的、学习者亲身参与的、富有时效的活动平台和理想环境。

一、多元智能简介

霍华德·加德纳（Dr. Gardner）——哈佛大学"零点项目"（Howard Zero Program）的共同主持人、哈佛大学的教育教授，对人类认知能力的发展进行了多年的研究，他认为我们的智能是多元的。在 1983 年出版的《智力的结构：多元智能理论》一书中，加德纳定义了最初的 7 种智能。1996 年，他又增加了一种智能：自然观察者智能。两年后，又讨论了第九种智能（存在智能）存在的可能性。下面，我们来了解一下加德纳提出的 9 种智能。

（一）言语/语言智能（verbal/linguistic intelligence）

言语/语言智能包括各种和语言相关的形式：听、说、读、写和交流的能力。指人对语言的掌握和灵活运用的能力，表现为个人能顺利而有效地利用语言描述事件、表达思想并与他人交流。诗人拥有真正的语言智能，演说家、律师等都是语言智能高的人。

（二）逻辑/数理智能（logical/mathematical intellingence）

逻辑/数理智能指的是对逻辑结构关系的理解、推理、思维表达能力，主要表现为个人对事物间各种关系，如类比、对比、因果和逻辑等关系的敏感以及通过数理进行运算和逻辑推理等。科学家、数学家或逻辑学家就是此类智能高的人。

（三）视觉/空间关系智能（visual/spatial intelligence）

视觉/空间智能指的是人对色彩、形状、空间位置等要素准确的感受和表达的能力，表现为个人对线条、形状、结构、色彩和空间关系的敏感以及通过图形将它们表现出来的能力。如海员和飞机导航员控制着巨大的空间世界，棋手和雕刻家所具有的表现空间世界的能力。空间智能可用于艺术或科学中，如果一个人空间智能高且倾向于艺术，就可能成为一名画家、雕刻家或建筑师。

（四）音乐/节奏智能（musical/rhythmic intelligence）

音乐/节奏智能指的是个人感受、辨别、记忆、表达音乐的能力，表现为个人对节奏、音调、音色和旋律的敏感以及通过作曲、演奏、歌唱等形式来表达自己的思想或情感。在作曲家、歌唱家、演奏家等人身上表现得特别明显。

（五）身体/运动智能（bodily/kinesthetic intelligence）

身体/运动智能指的是人身体的协调、平衡能力和运动的力量、速度、灵活性等,表现为用身体表达思想感情的能力和动手的能力,最典型的例子就是从事体操或表演艺术的人。

(六)人际交往智能(interpersonal intelligence)

人际交往智能指的是对他人的表情、说话、手势动作的敏感程度以及对此做出有效反应的能力,表现为个人觉察,体验他人的情绪、情感并作出适当的反应。对于教师、临床医生、推销员或政治家来说,这种智能尤为重要。

(七)内省智能(intrapersonal intelligence)

内省智能指的是个体认识、洞察和反省自身的能力,表现为个人能较好地意识和评价自身的动机、情绪、个性等,并且有意识地运用这些信息去调适自己生活的能力。这种智能在哲学家、小说家、律师等人身上有比较突出的表现。

(八)自然观察者智能(naturalist intelligence)

自然观察者智能指的是人们辨别生物(植物和动物)以及对自然世界(云朵、石头等)的其他特征敏感的能力。这种智能在过去人类进化过程中显然是很有价值的,如狩猎、采集和种植等,同时这种智能在植物学家和厨师身上有重要的体现。

(九)存在智能(existence intelligence)

陈述、思考有关生与死、身体与心理世界的最终命运的倾向性。如人为何要到地球上来,在人类出现之前地球是怎样的,在另外的星球上生命是怎样的,以及动物之间是否能相互理解等。

加德纳认为,传统的教育比较重视前两个方面的智能。但实际上每个学生都在不同程度上拥有上述9种基本智能,智能之间的不同组合表现出个体间的智能差异,因此应该平等关注每一个学生。教育的起点不在于一个人有多么聪明,而在于怎样变得聪明,在哪些方面变得聪明。教育不是为了发现谁是学习的无能者,而是发挥学生的潜能。加德纳认为,智能并非像传统智能定义所说的那样是以语言、数理或逻辑推理等能力为核心的,也并非是以此作为衡量智能水平高低的唯一标准,而是以能否解决实际生活中的问题和创造出社会所需要的有效的产品的能力为核心的,这也是衡量智能高低的标准。因此,智能是个体解决实际问题的能力和生产出或创造出具有社会价值的有效产品的能力。为此,加德纳承认每个人都或多或少拥有这9种多元智能,这9种智能代表了每个人不同的潜能,这些潜能只有在适当的情境中才能充分地发挥出来。这一全新的智能理论对于学校教育具有重要的意义。

二、多元智能理论的要点

加德纳除了论述多元智能及其理论框架之外,还对多元智能的本质要点等进行了论述。

(一)每个人同时拥有这9种智能

多元智能理论不是一个"类型理论",即确定某人的智能符合哪一种智能类型,而是一个认知功能理论。此理论提出每个人在8种智能方面都具有潜质。当然,这8种智能以多种方式起作用,但对每个人而言,作用方式是独特的。个别人似乎在所有智能或大部分智能方面处于极高水平,如德国诗人、政治家、科学家、自然观察家、哲学家歌德。另外一些人,如那些特殊机构中的、在发展过程中致残的人,看起来几乎丧失了除基本智能中的大部分智能。大多数人只是介于这两个极端之间——在某些智能方面有较高的发展,在某些智能方面有适度发展,在剩下的智能方面则未开发。

(二)大多数人是有可能将任何一种智能发展到令人满意的水平的

虽然个体可能会抱怨自己在某一指定领域缺乏能力,并会认为是天生的,不可改变的,而加德纳却认为如果给予适当的鼓励,提供丰富的环境与指导,实际上每个人都有能力将所有8种智能发展到一个相当高的水平。

(三)这些智能之间通常以复杂的方式共同起作用

加德纳指出,以上所描述的每一种智能实际上是一个"虚构故事",即在生命中智能本身并不存在(但极少数情况下,可在专家或脑损伤的个体身体上发现)。这些智能间通常是相互作用的。当一个孩子在踢球时,他需要身体/运动智能(跑、踢、投)、空间智能(在球场中找到自己的位置,并预测飞来球的轨道)及言语/语言智能和人际交往智能。出于检验每种智能的重要特征、学习如何有效地运用这些智能的目的,多元智能理论中所包括的各种智能已经超越了具体背景。我们必须注意的是,在完成对于智能形式的研究之后,应将这些智能放回到它们所特有的文化价值背景中去。

(四)每一种智能类别存在多种表现形式

在某特定领域中,不存在标准化的、必然被认为是具有智慧的属性组合。因此,一个人可能在比赛场上很笨拙,但当她织地毯或做一个嵌有棋盘的桌子时,却拥有超常的身体/运动智能。多元智能理论强调了智能表现方式的丰富多样性,人们在某种智能中及多种智能间展现着他们的天赋。

(五)存在其他智能的可能性

加德纳的多元智能理论是一个比较宽泛的智能体系,加德纳指出,他的模型只是一个暂时性的系统化陈述,也许经过更进一步的研究与调查后,某些智能可能不会完全满足相关的标准,而不再具备智能的资格。另一方面,我们可能会鉴别出某些满足相关特点的新的智能类型。因此,人类智能不应局限于他所确认的 8 种类型,个体到底有多少种智能是可以改变的,随着支持或不支持某一智能的科研成果的出现,可能会使 8 种智能增加或减少。

三、多元智能理论对电子书包教学应用的指导意义

根据加德纳的多元智能理论,每个学生的智能是多元的,绝不仅仅是我们传统教育中强调的言语智能和数理逻辑智能这两方面,而是表现在多个方面,智力不是以整合的方式存在而是以相互独立的方式存在的,要在多种智能发展的同时,促进其优势智能的发展,从而做到全面发展与个性发展的统一。因此,在该理论指导下,电子书包在教学中的应用不是强化传统教育,而是要通过营造一种个性化的学习环境,从而促进学生多元智能的发展。

(一)利用电子书包创设丰富多样的学习情境,促进学习者的个性化发展

多元智能的发展需要在丰富多样的活动情境中展开。而电子书包对于学习情境的创设和个性化学习环境的建立具有十分明显的优势。我们应从多元智能理论出发,利用电子书包的相关功能创设丰富多样的学习情境,设计符合其智能发展的学习活动,构建个性化的学习环境以更好地适应不同学习者的学习风格和学习需求,更好地促进学习者的个性化的发展。

(二)树立多元评价标准,利用电子书包实现学生的多元测评

传统教学限于条件和技术,往往采用纸笔测试来进行静态的、结论性的评价方式。而在多元智能理论看来,由于学生智能的多元化和学生的个体差异性决定了学习评价方式应该是多样化而非一元化的。在电子书包环境下,可以利用电子书包的随堂测评系统,让教师对学生的学习过程及学习结果一目了然,而且学生端还可以自动记录学生的学习反馈情况以及学习过程信息,并形成学习成长曲线,为过程性评价提供重要的技术基础和数据来

源。因此,多元智能理论指导下的电子书包教学应用应采用多元评价标准,由传统教学中的静态评价变为动态的评价,把评价融入课程与教学中,实现过程性评价和总结性评价的统一。

(三)利用电子书包开展多元教学方法,促进学生多元智能的发展

教学方法的多样化是促进学生多元智能发展的重要内容。学习不是单纯的模仿和记忆,应该让学生参与到多样化的教与学的过程中来,这样才有可能发展学生的多元智能。电子书包对于教学模式和教学方法的革新作用是不容置疑的,我们可以充分利用电子书包构建的学习环境开展多样化的教学方法,如利用电子书包开展探究性学习、协作式学习、反思性学习等,开发学生的人际交往智能、自然观察智能、数理逻辑智能、内省智能等,从而达到多种智能的发展与协调。

第四节 情境认知理论

情境认知理论(Situated Cognition)是继行为主义"刺激—反应"学习理论与认知心理学的"信息加工"学习理论后的又一个重要的研究取向,它试图纠正刺激反应和符号学说的失误,认为学习和思维活动是基于一定社会背景和文化情境由个体和环境或真实情境互动而产生的结果,学习是不能与实践和情境脉络相分离的。情境包括真实的物理环境,也包括虚拟的文化背景,情景认知理论认为人类的活动和学习是被情境/文化所中介的。

一、情境认知理论提出的背景

情境认知与学习的研究最早可追溯到 20 世纪早期的许多领域。在 1929 年,阿尔佛雷德·诺斯·怀特海(Alfred North Whitehead)在其著作《教育目的》(The aims of Education)一书中就认为,学生在学校中学习知识的方式导致了"惰性知识"的产生,学生在学校中所学习的知识仅仅是为了考试做准备,而不能解决实际中的问题。在无背景的情境下获得的知识经常是惰性的和不具备实践作用的。这可以看作是对情境认知理论最早的、较为具体的论述。

到 20 世纪 80 年代,建构主义理论的诞生使得学习理论研究产生了巨大的转型,传统的认知理论逐渐被社会文化认知、生态认知、分布式认知等理论

所替代,情境认知与学习理论也随之逐渐形成。情境认知的概念,首先是由布朗、科林斯等人在 1989 年的《教育研究者》期刊上发表的一篇名为《情境认知与学习文化》(situated cognition and the culture of learning)的论文中提出。这篇论文比较系统地阐述了情境认知与学习理论,他们认为,知识只有在它们产生和应用的情境中才能真正产生意义,知识绝不能从它本身所处的环境中孤立出来,学习知识最好的方法就是让学生在真实情境中进行学习。①

与此同时,以莱夫(Lave)为代表的人类学家也从人类学的视角对情境认知与学习进行研究。莱夫从研究从业者(如裁缝、产婆、航海家等)的学习开始,关注日常认知、实践中的认知,进而推进到对情境认知与学习的深入研究。她分别于 1984 年和 1988 年出版了两本与情境认知与学习理论密切相关的著作:《日常认知:社会情境中的发展》与《实践中的认知:心理、数学和日常生活文化》,并于 1991 年出版了她最具有代表性的名著《情境学习:合法的边缘性参与》。除此之外,莱夫还有一些有关情境认知与学习的论文也相继发表。在她的论著中,莱夫从对"认知学徒模式"的反思中,在对利比亚的 Vai 和 Gola 两地的裁缝手工学徒的调查研究中,认识到了"默会知识"在学习中的重要性,从而提出了情境学习理论研究中的著名论断"情境学习:合法的边缘性参与",从而,使对这一理论的研究得到了拓展与提升,莱夫也因为她这一论断与其论著,成为情境认知与学习理论人类学研究领域的著名代表。②

1993 年,美国权威杂志《教育技术》开辟专栏对情境认知与学习进行探讨,这场大讨论一直持续到 1994 年 10 月。在这场讨论中,希拉里·麦克莱伦(Hilary Mclellan)将这些论文以《情境学习的观点》(Situated Learning Perspectives)为题结集出版。这本书分别从不同层面对情境认知与学习的理论与实践研究进行了阐述,使情境认知理论得到了进一步的发展。之后的一段时间内,有关情境认知理论与实践研究渗透到教育研究的各个领域,包括基础教育、高等教育、远程教育、成人教育、网络教学等。

此后,情境认知被众多研究者广泛认同,逐渐成为能够为学习者提供有

---

① 郁佩璐.情境认知理论在汉语作为儿童第二语言教材编写中的应用研究——基于《汉语乐园》文化因素导入的实例分析[D].上海:复旦大学,2009.

② 王文静.情境认知与学习理论述评[EB/OL].http://www.etc.edu.cn/articledigest14/qingjing.htm.

意义学习的重要理论。

二、情境认知理论内涵

(一)情境认知的基本解释

情境是情境认知理论中的核心概念。在《现代汉语词典》中,情境的释义是"在一定时间内各种情况的相对的或结合的境况",《辞海》中对情境的解释是指一个人在进行行动时所处的社会环境,是人们社会行为产生的具体条件。① 麦克莱伦认为,情境可以是:真实的工作场景;高度的真实,或真实工作环境的"虚拟"的代用品;一种可停留的环境,如影像或多媒体程序。② 由此可见,情境不一定是指具体的物理情境,还可以包含虚拟的、潜在的、暗含的情境,如社会文化背景、人际氛围等都可以是影响人类活动和认知的情境。

布伦特·G.威尔逊和卡伦·马德森·迈尔斯等在其论文《理论与实践中的情境认知》(Situated Cognition in Theoretical and Practical Context)中认为,情境认知是不同于信息加工理论的另一种学习理论,它试图纠正认知的符号运算方法的失误,特别是完全依靠于规则与信息描述的认知,仅仅关注有意识的推理和思考的认知,忽视了文化和物理背景的认知。因此,认知与学习活动是与环境相关联的,认知及学习活动需要与具体的情境联系起来,人类知识的建构是在实践中、多样化的情境中被发展起来的。情境是一切认知活动的基础,学习和认知是一种社会建构的过程/结果,并表现在人们的行动中和共同体互动中。③ 当代西方学者威廉姆·J.克兰西(Clancey,W. J)在其论文《情境学习指南》中认为,情境学习不仅仅是一种使教学必须"情境化"或"与情境密切相关"的建议;情境学习是有关人类知识本质的一种理论,它是研究人类知识如何在活动过程中发展的,特别是人们如何去创造和解释他们正在做什么的表征。在他看来,知识不是一件事情或一组表征,也不是事实和规则的云集,知识是一种动态的建构与组织,正如我们想象着什

---

① 夏征农. 辞海[M]. 上海:上海辞书出版社,1989.

② MCLELLAN H. Situated Learning:Continuing the Conversation. [J]. Educational Technology,1994,(1):7-8.

③ 钟志贤. 信息化教学模式——理论建构与实践例说[M]. 北京:教育科学出版社,2005.

么事情要发生在我们身上,我们要谈什么和做什么一样,我们的行为建立在我们作为一个社会成员的角色之上;知识还应该是人类协调一系列行为的能力,去适应动态变化发展的环境的能力。我们在社会情境中对各种活动进行构想,进而控制我们的思维和言行。

(二)情境认知的基本特征

情境认知对知识在学习过程中的特征与作用的传统观点发起了挑战。该理论不是把知识作为心理内部的表征,而是把知识作为个人和社会或物理情境之间联系的属性以及互动的产物。因此,参与基于社会情境的一般文化实践是个人知识结构形成的源泉。情境认知理论将研究学习的焦点转移至实践共同体中学习者社会参与的特征,将参与视作学习的关键成分,并要求学习者通过理解和经验的不断地相互作用,在不同情境中进行知识的意义协商。由此可见,情境认知具有以下基本特征。

1. 基于情境的行动

情境认知理论认为,人类活动是复杂的,包括了社会、物理和认知的因素。人们不是根据内心关于世界的符号表征行动的,而是通过与环境直接接触与互动来决定自身的行动的。在这种基于情境的行动中,隐含在人的行为模式和处理事件的情感中的默会知识将在人与情境的互动中发挥作用。情境行动的另一个重要特征是:实践者经常对情境进行反思。这表明,虽然随着实践者经验的日益丰富,其默会知识的复杂性与有用性都会随之增加,但是当实践者必须处理不同情境中的问题时,他必须通过行动中的反思建构、设计与解决问题的新方法,以便使情境行动得以继续。研究表明,不同领域的实践都存在着情境行动与行动中的反思相互交替的现象。因此,情境学习理论鼓励学习者在解决问题时采取相似的行为显然是有益的。

2. 合法的边缘参与

合法的边缘参与(legitimate peripheral participation)是情境认知理论的中心概念和基本特征。该概念的提出在很大程度上增强了情境学习的非中心化观点,由此,该理论的分析重点从"居于权威地位的专家"概念转移至"共同体中学习资源的复杂结构"概念。根据这一特征,基于情境的学习者必须是共同体中的"合法"参与者,而不是被动的观察者,同时他们的活动也应该在共同体工作的情境中进行。"边缘的"参与是指这样一个事实,即由于学习者是新手,他们不可能完全地参与所有的共同体活动,而只是作为共同体某些活动的参与者。他们应该在参与部分共同体活动的同时,通过对专家工作的观察以及与同伴及专家的讨论进行学习。在这样一种学习共同体中,专家不能因为新手的潜力而感到有所威胁,而应该尽可能地提供自己的知识与技能。"参与"意味着学徒(或新手)应该在知识产生的真实情境中,通过与专家、同伴的互动,学习他们为建构知识应该做的事情。为此,合法的边缘参与应该是学习者获得文化的机制,它既包括了学徒与专家之间的联系,也包括了与其他所有作为实践文化组成部分的参与者、人工品、符号、技能和观点的联系。情境学习中有关合法的边缘参与的研究主要关注的是学习者的社会参与的形式,学习则是其中必不可少的要素。最后,合法的边缘参与不是一种教学方法。确切地说,它是用新的方式观察和理解学习的透镜。

3. 实践共同体的建构

情境认知将社会性交互作用视作学习的重要组成成分。由此,在研究中显现出一个统一的概念,这就是"实践的共同体"(communities of practice)。该概念既强调学习是通过参与有目的的模仿活动而构建的,同时,它也同样地强调实践与共同体的重要性。该概念的提出表明,在情境认知中知识被视作行动与成功的实践能力;意义可理解为一种社会单元的构建,该单元共享着某一共同情境中的支柱;学习作为一种结果,可看作是一种增强对共同体验的情境的参与能力。总之,学习是建构一致性与建构理解的一项双重性事业。

学习者正是在这样一种实践共同体之中获得该共同体具体体现的信念和行为的。随着学生作为一个初始者或新手逐渐从该共同体的边缘向中心移动,他们会较多地接触共同体中的文化,行动也会变得比较积极,随后,开始更为广泛地接触并进入成熟的实践舞台,扮演专家或熟手的角色。

(三)情境认知理论的相关观点

1. 情境认知理论的知识观

情境认知理论认为,所有的知识都和语言一样,其组成部分都是对世界的索引。知识来源于真实的活动和情境,并且只有在运用的过程中才能被理解。因而,只有在丰富的社会真实情境中运用知识,人们才能真正理解它的内涵并正确、灵活地使用知识。知识是活动、背景和文化产品的一部分,它正是在活动中、在丰富的情境中、在文化中不断地得到运用和发展的。情境认知之所以将知识看作工具,是因为知识和工具一样只有在应用的过程中才能完全被理解,它的概念既是情境性的,又是通过活动和运用而不断发展的。情境认知理论不把知识作为心理内部的表征,而是把知识视为个人和社会或物理情境之间联系的属性以及互动的产物,并试图通过真实实践中的活动和社会性互动促进学生的文化适应。因此,参与基于社会情境的一般文化实践是个人知识结构形成的源泉。情境学习理论要求注意知识表征的多元化问题,并加强各种知识表征语义的、情节的和动作的之间的联系,同时注意使知识表征与多样化的情境关联,并要求处理好情境化与非情境化之间的平衡。

2. 情境认知理论的学习观

情境认知理论认为,学习要在一定的情境或文化中发生才有效。这样的学习有利于提高学生解决问题的能力,而脱离情境的学习则无此效果。因此,真实活动是学习者进行有意义、有目的学习的重要途径,对学习者知识的获得十分重要,应当成为学习的中心。情境认知理论认为,学习不仅仅是为了获得一大堆事实性的知识,学习还要求积极思考并且产生行为,要求将学习置于知识产生的特定的物理或社会情境中,学习更要求学习者参与具体情境中的真正的文化实践。

3. 情境认知理论的教学观

情境认知理论认为只有当学习被镶嵌在运用该知识的情境中时,有意义学习才有可能发生。因此在教学中要提供真实或逼真的情境与活动,以反映知识在真实生活中的应用方式,为理解和经验的互动创造机会,提供接近专家以及对其工作过程进行观察与模拟的机会,在学习的关键时刻应为学习者提供必要的指导与搭建"脚手架",在学习过程中为学习者创设可扮演多重角色、产生出多重观点的情境,提供可能的帮助来构建学习共同体和实践共同体,支撑知识的社会协作性建构,促进对学习过程与结果的反思,以便从中汲取经验,扩大默会知识,促进清晰表达,以便使缄默知识转变为明确知识。[①] 基于情境认知理论有多种教学模式,主要有:①抛锚式教学模

---

① 黄建军,杨改学. 网络环境下的情境认知与学习[J]. 远程教育杂志,2003,(2):13 –15.

式;②认知学徒式模式;③随机通达教学模式等。

4.情境认知理论的评价观

情境认知理论认为,评价必须模拟真实性任务,并能引发学习者进行比较复杂又具有挑战性的思考。同时,在确定评价标准时,必须考虑到问题是有多个角度的,因此答案不是唯一的。评价的焦点应是真实情境中解决问题的认知过程,使学习者不仅关注测试的结果,更要注意自己认知策略和知识结构的发展。另外,还要提供对学习的真实性、整合性的评价。①

三、情境认知理论对电子书包教学应用的指导意义

情境认知理论强调:学习的设计要以学习者为主体,内容与活动的安排要与人类社会的具体实践相联通,最好在真实的情境中通过类似人类真实实践的方式来组织教学,同时把知识的获得与学习者的发展、身份建构等统合在一起。因此,情境认知理论的观点给电子书包环境下的教与学提供了理论依据。

(一)利用电子书包丰富的资源以及移动性创设真实的教学情境和学习环境

情境认知理论认为,情境是学习的重要因素,也是知识建构和学习活动的先决条件。情境认知十分注重真实的任务和实践,认为知识根植于情境脉络当中,学习者唯有通过实际活动的过程吸收知识,才能自然地促使学习迁移发生,才能真正掌握知识。而电子书包所具备的终端移动性和资源丰富性为情境认知提供了有利的条件。因此,在电子书包教学应用中首要的就是学习情境的创设,使学生能在情境中发现问题、探究问题、解决问题。我们可以利用电子书包开展移动学习使学生在真实的物理环境中进行学习,并将学到的知识应用其中,也可以利用电子书包中丰富的学习资源创设虚拟的模拟情境,让学生体验虚拟情境,从而实现问题的解决。

(二)利用电子书包的学习工具,丰富知识内容的表征形式,扩展学习深度

以往教学活动大部分局限于教师的口头传述,而教授的内容又过分依赖于教科书上静态的图文数据。这种抽象、单调的知识表征方式与学习者

---

① 高文.教学模式论[M].上海:上海教育出版社,2002:290-314.

喜欢追求具体意义、多元思考的认知特点无法适配。在电子书包环境下,知识的表征形式发生了巨大的改变,电子书包中知识表征的多媒体化解决了昔日教师"黔驴技穷"的困扰,能为学习提供虚拟情境以缩短心智表征与实际现象间的差距,借助视频、动画、电子教材等多种形式激发学习兴趣和学习动机。

(三)利用电子书包支持学生参与实践共同体,并进行协作性的知识建构

情境认知理论认为学习是学生通过积极参与实践共同体中真实的社会实践,与他人以及物质世界互动的一种社会性交互活动,因而学生要特别注重与他人的对话和协作,通过合作学习获取知识。远程教育专家曾经指出合作学习有助于情境认知,可以提供4种功能收集不同的问题解决策略、扮演不同角色、克服不良的学习习惯及概念误解以及提供互助的技巧。他们认为认知是一种复杂的现象,学习活动是新手与专家产生社会互动、共同参与的过程。

(四)树立学生主体地位,重视学生的参与和主动探究

情境认知和学习是突出学生主体地位的,学生不是知识的被动接纳者,而是学习的主体,进行学习时必须依据个人的学习目标主动操作探究,是主动的知识意义建构者,要能主动与环境进行互动协调以建构所需的知识。因此,情境认知理论下的教与学,教师的角色也随之发生了改变,教师不再是学习的主导者、控制者,而应该成为学生学习理解和意义构建的指导者、促进者,在情境脉络中帮助学生发现与选取问题,在复杂的情境中调动学生的学习动机,最终引导学生自己解决学习问题。

(五)教师对学习过程实施真实性的评价

情境认知理论指导下的评价焦点应是真实情境中解决问题的认知过程,其目标是促进学生在认知方面的成长。传统的脱离情境的测验和考试都不适合对学习效果的评价。因此,电子书包教学应用中的评价应更加趋向特定情境和认知过程,我们可以利用电子书包支持的学习过程记录以及测评工具重点考查学生在复杂的、结构不良的和真实的任务中导向问题解答的元认知技能以及运用学习环境解决问题时的推理论证、指导和调节能力。在具体评价方式选择上,类似个人学习记录、角色扮演游戏、作品展示等应该成为主要的评价方式。

第四章

基于电子书包的数字化学习环境设计

纸质教科书终将被数字学习材料淘汰，这个每年 80 亿美元的产业现在到了被数字技术摧毁的时候了。

——苹果创始人斯蒂夫·乔布斯

随着网络技术、通信技术、多媒体技术及便携式智能终端的飞速发展，教育领域也发生了巨大的变革，信息技术与课程的深度融合已经成为未来教育发展的一个主流方向。电子书包作为一种集合了多种前沿技术的教育电子产品，近几年来备受关注。如何设计基于电子书包的个性化、数字化学习环境、推动信息化教学变革成为一个新的研究热点。

第一节　数字化学习环境设计概述

电子书包所构建的学习环境，本质上也属于一种数字化学习环境，因此，在阐述电子书包构建的数字化环境之前，我们首先梳理下当前数字化学习环境的相关研究。

一、数字化学习环境的内涵解析

在当前的教育技术研究的文献中，有很多关于学习环境的研究。学习环境的概念不同于教学环境，也不同于教学论中的定义。在我国早期教学论的著作中，经常将教学环境与学习环境混为一谈，两者往往没有实质上或含义上的区别。在教学论中，教学环境或学习环境被定义为"由学校和家庭的各种物质因素构成的学习场所"或"课堂内各种因素的集合"。① 而我们所探讨的学习环境不仅仅是学习所包含的物质环境，也不是一个静态的概念，而是作为一个动态的概念，其本质与学习过程是紧密联系在一起的，随着学习过程的改变和发展，其自身的状态也会发生变化。在学习过程中，学习环境的内涵得到延伸，从学习过程的情境性特征分析，其涵盖了学习活动的起点至学习活动中某一时刻的状态；从学习过程的支持性来看，提供了各种支持条件的资源，可以表现为显性的学习资源，也可以表现为隐性的学习氛围、师生关系等条件。

数字化学习环境，也称作信息化学习环境，是数字化学习的必要条件。在数字化学习环境中，学习者利用数字化学习资源，以数字化方式帮助学习的过程称作数字化学习。经过数字化处理，数字化学习环境具有信息处理智能化、信息显示多媒体化、信息传输网络化、教学环境虚拟化的特征。

---

① 田慧生.教学环境论[M].南昌：江西教育出版社，1996.

二、数字化学习环境设计的理论基础

数字化学习环境设计非常注重学习环境对学习者作为学习主体的学习的支持,强调支持学习者的自主、探究、协作、沉浸、体验、参与式学习等,因此,已有的数字化学习环境多基于建构主义学习理论和分布式认知理论来设计。

(一)建构主义

建构主义是当代欧美国家兴起的一种社会科学理论,皮亚杰(Piaget)的发生认识论和维果茨基(Vygotsky)的心理发展理论是建构主义重要的心理学基础。建构主义认为,知识是学习者在一定的情境下,借助他人(教师、学习同伴等)的帮助,利用必要的学习材料,通过意义建构的方式获得。建构主义学习环境可以被定义为"学习者在追求学习目标和问题解决的活动中可以使用多样的工具和信息资源,并相互合作和支持的场所"(Brent G. Wilson,1995)。

到 2008 年为止,国外主要有 4 种不同的建构主义学习环境模式①:学徒式的学习环境模式(学徒式的认知学习是柯林斯、布朗和纽曼提出的)、在知识建构团体中学习的环境模式、注重交流与意义协商的学习环境模式、使用认知工具学习的学习环境模式。其中,学徒式学习环境模式关注概念知识在解决实际问题中的运用,注重在社会情境中培养学习者的元认知能力;知识建构共同体学习环境模式强调学习者的合作与交流,相互帮助、相互促进;交流协商的学习环境模式则把关注重心放在交流与意义协商上,突出学习过程的交互性与意义;使用认知工具的学习环境主要强调培养学习者解决复杂问题的能力。

(二)分布式认知

分布式认知思想可以追溯到 1879 年第一个心理学实验室建立后的不久,当时这种思想尚处于一种萌芽的状态。此后,Dewey、Wundt、Minsterberg以及 Gibson 等心理学家在他们的著作中一直不自觉地贯彻着分布式认知的思想,但都未曾有清晰的术语加以定义。直到 20 世纪 80 年代中期,

---

① 黄飞莺,周志毅. 建构主义学习环境:意义·模式[J]. 当代教育论坛,2002,(12):83－85.

Hutchins 等人才明确地提出了"分布式认知"的概念,并认为它是重新思考所有领域的认知现象的一种新的基本范式。从此,认知分布的思想逐渐被人们所认识,也越来越多地受到人们的重视。分布式认知是一种包括所有参与认知事物的新的分析系统。它提出了一种考虑到认知活动全貌的新观点,强调认知是在人和环境的系统中完成的,人是在社会文化的环境中通过与环境、与他人的交互作用来建构自己的知识。以往的认知理论秉持内部表征是个体认知活动的全部。与此有所区别,分布式认知理论认为认知活动是对内部和外部表征的信息加工过程。哪些信息被外部表征以及如何表征均对个体的内部运算结构有着直接的影响。

分布式认知是学习环境设计的理论之一,它基于认知分布的视角开拓了学习环境设计的理念。特别是人工制品的概念,对学习环境的设计有着重要的启示。人工制品在分布式认知中通过作为认知工具、产生留存现象、减少认知负荷以及提供认知给养等功能映射到学习环境设计中,它对学习环境生成了丰富的隐喻,即在学习环境设计中要重视制品、学习共同体、信息技术等在分布式认知中的价值。同时也给予学习环境设计新的启示。它主张从系统观设计环境、应用智能制品促进认知分布、高度重视社会境脉对认知的影响以及运用技术支持交互和知识表征等方面来思考学习环境设计的问题。总括而言,分布式认知概念的引入,超越了原有心理学研究的局限。它促使人们从更广的角度和系统研究认知加工的机制,并以之指导学习环境设计,减少学习者的认知负荷,求得个体认知的最高效率。①

三、数字化学习环境设计框架研究

梳理现有文献,已有学者就数字化学习环境的要素、设计框架开展了相关研究,并就如何设计数字化学习环境促进学生的个性化学习、深度学习、高阶思维发展等方面进行了探讨。

环境设计要素方面,殷旭彪充分结合学习科学领域课堂教学干预的三大系统和建构主义学习环境的七大要素,提出了数字化学习环境的设计框架。② 该设计框架包括 3 个要素:学习内容、技术支持系统、学习社会型结

---

① 翁凡亚,何雪利. 分布式认知及其对学习环境设计的影响[J]. 现代教育技术,2007, (10):14 - 17.

② 殷旭彪,陈琳. 论数字化学习环境设计[J]. 现代教育技术,2013, (05):20 - 24.

构。其中,学习内容是第一要义,技术支持系统是实现学习者有效掌握学习内容的保障机制,学习社会性结构在这里主要集中体现在师生的关系上。胡海明、祝智庭从活动理论取向提出了个人学习环境的元模型(如图4-1所示)。[①] 它包括个体层与社会层。个体层的要素为主体、工具、制品,其中工具包括资源、服务两方面;社会层的要素为共同体、规则、目标。这两个层次及其相应的六大要素构成了4种关系,包括个体消费活动、个体生产活动、群体消费活动、群体生产活动。其中,主体指个人学习环境中的活动者,制品指个人学习环境中活动者享用或生成的成果,工具指个人学习环境中的活动者所面对的资源及其支持服务的总和,资源包括可资利用的各种学习对象,共同体指个人学习环境中具备一定目标与相关规则的主体的集合,规则指构成共同体的若干限制条件,目标指共同体中主体活动的最终目标。个体消费活动指主体基于工具的消费活动。个体生产活动指主体基于工具的生产活动,表现为制品的生产活动。群体消费活动指主体经由工具中介而参与学习共同体的生成与分享。群体生产活动指经由工具中介,主体参与学习共同体的、基于协作目标的、制品的交流与共享,或者创建制品的活动,表现为对象的群体性生产活动。

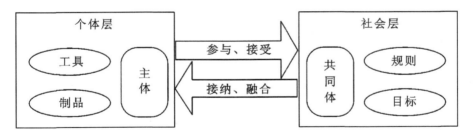

图4-1 个人学习环境元模型

利用数字化学习环境促进高阶思维发展方面,简婕在对学习目标和信息技术工具的功能进行了深刻的学习后,将二者进行关联,提出了建构主义学习环境设计模式。由于此设计模式具有"技术驱动设计"的特征,充分体现了以信息技术和学生为中心的特征,因此也将该设计模式视为数字化学

---

① 胡海明,祝智庭. 个人学习环境的概念框架:活动理论取向[J]. 开放教育研究,2014,(04):84-91.

习环境的设计模式(如图 4-2 所示)。① 实践该模式的关键在于问题的设计和认知工具的设计。问题的设计包括基本问题的设计、单元问题的设计和内容问题的设计。

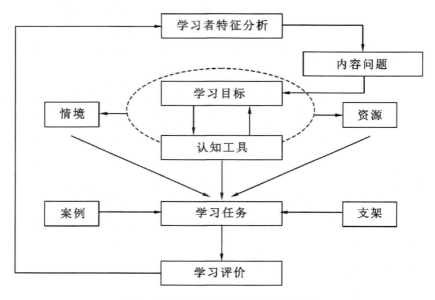

图 4-2　数字化学习环境的设计模式

基本问题的设计必须是指向课程内容的关键与核心,将学科内容的丰富性与复杂性显示出来。单元问题的设计应该具有较强的情境特征,意在激发与保持学习者的学习兴趣。内容问题是指事实性知识的问题,它的设计应该为学习者研究单元问题并探究基本问题打下知识基础。认知工具的设计必须了解所需的活动链,对学习者可能出现的问题和困难进行预测。

基于数字化环境开展项目式学习方面,我们也进行了积极的理论和实践探索。在建构主义学习理论与情境认知理论的指导下,整合电子书包、教学平台、社会性软件、思维导图等工具,构建了支持中小学项目式学习的数字化学习环境,有效地支持了项目设计、项目实施和项目评价等项目学习过程,其具体结构(如图 4-3 所示)。

关于项目式学习,我们将在后续章节中的进一步详细介绍。

---

① 简婕. 支持高阶思维发展的数字化学习环境构建及其实证研究:基于小学五年级写作教学[D]. 长春:东北师范大学,2011.

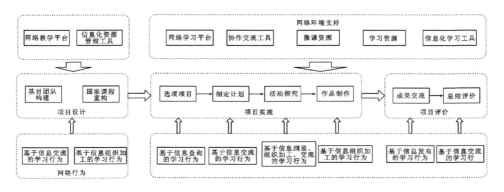

图 4 - 3　网络环境下基于课程重构理念的项目式学习模式

第二节　电子书包学习环境设计框架

电子书包作为一种新型数字化产品的出现,引发了一系列的教育变革,其便携的设备终端、丰富的教学内容、个性化的学习环境,特别有助于构建以学生为主体的学习环境。在云计算技术的支持下,电子书包可以利用提供资源、工具和服务的云端来构建一种几乎"全能"的个人数字化学习环境,这种以使用平板电脑为终端构建的一对一数字化课堂模式,成为开展创新教学的新趋势。研究者和实践者们开始关注如何更好地设计基于电子书包的数字化学习环境以支持新型教学模式。对国内外文献梳理后发现,以往十年来对基于电子书包的学习环境设计,可以从设备、内容和服务 3 个视角加以论述(如图 4 - 4 所示)。[①]

其中,设备角度从最初发展到现在都是最主要的一个认知视角,体现为电子书包的装备形态或者是内容和服务的硬件载体。在十年发展历程中,个人电脑、笔记本电脑、电子阅读器、PDA、WebPAD、手机等都充当过电子书包,而电子书包亦被看作一种未来型的教育电子产品。随着网络技术的普及以及移动学习的兴起,电子书包后来的发展也相应聚焦在了轻便型的个人移动终端上。内容角度是电子书包减负优势认知的源起。普通书包内的

① 郁晓华,祝智庭. 电子书包作为云端个人学习环境的设计研究[J]. 电化教育研究,2012,(07):69 - 75.

教材、教辅、作业、课内外读物、字典等学习用品数字化后可被轻松存取和携带,一方面绿色环保,减少资源浪费,另一方面还生动活泼,具有灵活的可塑性和无限的拓展空间。因此,电子书包又常常被看成是若干电子内容按照科学的结构整合而成的数字化教学资源包。服务角度是电子书包发展中相对最不被重视又或最容易被理想化的一个认知视角。服务体现的是电子书包所承载的教育理念和教育功能,一般表现为软件系统或服务平台的支撑,也有研究直接将电子书包等同于服务系统。

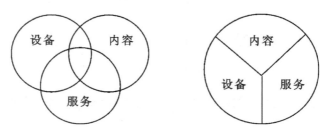

(左:过去3个视角认知分离;右:现在3个视角认知融合)

图4-4　电子书包的认知模型

随着电子书包技术的成熟和其在教学中的不断实践,电子书包已由以往设备、内容和服务三者的分离关联演进为三者的融合统一,针对电子书包的融合式的认知理念开始出现并发展起来。为了进一步规范和推动电子书包的产业发展和教育应用,由全国信息技术标准化技术委员会教育技术分会主任祝智庭教授、教育部教育信息化技术委员会委员吴永和博士等人牵头制定了中国电子课本与电子书包标准体系框架。① 该框架体现了电子书包的融合理念,提出电子书包系统主要包括学习内容、学习终端、学习工具和学习平台四大部分(如图4-5所示)。

其中,学习内容包括电子课本、电子书以及其它泛资源,是学习者使用电子书包时的学习对象。学习终端则是为学习活动的开展提供硬件支撑的设备,是使用电子书包进行学习时的主要媒介,学习工具和本地学习服务承载在学习终端上。学习工具以虚拟学具方式提供。学习平台则为电子书包系统提供各种远程服务,如资源推送、活动管理等。因此,电子课本与电子

---

① 吴永和,祝智庭,何超. 电子课本与电子书包技术标准体系框架的研究[J]. 华东师范大学学报(自然科学版),2012,(02):70-80.

书包体系框架可划分为电子课本、学习终端、学习服务和虚拟学具四个部分。

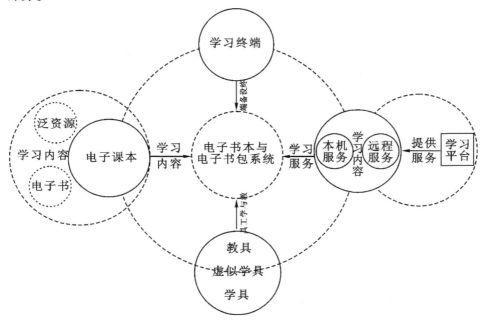

图 4-5　电子课本与电子书包系统的体系架构模型

一、电子课本

电子课本又称为电子教材,在电子课本与电子书包系统中,电子课本是最重要的学习内容,它不同于一般的数字化出版物,不仅具有阅读性,还具有关联性、富媒体性、交互性和开放性。对电子课本的研究,既要吸收目前已有的电子出版物格式的优点,解决电子课本内容交操作问题,还要在电子课本的元数据定义、内部结构表征、媒体展现等方面考虑教育特性。

二、学习终端

电子书包学习终端是一类对学习有辅助作用的电子教育装备的统称。随着技术的发展,这类教育装备在新的发展中进一步增强了产品功能,支持不同学习形式和多种学科。学习终端提供较强的学习功能,有些还具备开放式操作系统、支持容量扩充、播放器等功能。

三、学习服务

学习服务解决学习平台互操作性的问题,为电子课本与电子书包系统提供学习服务。学习服务分为本机服务和远程服务。

四、虚拟学具

虚拟学具是一种虚拟的学习工具,是相对于传统教学中学生使用的学习工具来定义的。虚拟学具是服务于学习活动的教学软件系统,目前已有很多好用易用的移动应用 APP 可装载至平板电脑上用于教学过程中。

在总体框架的基础上,已有学者结合教学实践展开了研究。胡海明、吴永和基于个人学习环境提出电子书包的 PLES 系统参考模型(如图 4-6 所示)。[①] 包括基础平台、公共管理模块、公共工具模块、应用平台,其中应用平台又包括个人学习终端(电子书包)、协同学习套具以及以电子课本为核心的资源库这 3 个部分。在 PLES 中,可实现多种形式的学习,包括个别化学习、点对点学习、协同学习等。

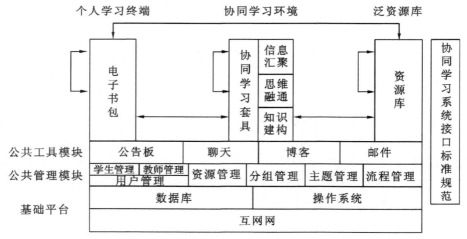

图 4-6 电子书包的 PLES 系统参考模型

李葆萍结合自主学习特征和平板电脑特性,设计了一对一环境下的学

基于电子书包的数字化学习研究与实践

---

① 胡海明,吴永和. 个人学习环境系统的应用设计:以电子书包为例[J]. 华东师范大学学报(自然科学版),2014,(02):116-126.

生自主学习活动设计框架(如图 4 - 7 所示)。①

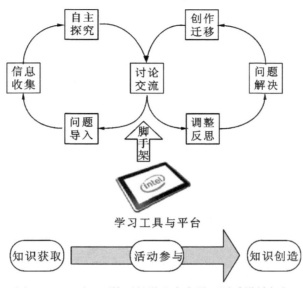

图 4 - 7 1 对 1 环境下的学生自主学习活动设计框架

　　首先通过情境化问题导入,继而围绕问题情境进行信息收集和处理,开展一系列的自主探究活动;接下来通过小组或全班范围内的讨论与交流,对已有结论或作品等进行反思调整,解决问题或进一步迁移到新情境下完成作品创作等。教师可基于实际问题解决过程组织 1 对 1 教学,利用平板电脑安装的平台和工具作为脚手架,支持学生开展独立学习或小组学习,增强学生对学习过程的主动参与,引导学生对信息的深度加工和积极思考,鼓励学生利用平板电脑进行作品创作,实现知识的增量化学习。

　　在该过程中,平板电脑创设了开放的学习环境,学生可以随时访问课堂外海量的学习资源,通过必要的学习工具来检索和筛选出自己认为有意义的学习信息,拓展学生的学习内容,为学生批判性思维的培养提供前提条件。同时,平板电脑中的各类工具可以给教师提供多种脚手架,帮助其完成深度学习和有效课堂管理。在 1 对 1 环境下,学生可以利用平板电脑的绘画、照相、视频录像和编辑等丰富功能收集和处理资料,创作较为复杂和完

① 李葆萍. 基于平板电脑的 1 对 1 数字化学习环境应用效果调研[J]. 现代远程教育研究,2016,(01) :96 - 103.

整的作品，展示其对所学知识的二次加工和创造，完成增量学习。

第三节　基于云平台的电子书包
学习环境集成服务框架

　　结合前述已有的相关研究，通过不断的教学实践摸索，本研究提出了基于云平台的电子书包学习环境集成服务框架（如图4-8所示）。一套完整的电子书包系统应为教师和学生提供全过程的信息化和个性化的教学、学习服务，能够从根本上克服传统教学的弊端，推动互动研讨式教学、体验式教学及智慧学习等新模式的广泛应用，最终实现资源共享、信息共享、教学反馈、家校沟通，监督管理等功能。

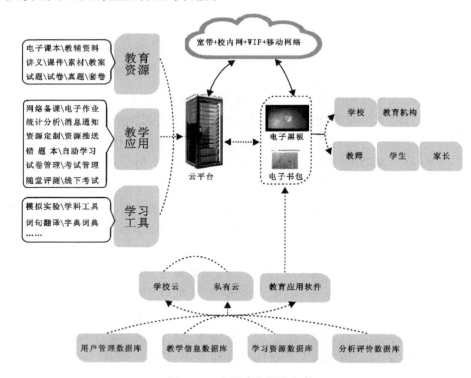

图4-8　电子书包服务架构

　　本框架以云平台为依托，借助电子教材、教辅资料、题库、试卷等有效集成教学应用软件及学习工具，为师生及家长提供教学、学习、考试、练习、评测、分析、全过程的信息化和个性化的教学、学习服务。从教学与学习服务支持的角度,电子书包软件系统主要包括核心教学应用软件模块、教育资源模块(包括电子教材、微课、教案等,将在本章后续介绍),以及虚拟学习工具3个部分。结合该框架,我们与公司进行合作,开展了软件系统研发,成功实现了产品的市场化。

一、教学应用软件

电子书包的教学应用软件主要包括管理员、教师、学生、家长等几个角色,其中教师和学生角色为系统的核心角色,教师主要利用软件系统进行便捷备课,随堂测评分析,回答学生问题,进行课堂管理,轻松组题组卷,布置电子作业,共享优质资源,发布消息通知,发起互动讨论等;学生主要使用系统实现预习作业,获取学习资源,捕捉薄弱环节,向教师提问,分组协作,小组讨论,完成作业,查看消息,获取奖励,统计分析,收藏错题,错题重做等。系统能够支持课前(图4-9)、课中(图4-10)及课后(图4-11)整个教学活动。

图4-9　课前教学流程

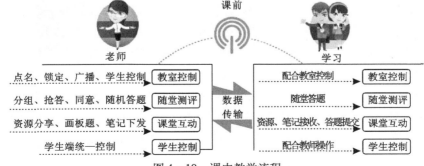

图4-10　课中教学流程

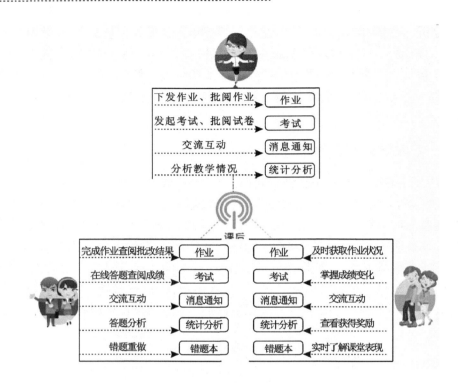

下发作业、批阅作业　作业
发起考试、批阅试卷　考试
交流互动　消息通知
分析教学情况　统计分析

课后

完成作业查阅批改结果　作业　作业　及时获取作业状况
在线答题查阅成绩　考试　考试　掌握成绩变化
交流互动　消息通知　消息通知　交流互动
答题分析　统计分析　统计分析　查看获得奖励
错题重做　错题本　错题本　实时了解课堂表现

图4-11　课后教学流程

　　针对该教学流程,一个电子书包软件系统主要包括教师端软件和学生端软件。教师端系统主要包括管理(学生管理、终端监控、文件管理)、资源、评测、家校通及个人设置等模块(如图4-12所示)。在"资源"模块,整合了电子教材资源(各学科学段的电子教材)、试题库资源、教研资源(教学设计、导学案等),用于支持教学各环节的教学与教研活动;"管理"模块,教师可以明确每个学生的登录状态、监控学生屏幕、锁定学生屏幕、广播教师的屏幕、使用局域网文件分发等,实时维持课堂秩序和掌握学生动态;"设置"模块,教师可以进行绿色上网管理、在学生端批量安装软件、对学生提前/实时指定/随机分组等。"随堂评测"模块,支持单选、多选、填空、判断、简答等多种题型,测试题目既可以课前编制,也可以随堂编制;"家校互动"模块中教师可以通过文字、图片等多种形式给学生发布通知消息、编辑发送考试成绩、展示随堂评测分析结果,主要用于教师、学生、家长之间信息沟通(一般用于课前、课后环节)。

图 4 – 12　教师端主页面

学生端系统与教师端对应,提供的功能主要包括学习任务、错题本、练习测试、测评分析、云端书城、学习资料、文件管理、软件商城等模块(如图 4 – 13 所示)。其中,"学习任务"模块主要为学生提供帮助,学生可以查看教师发布的作业、考试成绩等信息;"错题本"模块主要是针对学生,系统能够自动生成随堂测试、练习,学生做错的练习题系统自动加入"错题本";"练习

图 4 – 13　学生端主页面

测试"模块主要是提供学生课后自主练习测试的功能。针对错题学生可以重做，并查看正确答案及解析；测评分析主要以折现形式显示学生的测评分析数据；"云端书城"支持多种类型的电子图书、电子教材，学生可以下载和管理自己的书籍，并且可以打开阅读，添加批注等。"学习资料"主要包括资料中心、我的资料、我的收藏等功能；文件管理即局域网文件分发功能，用户可对分发文件及接收的文件进行管理，并可进行批注等操作；"软件商城"则是对第三方学习工具的集中管理。

二、虚拟学具

虚拟学具是电子书包提出后出现的一个新名词。电子书包中的虚拟学具属于一种学习工具。祝智庭教授指出，虚拟学具可以有两种表现形式：一种是将传统物理性的学习工具以数字化、虚拟化的形式呈现，比如电子词典、虚拟直尺等；另一种则是结合认知科学和学习理论的研究成果而设计的用以支持学习活动优化的新兴工具，比如概念图工具、群件工具等。[①] 目前，电子书包学习终端一般均有自带的 APP 软件，可以在一定程度上实现虚拟学具的功能，比如电子书包上的阅读器、电子词典、小游戏等均在一定程度上辅助了学生的学习。除此之外，国内很多教育 IT 企业也开发了很多可用于中小学学科教学的 APP，如表 4 – 1、4 – 2、4 – 3 所示。

表 4 – 1　语文学科移动学习 APP

类别	工具名称	功能特点	适用对象
字词类	皮皮学拼音	在游戏中学习，听说读写全面学拼音	低年级
	点字书	与点读机功能类似，涵盖字的音形意	低年级
	悟空识字	通过闯关游戏识字，学习内容丰富	低年级
	开心熊猫	从视觉、听觉、触觉三方面促进儿童阅读能力提升	0～7 岁

---

① 祝智庭,郁晓华. 电子书包系统及其功能建模[J]. 电化教育研究,2011,(04):24 – 27 + 34.

续表

类别	工具名称	功能特点	适用对象
阅读类	星宝乐园	故事丰富,呈现方式多样,动画、音频、图片等形式生动形象	0~10岁儿童
	古诗分类鉴赏	有丰富的古诗词内容	任意年级
	早晚读课文	与各教材配套的课文朗读	任意年级
工具类	极品思维导图	操作简单的概念图工具	中高年级以上
	学生族	提供阅读材料,支持上传作品并自动批改	中高年级以上

表 4-2　英语学科移动学习 APP

类别	工具名称	功能特点	适用对象
口语类	有道口语大师	准备反馈发音正误的单词,纠正发音	中高年级
	口语发音教练	练习音标发音	任意年级
	英语说	班级交流,课堂口语活动开展	高年级
	英语趣配音	英语电影、动画片断配音	任意年级
	SpeakingMax	美国日常生活视频	高年级
听力类	早晚听课文	与各版本教材对应的听力材料	任意年级
	新概念英语	《新概念英语》系列短文	中高年级
单词类	多邻国	图文结合学单词	任意年级
	有道词典	英语电子词典	中高年级
	百词斩	与教材版本对应的单词	初中、高中
阅读类	晨读美文	短小精悍的英文短文及对应音频	中高年级
资源	英语魔方秀	原创英语趣味学习视频:电影、演讲、场景、歌曲	中高年级
概念图类	极品思维导图	操作简单的画概念图的工具,用于 android 系统	中高年级
	导图笔记	画概念图的工具,用于 IOS 系统	中高年级
检测反馈类	问卷星	及时反馈学生完成练习题的结果,课前课中课后均可用	任意年级

第四章　基于电子书包的数字化学习环境设计

表4-3　数学学科移动学习APP

类别	工具名称	功能特点	适用对象
工具类	图形计算器	支持科学计算、图形计算、分数计算、矩阵计算等,包含解题过程	中学及以上
	启凡数学画板	数学函数曲线绘图工具	中学及以上
	Math Grapher		中学及以上
知识类	宝宝数学	游戏化设计,趣味性强	0~10岁
	儿童数学乐园		
	乐乐的数学小火车		
	高中数学宝典	知识点覆盖全面	高中

以上这些学科教学APP有些是工具类的,有些是知识类的,教师可以根据教学的需要,选择安装相应的学科APP,用于支持教学或学生的自主学习。

为了增强电子书包的功能,不同企业开发的电子书包系统都提供了种类繁多的应用软件,众多的教育APP容易令人眼花缭乱、无所适从,为此,澳大利亚学者阿兰·凯灵顿(Allan Carrington)结合前人有关"数字布鲁姆"的研究成果,开发了一个面向iPad APP的布鲁姆教育目标分类理论框架"Padagogy Wheel"模型,以帮助教师设计并实施基于iPad数字化学习工具的教学,具体内容在第五章详细介绍。

第四节　电子书包的教育资源主要形式

电子书包中的教育资源是开展信息化教学的重要基础,其覆盖范围、丰富程度、呈现方式等一定程度上决定了电子书包的使用体验。常见的电子书包内的资源包括电子课本(或称为电子教材)、课件、讲义、教案、试题等。其中,常规课件及教学资料(包括讲义、教案、试题等)可通过内置教学资料库获取,本研究将重点关注当前的热点资源形式——电子教材、微课课件的内涵及相关设计、开发方法。

一、电子教材

随着数字网络技术的发展,教材的形式发生变革,出现了把硬件支持设备、软件平台和教材内容与资源进行一体化开发的电子教材。电子教材是电子书包的核心资源模块,电子书包的其他教学支持服务都要围绕电子教材展开。关于新时期的电子教材内涵,我们综合采用教育技术专家黄荣怀教授[1]和祝智庭教授的定义,将电子教材界定如下:"电子教材是一类遵循学生阅读规律、利于组织学习活动、符合课程目标要求的电子书或电子读物,具有富媒性、交互性、共享性、开放性等特性。"

(一)电子教材的基本特征

1.电子教材是一类特殊的电子书

电子教材除了继承电子书的阅读性之外,还要具备一定的教学性,电子教材不是传统印刷教材的简单电子翻版,也不是简单增加了多媒体要素,而是应从电子教材的教育功用出发,突出其富媒性(含丰富的媒体互动要素,兼具与终端互动和与平台互动的功能)、交互性(学习者通过虚拟学具展开多维多向互动)、关联性(与教学目标内容关联以及知识结构重组)以及开放性(内容的知识扩展补充以及与学具和服务的沟通)。[2]

2.电子教材要遵循学生阅读规律

这就要求电子教材要在内容呈现、软件功能和阅读终端操作上符合学生阅读习惯。比如有的学生喜欢直观的视频媒体呈现方式,有的喜欢文本加图片的呈现方式,在具体设计时要综合考虑学生的不同特征。

3.电子教材要利于组织学习活动

这就要求电子教材需要提供课后习题、作业和随文笔记等功能,从而支持常规的学习活动。

4.电子教材要符合课程目标要求

电子教材兼备教材属性,因此也需要符合课程标准、教学大纲、教材的编写规范等,在结构编排上接近纸质图书风格。

(二)电子教材的设计流程

电子教材是课程开发的一种阶段性产品,属于一种特殊的教育资源。

---

① 陈桄,龚朝花,黄荣怀.电子教材:概念、功能与关键技术问题[J].开放教育研究,2012,(02):28－32.

② 祝智庭,郁晓华.电子书包系统及其功能建模[J].电化教育研究,2011,(04):24－27＋34.

我们在分析电子教材开发情境的基础上,提出了电子教材的设计与开发过程,如表4-4所示。该表列出了电子教材设计与开发的具体阶段、产出内容、开发团队及推荐使用的工具。

表4-4 电子教材设计与开发阶段

序号	阶段	产出	开发团队	推荐工具
1	学习者分析	学习者需求分析报告	知识分析团队	学习者调查问卷 SPSS
2	知识内容分析	知识结构图		Visio、CMap、MindManager
3	教材结构分析	教材结构图		Visio
4	教材内容组织 教学活动设计	教材具体内容 相关的教学活动	教学设计团队	Word、MindManager
5	交互设计	交互设计示意图		Visio
6	界面设计与视觉设计	界面设计原型		AxureRP、Office Word
7	制作多媒体素材	配套的多媒体素材	媒体加工团队	Photoshop、Premiere 等
8	集成开发及功能测试	电子教材成品 测试报告	技术开发团队	Dreamweaver 5.5、电子书开发工具
9	用户体验测试	测试报告	测试团队	用户体验评价量表

(三)电子教材的集成开发

由于电子教材的主要运行终端为移动端电子书包,因此,电子教材的开发技术主要面向移动终端系统。当前主流的移动终端系统主要包括三类:Android(安卓)、IOS、Windows,其中基于 Android 系统的移动终端市场份额最大,其次为以苹果为代表的 IOS 系统。针对这些系统,常用的开发工具及方法如下所述。

1. EPUB 类开发工具

EPUB(Electronic Publication)是一种支持"自动重排内容"的自由式开放标准,由国际数字出版论坛(International Digital Publishing Forum,简称 IDPF)发布。该组织是一个处于电子书产业领导地位的国际性商业组织,为了促进电子书的跨平台可移植性及电子书市场的开放性,发布制定了 OeB-PS(Open eBook Publication Structure)标准,后演变为 EPUB 标准。目前市面上已出现各类支持 EPUB 电子书的阅读器,且支持不同的操作系统平台,常见的包括运行于 Windows 系统平台的 Adobe Digital Editions,运行于 Android 系统平台的 iReader、百阅等,以及运行于 iOS 系统平台的 iBooks。其中以 iBooks 电子阅读器表现尤为出色,其系统终端包括 iPad、iPhone、iPod 等,实现了翻页特效、调整字体字号、横版纵版自适应显示、笔记、高亮、术语、目录、索引、学习卡等多种功能。iBooks 阅读器本身还支持对 EPUB 标准的扩展,允许开发者通过 CSS 制作布局更为灵活的电子书。

近年国内外电子书的制作生成工具日益增多(Sigil、epubBuilder 等),可以方便地实现图文并茂的电子书制作,归纳起来,电子书的制作模式主要包括 3 种(如图 4 – 14 所示)。即直接利用 EPUB 开发工具可视化开发模式(开发模式 1),利用 Dreamweaver 及记事本工具基于 HMTL5 语言的代码编辑模式(开发模式 2),以及利用开发工具和代码编辑的综合开发模式(开发模式 3)。第三种开发模式可以实现一些高级的交互功能,首先利用开发工具(如 sigil)完成基本的图文混排、音视频插入后,打包发布为 EPUB 格式电子书,然后对发布后的电子书进行解压,利用 HMTL5 + Javascipt 辅助实现高级交互功能。[①]

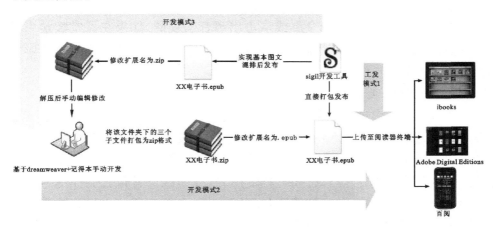

图 4 – 14 13ePub 格式电子书开发模式

① 赵姝,王晓晨,陈枨,黄荣怀. 基于 EPUB + SMIL 的同步发声电子书开发技术研究 [J]. 现代教育技术,2012,(07):93 – 97.

2. iBooks Author

苹果公司推出的数字教科书工具 iBooks Author 是一款需要在苹果系统下进行写作排版的电子书制作工具。使用 iBooks Author 制作出来的电子书需要在 iBook 软件上进行阅读。通过这款软件使得创建一本 iBooks 图书的过程非常简单直接，创建者可以通过使用模板开始设计图书，除了多功能撰写和排版工具之外，iBooks Author 还提供了一套可随时使用的 Widget 控件，用于添加影片、测验题、图像画廊以及其他交互媒体。① 由于该软件创建方式类似于 PPT 制作过程，学习者非常容易上手。有了 iBooks Author，学习者可以随时查看图书在完成后的外观，并可以随时在 iPad 上预览图书。当然，学习者也可以自行分发以各种格式导出的图书，或者请求通过 iBook store 发布并让公众购买。在利用 iBooks Author 制作电子教材的过程中，需要注意以下两个关键点。②

第一，注意媒体素材的质量和数量。由于版面不受限制，在很多区域可以设置图片或高清视频等媒体素材，创作者可以利用这些素材来丰富课文本身。但由于素材的质量或高清与否会直接影响整个电子教材的质量，因此素材质量很关键。

第二，注意交互控件的使用。由于基于 iBooks Author 制作的电子教材中很多交互部件是以点击全屏或点击出声音实现的，如果在课堂教学中过度使用会影响学习质量，因此在设计交互部件放置时，要注意其是否会影响正常学习，不要放置在手指容易触碰的位置。

3. HTML 5 类的页面制作工具

HTML 5 是 HTML 最新的修订版本，2014 年 10 月由万维网联盟（W3C）完成标准制定。HTML 5 的设计目的是为了在移动设备上支持多媒体。为了推动面向移动端的资源开发与运营，涌现了一批 HTML 5 手机页面制作工具，如易企秀、MAKA 等。这些工具使用方便，为教育者自己制作适合自己学生的个性化的手机学习资源提供了可能性，在一定程度上也将为教师减轻负担，不需要拥有过硬的技术就能够更有针对性地帮助和引导学生进行

① iBooks Author[EB/OL]. https://www.apple.com/cn/ibooks - author/.

② 李珍珠，赵姝，丁杰，王朋娇. 基于 iBooks Author 的电子教材设计与开发[J]. 中小学信息技术教育，2012，(11)：77 - 81.

"有趣的"学习。

由于手机移动学习具有场景移动性、形式个性化、内容微型化、交互及时性等特点,因此,在设计制作时应遵循以下几个原则。[①]

第一,学习内容应短小实用且具有系统性。手机移动学习中的学习者大多处于"一种边缘性的投入与非连续的注意状态",其学习时间有限且注意力很容易分散。故在设计学习资源前应首先了解学习者的真实需求及其学习条件,设计内容应短小精悍、实用,每个模块的学习时间处于 3~10 分钟较为合适,并且每个模块之间相互独立且又具有科学系统性,是一个相对完整的知识框架,方便学习者在零碎的时间内掌握一个或两个知识点,同时也不会被其他学习模块的学习情况所干扰。

第二,界面设计应简洁明了但保证趣味性。手机移动学习的场景移动性决定了学习者的学习时间是零碎的、不固定的,为了保证学习效果,学习资源的表现形式应当简约,尽量采用静态的文本和图片,选择性地使用音频、动画和视频,数据量要尽量小,易于传输,界面设计要求简洁、易用,关注引导功能的设计,内容充实。

第三,注重交互设计。学习者在移动学习过程中缺乏像传统课堂上师生之间面对面的沟通交流,所以教师在设计手机移动学习资源的时候要着重关注交互设计,保证学习者能收到及时的反馈,充分激发学习者的学习兴趣与动机,保证学习者的注意力有较高的集中。

二、微课

(一)微课的内涵

伴随个性化学习的普及,以及移动学习、碎片化学习的发展,广大教师的教学方式也走向了多元化。在教育教学朝着交互性、便利性发展的同时,学习也正在走向微型化、个性化和移动化。"微课"作为一种全新的资源表现形式,拥有情境真实、主题突出、资源多样、形式灵活、交互性强、便于传播和应用简单等优点。

---

① 曹东梅.基于易企秀平台的手机移动学习资源设计研究——以小学三年级奥数课程为例[D].上海:上海师范大学,2016.

微课(Micro-lecture)的概念是 2008 年由美国新墨西哥州圣胡安学院的高级教学设计师、学院在线服务经理 David Penrose 提出的。他认为,微课是一种以建构主义为指导思想,以在线学习或移动学习为目的,以某个简要明确的主题或关键概念为教学内容,通过声频或视频音像录制的 60 秒课程。微课不仅可用于在线教学、混合式教学、远程教学等,也可为学生提供自主学习的资源,让学生随时随地进行知识巩固。在国内,对于"微课"的概念,不同学者从不同的角度给予解读,表 4-5 列出了国内部分学者对微课定义的不同阐释。

表 4-5　国内部分学者对微课定义的比较

研究者	定义	分类	共同点
张一春	"微课"是指为使学习者自主学习获得最佳效果,经过精心的信息化教学设计,以流媒体形式展示的围绕某个知识点或教学环节开展的简短、完整的教学活动	课件	目标单一 内容短小 时间很短 结构良好 视频格式
黎加厚	"微课程"是指时间在 10 分钟以内,有明确的教学目标,内容短小,集中说明一个问题的小课程		
胡铁生	微课又名微型课程,是基于学科知识点而构建、生成的新型网络课程资源。微课以"微视频"为核心,包含与教学相配套的"微教案""微练习""微课件""微反思"及"微点评"等支持性和扩展性资源,从而形成一个半结构化、网页化、开放性、情景化的资源动态生成与交互教学应用环境	课程	
焦建利	微课是以阐释某一知识点为目标,以短小精悍的在线视频为表现形式,以学习或教学应用为目的的在线教学视频	资源	
郑小军	微课是为支持翻转学习、混合学习、移动学习、碎片化学习等多种学习方式,以短小精悍的微型教学视频为主要载体,针对某个学科知识点或教学环节而精心设计、开发的一种情景化、趣味性、可视化的数字化学习资源包		

综合已有研究,可以将"微课"的内涵归为三类:(1)对应"课件"的概念,突出微课是一种短小的"教学活动";(2)对应"课程"的概念,有课程计划(微教案),有课程目标,有课程内容,有课程资源;(3)对应"教学资源"的概念,如在线教学视频、数字化学习资源包。尽管在定义上的表述有差异,

基于电子书包的数字化学习研究与实践

但在定义的内涵上是有共同点的,即"目标单一、内容短小、时间很短、结构良好、以微视频为载体"。我们将"微课"的内涵界定如下:微课是为满足移动学习和利用零碎时间学习的需要,教师将教学目标聚焦在某一个环节上,利用最短时间讲解一个知识点及教学重点、难点,同时配有与该主题相关的微教案、微课件、微练习、微反思、微点评等辅助性教学资源的课程资源包。

(二)微课的特点

与传统课程相比,微课具有以下几个突出特点。[①]

1.教学时间较短

教学视频是微课的核心组成内容。根据中小学生的认知特点和学习规律,"微课"的时长一般为 5 ~ 8 分钟左右,最长不宜超过 10 分钟。因此,相对于传统的 40 或 45 分钟一节课的教学课例来说,"微课"可以称为"课例片段"或"微课例"。

2.教学内容较少

相对于较宽泛的传统课堂,"微课"的问题聚集、主题突出,更能满足教师的需求。"微课"主要是为了突出课堂教学中某个学科知识点(如教学重点、难点、疑点内容)的教学,或是反映课堂中某个教学环节、教学主题的教与学活动,相对于传统一节课要完成复杂众多的教学内容,"微课"的内容更加精简,因此又可以称为"微课堂"。

3.资源容量较小

从大小上来说,"微课"视频及配套辅助资源的总容量一般在几十兆左右,视频格式须是支持网络在线播放的流媒体格式(如 rm,wmv,flv 等),师生可流畅地在线观摩课例,查看教案、课件等辅助资源;也可灵活、方便地将其下载保存到终端设备(如笔记本电脑、手机、MP4 等)上实现移动学习、泛在学习。"微课"的这一特点,使得其非常适合用于教师的观摩、评课、反思和研究。

4.资源组成/结构/构成"情景化"

资源使用方便。"微课"选取的教学内容一般要求主题突出、指向明确、相对完整。它以教学视频片段为主线"统整"教学设计(包括教案或学案)、

---

① 微课[EB/OL]. 百度百科. http://baike. baidu. com/link? url = O3vu8EB9j6BfACslX1X CN9dPsYwcWZK2UC5u1ROxnnhbWdhLGtND_uJorUudWFzWImujTwIZLqQB_81HAI290a.

课堂教学时使用到的多媒体素材和课件、教师课后的教学反思、学生的反馈意见及学科专家的文字点评等相关教学资源,构成了一个主题鲜明、类型多样、结构紧凑的"主题单元资源包",营造了一个真实的"微教学资源环境",这使得"微课"资源具有视频教学案例的特征。广大教师和学生在这种真实的、具体的、典型案例化的教与学情景中易于学会隐性、默会的知识,提升高阶思维能力,并实现教学观念、技能、风格的模仿、迁移和提升,从而迅速提升教师的课堂教学水平、促进教师的专业成长、提高学生的学业水平。就学校教育而言,微课不仅成为教师和学生的重要教育资源,而且也构成了学校教育教学模式改革的基础。

5. 主题突出、内容具体

一个课程就一个主题,或者说一个课程一个事;研究的问题来源于教育教学具体实践中的具体问题:或是生活思考,或是教学反思,或是难点突破,或是重点强调,或是学习策略、教学方法、教育教学观点等具体的、真实的、自己或与同伴协作可以解决的问题。

6. 草根研究、趣味创作

正因为课程内容的微小,所以,人人都可以成为课程的研发者;正因为课程的使用对象是教师和学生,课程研发的目的是将教学内容、教学目标、教学手段紧密地联系起来,是"为了教学、在教学中、通过教学",而不是去验证理论、推演理论,所以,决定了研发内容一定是教师自己熟悉的、感兴趣的、有能力解决的问题。

7. 成果简化、多样传播

因为内容具体、主题突出,所以,研究内容容易表达,研究成果容易转化;因为课程容量微小、用时简短,所以,传播形式多样(网上视频、手机传播、微博讨论)。

8. 反馈及时、针对性强

由于在较短的时间内集中开展"无生上课"活动,参加者能及时听到他人对自己教学行为的评价,获得反馈信息。较之常态的听课、评课活动,"现炒现卖",具有即时性。由于是课前的组内"预演",人人参与,互相学习,互相帮助,共同提高,在一定程度上减轻了教师的心理压力,不会担心教学的"失败",不会顾虑评价会"得罪人",较之常态的评课就会更加客观、公正。

（三）微课的分类

按照教学方法与学习方法，微课可分为 11 类，具体包括讲授类、问答类、启发类、讨论类、演示类、练习类、实验类、表演类、自主学习类、合作学习类、探究学习类。具体如表 4 **表 4** 所示微课的分类

微课类型	分类依据	适用范围
讲授类	以语言传递信息为主的方法	适用于教师运用口头语言向学生传授知识（如描绘情境、叙述事实、解释概念、论证原理和阐明规律）。这是中小学最常见、最主要的一种微课类型
问答类		适用于教师按一定的教学要求向学生提出问题，要求学生回答，并通过问答的形式来引导学生获取或巩固检查知识
启发类		适用于教师在教学过程中根据教学任务和学习的客观规律，从学生的实际出发，采用多种方式，以启发学生的思维为核心，调动学生的学习主动性和积极性，促使他们生动、活泼地学习
讨论类		适用于在教师指导下，由全班或小组围绕某一种中心问题，通过发表各自意见和看法，共同研讨，相互启发，集思广益地进行学习
演示类	以直接感知为主的方法	适用于教师在课堂教学时，把实物或直观教具展示给学生看，或者作示范性的实验，或通过现代教学手段，通过实际观察获得感性知识以说明和验证所传授知识
练习类	以实际训练为主的方法	适用于学生在教师的指导下，依靠自觉的控制和校正，反复地完成一定动作或活动方式，借以形成技能、技巧或行为习惯。尤其适合工具性学科（如语文、外语、数学等）和技能性学科（如体育、音乐、美术等）
实验类		适用于学生在教师的指导下，使用一定的设备和材料，通过控制条件的操作过程，引起实验对象的某些变化，从观察这些现象的变化中获取新知识或验证知识。在物理、化学、生物、地理和自然常识等学科的教学中，实验类微课较为常见
表演类	以欣赏活动为主的教学方法	适用于在教师的引导下，组织学生对教学内容进行戏剧化的模仿表演和再现，以达到学习交流和娱乐的目的，促进审美感受和提高学习兴趣。一般分为教师的示范表演和学生的自我表演两种

续表

微课类型	分类依据	适用范围
自主学习类	以引导探究为主的方法	适用于以学生作为学习的主体,通过学生独立的分析、探索、实践、质疑、创造等方法来实现学习目标
合作学习类		合作学习(Collaborative Learning)是一种通过小组或团队的形式组织学生进行学习的一种策略
探究学习类		适用于学生在主动参与的前提下,根据自己的猜想或假设,运用科学的方法对问题进行研究,在研究过程中获得创新实践能力,获得思维发展,自主构建知识体系的一种学习方式

(四)微课的设计与制作

以 ADDIE 模型为参考,一个微课资源的设计与制作一般需要经过如下 5 个开发阶段(如图 4 - 15 所示)。

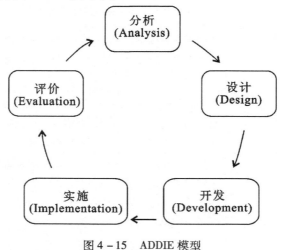

图 4 - 15 ADDIE 模型

1. 分析

需求分析阶段,除了学情分析(包括学习者的特点、基础、学习环境、绩效目标等)外,主要是要根据教学目标,在分析传统教学内容的基础上,梳理出重点、难点等的知识点和技能点,确定微课的核心教学目标与教学内容。在此需要注意的是,要突出"微"的特点,教学目标要集中,不能过大。

2. 设计

选定教学内容,设计学习目标,包括学习目的、知识点、学习成果形式

（知识、情感、行为）；设计传输形式，包括表现形式（人头秀、录屏、实景）、是否有主讲者形象和听众；设计活动与练习，包括教学活动的设计和练习的设计。本阶段需要制作微课的设计脚本。常见的微课设计脚本如表4－7所示。

表4－7　微课设计脚本

微课名称	
知识点描述	
知识点来源	□学科：_____　　年级：_____　　教材：_____　　章节：_____
基础知识	听本微课之前需了解的知识：
教学类型	□讲授型 □问答型 □启发型 □讨论型 □演示型 □联系型 □实验型 □表演型 □自主学习型 □合作学习型 □探究学习型 □其他
适用对象	学生：本微课是针对本学科平时成绩多少分的学生？ □40 分以下 □40 ~ 60 分 □60 ~ 80 分 □80 ~ 100 分 □100 ~ 120 分 □120 ~ 150 分 教师：□班主任 □幼儿教师 □普通任课教师 □其他 其他：□软件技术 □生活经验 □家教 □其他
设计思路	

教学过程			
	内　容	画面	时间
一、片头 （20 秒以内）		第____至____张 PPT	
二、正文讲解 （4 分 20 秒左右）	第一节内容：	第____至____张 PPT	____秒
	第二节内容：	第____至____张 PPT	____秒
	……	……	……

三、结尾 （20 秒以内）	第___至___张 PPT	20 秒以内	
教学反思 （自我评价）			

3. 开发

将微课的设计脚本转化成可运行的界面程序，创建原型，开发具有实际教学功能的课程资源。常见的微课制作方法包括 DV、DC 拍摄、数码手机拍摄、录屏软件录制、可汗学院模式、用 iPad 录制、录播教室录制、摄像工具录制、运用 Flash 等。具体方法如表 4 - 8 所示。

表 4 - 8　微课的开发

类型	工具与软件	方法
DV、DC 拍摄	DV/DC、麦克风、黑/白板、粉笔、其他教学演示工具	使用 DV/DC 对教学过程进行录制
数码手机拍摄	智能手机、白纸、笔、相关教学演示文案	使用智能手机对教学过程进行录制
录屏软件录制	电脑、麦克风、录屏软件（如 Camtasia Studio）、PPT	做好 PPT，再使用录屏软件进行屏幕讲解录制，辅以录音和字幕
可汗学院模式	电脑、麦克风、录屏软件，手写板（如汉王手写板）、画图工具（如 SmoothDraw）	通过手写板和画图工具对教学过程进行讲解演示，并使用录屏软件录制
用 iPad 录制	iPad + 录制软件	使用 iPad 里面的 Educreations 或 ShowMe 或是 Explain Everything 进行录制。
录播教室录制	录播教室、全自动录播系统	使用全自动录播系统进行录制
摄像工具录制	摄像机、黑/白板、非线性编辑软件（如 Edius、Premiere）	对教学过程同步摄像、后期进行剪辑
专用软件制作	Flash、PPT、几何画板等软件制作 + 配音	运用擅长的方法进行微课录制

基于电子书包的数字化学习研究与实践

4.实施

利用微课资源开展教学,一般来说,微课常用于翻转课堂教学模式中。详见第五章第二节"几种通用的基于电子书包的教学模式"。

5.评价

对已经完成的微课及学习者学习效果进行评价。结合微课的特点,可将微课的评价标准分为 5 个方面,即科学性、教育性、实用性、艺术性和技术性。

第五章

基于电子书包的数字化学习设计

> 单独引进技术是远远不够的，只有当新技术与做事情的新的方式方法结合起来的时候，生产力方面巨大的收益才会来临。
>
> ——托马斯·弗里德曼

电子书包在教学中的应用正深刻地影响着传统的教与学,对教育信息化的推进和教育变革起到了积极的推动作用。然而,在电子书包的应用实践中我们深刻地认识到,仅仅依靠先进的技术和环境并不能自然而然地带来理想的教学效果,在实践中最重要的一点就是需要有合理的教学设计和恰当的教学方法。教师如果不了解如何更加有效地应用电子书包,不能对电子书包环境下的教学进行合理的设计,其教学效果和变革作用将会大打折扣,但已有的教学设计研究多是基于传统学习环境或网络学习环境的,针对电子书包这样一对一的数字化学习环境的教学设计很少,已有的研究中,只有华南师范大学的焦建利教授较为系统地提出了一对一数字化学习的BA4C 模型,大多数针对电子书包的教学设计研究,多是构建基于电子书包的教学模式并进行教学实践,然后验证模式的有效性,这方面的研究如华南师范大学胡小勇教授提出的电子书包的授导互动、学案导学、主题探究教学三种典型应用模式,南京师范大学的沈书生教授提出的基于电子书包的翻转课堂教学模式,因此,为了有效指导电子书包在教学中的应用,我们借鉴已有的信息化教学设计的研究和一对一数字化教学设计的研究,基于大多数电子书本所具有的功能特性,提出了基于电子书包的数字化学习设计原则和方法。

第一节　信息化教学设计与一对一数字化学习设计

21 世纪以来,随着多媒体技术和网络技术及其应用的发展以及信息化教学的日益普及,建构主义对教学设计的影响和渗透已受到越来越多人的关注和重视,信息化教学设计也逐渐发展起来。

一、信息化教学设计的内涵

信息化教学设计是在传统教学设计的基础上发展起来的,特别强调在先进的教育理念(尤其是建构主义学与教的理论)指导下信息技术的运用,强调充分利用现代信息技术,科学安排教学过程的各个环节和要素,为学习者提供良好的信息化学习环境,实现教学过程最优化的系统方法,进而培养学生的信息素养、创新精神和实践能力。信息化教学设计虽然是在传统教学设计的基础上发展起来的,但与传统教学设计相比,信息化教学设计具有两个重要特征:一是更加注重学习者的主体作用;二是更加注重利用信息技术,为学习者创设有助于培养自主学习和协作学习能力、解决问题能力、实践能力等学习能力的学习环境,帮助学习者提高学业成就,成为具有终身学习能力的学习者。上述两个特点,渗透到教学设计的各个要素中,就形成了信息化教学设计的原则。

二、信息化教学设计的基本原则[①]

(一)注重情境创设,使学生能够在真实情境中学习和活用所学知识

由于传统教学基本上是"去情境"的,即将知识从具体情境中抽象出来,成为概括性知识,这样虽然可以反映具体情境中概念、规则、原理等的"本质",但却忽视了知识运用的情境性和具体性,使得学习结果难以自然地迁移到真实的问题和任务情境中。美国学者布朗(J. S. Brown)等人认为在非概念水平上,活动和感知比概括化具有更为重要的认识论上的优越性,因此,要使学习者更好地完成对所学知识的意义建构,即达到对该知识所反映事物的性质、规律以及该事物与其他事物之间联系的深刻理解,最好的办法是让学习者到现实世界的真实环境中去感受、体验(即通过获取直接经验来学习),而不是仅仅聆听别人(例如教师)关于这种经验的介绍和讲解。因此,在教学中要尽可能为学生创设真实的问题或任务情境,使学习尽可能在真实的情境中进行。但需要注意的是,这里所谓的真实情境,并非一定要是真实的物理情境,情境的类型可以是多样的:既可以是现实问题的,又可以是观念的、想象的;既可以是基于学校与课堂的,又可以是基于社会的、自然的、日常生活的;既可以是真实的,也可以是虚拟的。但不管是哪一种情境,必须能够使学习者经历与真实世界中类似的认知挑战。

(二)以"问题解决"和"任务驱动"作为学习和研究活动的主线

"问题解决"和"任务驱动"实际上是上一原则的进一步深化。信息化教学设计强调将学习与更多的任务或问题挂钩,使学习者投入到问题或真实性任务中,在学习者解决问题或真实任务的过程中,学习学科知识和综合运用所学知识或跨学科知识,在解决问题和真实任务的过程中,体验所学知识的意义和价值,促进学生的合作学习和高级思维能力的培养。

---

① 何克抗,吴娟.信息技术与课程整合[M].北京:高等教育出版社,2007.

（三）充分利用各种学习资源来支持学生的自主学习和协作学习

为了支持学习者主动探索、解决问题等活动,信息化教学设计特别强调在教学过程中既要提供丰富的、多样化的、适宜多表征形式的学习资源,还要为学生提供或选择适宜的帮助和促进学生对学习资源获取、分析、处理、编辑、制作等加工过程的认知工具,鼓励学习者在学习过程中充分利用各种学习资源进行自主学习,借助现代信息技术所提供的各种协作、交流工具,与其他学习伙伴协作学习。

（四）强调协作学习的重要性

信息化教学设计特别重视协作学习的设计。这里的协作学习不仅仅指学生之间的面对面的协作,还包括基于计算机和网络通讯技术支持的协作学习;不仅仅指学生之间的协作,还包括教师与学生之间的协作和学生借助信息技术与他人之间的协作。强调协作学习的设计是因为协作学习既是社会的需要,也是学习者心理发展的需要。随着知识的爆炸式增长和社会分工的日趋细化,越来越多的工作都需要通过协作来完成,因此,是否具有协作意识与能力已成为衡量现代人才的一个重要指标。从学习者个体角度来看,由于每个学习者成长经历不同,知识经验不同,学习者常常会对同一知识和问题产生不同的理解,这种理解有可能是不正确的,也有可能是不完善的、浮浅的、片面的和不充分的;而协作学习过程中的充分交流与沟通,不仅可以外化和表达自己的见解,聆听他人的想法,在与他人的交流中产生观点的砥砺和碰撞,达到对所学知识的较为全面的、完善的理解,而且还可以促使学习者学会相互接纳、赞赏、争辩、共享和互助。

（五）强调面向学习过程的质性评估

信息化教学设计反对将简单的技能与知识的测试作为唯一评价依据,强调把教师与学生在课程开发以及教学实施过程中的全部情况都纳入评价的范围,强调评价者与具体评价情境的交互作用,主张凡是具有教育价值的结果,不论是否与预定目标相符合,都应当受到评价的支持与肯定。尤其在对能力进行评价时更要关注学生在整个学习过程中能力发生的变化,收集整个过程中的行为信息,做出一个评估报告,为学生能力的成长提供一个可行的改进计划或培养方案。

（六）注重为学生提供有效的引导、支持

虽然信息化教学设计倡导在教学中要充分发挥学生的主体作用,注重

学生的主动探索和学习过程中的积极参与,但同时也强调教师在学生的学习过程中要给予指导和帮助,包括为学生提供学习资源、示范、启发和咨询,特别是在学习者对所学内容不熟悉或学习者缺乏良好的自我调控能力的情况下,更要重视教师的指导和引导作用。因为,在缺乏引导和指导的学习环境中,学习者可能会因为受挫而失去深入探究的兴趣,也可能因错误线索的引导而偏离预期的方向。

上述信息化教学设计原则更多地体现了建构主义学习理论的指导,体现了以"学"为主的设计思想,虽然它没有明确指向某种具体的信息化教学环境,但其所提出的具体的设计原则对"一对一"数字化学习环境,特别是电子书包所构建的学习环境下的教学设计具有非常重要的指导意义。作为数字化聚合的技术产物,电子书包经过近十年的发展,已不再是传统意义上纸质教材的简单数字化,而是融合了学习终端、学习工具、学习资源和学习服务四大功能,能够很好地支持上述信息教学设计理念的实现,同时世界各国大力推广电子书包或平板电脑的广泛应用,众多学校引入电子书包,也是希望充分发挥电子书包所具有的移动终端的便携性、移动性、资源的富媒体性、支持服务的多样性、个性化等特性,实现泛在性学习、个性化学习和探究性学习等多样化的学习方式。

三、一对一数字化学习的 BA4C 模型

Padagogy 轮是澳大利亚学习设计师 Allan 基于布鲁姆教育目标分类学提出的移动技术支持下的教学法模型。针对移动技术(iPad)开发的多样化学习工具和资源,该模型将这些工具与学习目标、学习活动、学习动机等整合起来,帮助教师设计移动技术支持下的参与式学习,它对电子书包环境下的教学设计有着重要的指导意义。

(一)Padagogy 轮的提出与内涵

1. Padagogy 轮提出的理论基础

Padagogy 轮提出的基本理论是布鲁姆的教育目标分类学。美国教育心理学家布鲁姆等人在其《教育目标分类学:认知领域》一书中将教育目标划分为认知目标、情感目标和动作技能目标 3 个教育目标领域,并且把认知领域的目标分为 6 个亚类,依次是知道、领会、运用、分析、综合、评价。后来,Anderson L W 和 Krathwohl D K 等人在此基础上进行了修订,将认知领域维

度的目标修改为：识记、理解、应用、分析、评价、创造。这样，目标由简单到复杂形成了教育目标的层次结构（如图 5 - 1 所示）。该目标分类学一直被教育界广泛采用，同时也是教育技术理论和实践的经典指导理论。

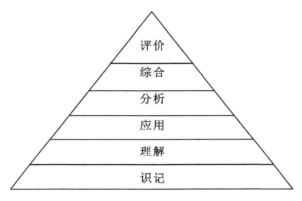

图 5 - 1　布鲁姆教育目标分类

2009 年，Andrew 在修订版布鲁姆教育目标分类框架下，对信息技术环境下的各个层次的学习活动进行了细致的分类，提供信息技术环境下相对应的一些学习工具集，并形成数字布鲁姆（Bloom's Digital Taxonomy），用于数字化学习工具的系统分类。数字布鲁姆整合了认知领域 6 个层次的教育目标与相应的数字化工具，可以用于指导一线教学实践者根据具体的教学目标，选择恰当的教学媒体，进而设置恰当的学习活动。在随后的发展中，产生了多种表现形式的数字布鲁姆，有面向 Web 2.0 网络学习工具的分类，还有面向 Win 8 系统的学习工具、面向 iPad 的教育 App 等的分类。电子书包构建的一对一数字化学习环境为学生提供了多样化的学习工具，同时也可以包含大量丰富的教育 App，这些工具为实现不同的教育目标提供了支撑，相应的数字布鲁姆模型为其提供了学习活动设计的依据。Padagogy 轮正是基于"数字布鲁姆"的思想而建立的。

2. Padagogy 轮的内容

Padagogy 轮最初是由澳大利亚阿德雷德大学的阿兰·凯灵顿（Allan Carrington）于 2012 年提出。阿兰认为移动终端上大量的教育 App 具有极大的教育价值。于是，阿兰在数字布鲁姆的基础上，开发出了一个"Padagogy Wheel"模型，一个面向 iPad App 的布鲁姆教育目标分类理论框架，以帮助教师设计并实施基于 iPad 的教学。目前，Padagogy 轮已经连续更新三版。图 5

－2 是由陈丹、祝智庭根据 Padagogy 轮构建的中国版数字布鲁姆。

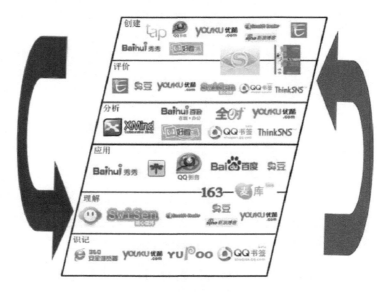

图 5－2　中国版数字布鲁姆(陈丹,祝智庭,2011)①

Pedagogy 轮的第一版主要是将零散的教育 App 系统地整合起来,形成从内向外的 4 个层次:学习目标层;活动动词层;学习活动层;iPad Apps 工具层。Pedagogy 轮的第二版增加了一个用于描述学习者的能力目标的核心层,核心层所描述的主要是学习者应该具备的能力,包括良好的沟通、充满活力和激情、时间管理技巧,等等。此外,Padagogy 轮的最外层添加了 SAMR 模型,这是一个用于评估技术在教学中整合程度的简明标准,程度从低到高,依次是"替代、增强、修改、重塑"4 个层次,这为评估学习活动提供了一个标准。Padagogy 轮第三版在居于核心位置的学习者能力层之外,又添加了学习动机层,在动机层添加了关于学习动机的 3 个比较重要的因素:自主权(Autonomy)——学习者有自主学习的意愿;掌握力(Mastery)——学习者能够把握自己的学习;目的性(Purpose)——学习者有明确的学习目标。图 5－3 是中文译图。②

① 陈丹,祝智庭."数字布鲁姆"中国版的建构[J].中国电化教育,2011,(1):71－77.
② 焦建利,周晓清.基于 Pad 的一对一数字化学习 BA4C 模型[J].电化教育研究,2015,(1):9－17.

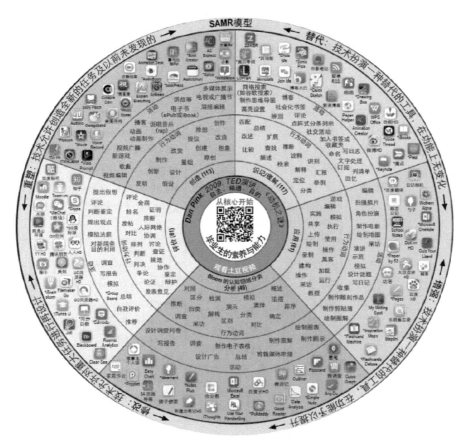

图 5 - 3　Padagogy 轮（翻译：焦建利等）

　　Padagogy 轮为电子书包环境下的创新教学提供了新思路，它创造性地将 iPad 上的工具集与布鲁姆教育目标分类整合起来，并提供了大量的学习活动，以一种比较形象、直观的方式展示了教师应该如何进行面向 iPad 的一对一数字化教学。表 5 - 1 是对 Padagogy 轮第三版的详细解读。

第五章　基于电子书包的数字化学习设计

表 5 - 1　Padagogy 轮第三版详细内容(焦建利等,2015)

目标层次	描述动词	学习活动	教育 Apps	SAMR 层次
知道理解	释义、总结、提取、解释、识别、分类、描述、比较、推断、寻找、标注、匹配、举例、解释、报告、详述	罗列要点、命名、高亮显示、思维导图、添加书签、添加星标、注释、发表博客、文字处理、加入社交网络、添加社会性书签、订阅、搜索或者 Google 下、列清单等	iAnnotate；iThoughts；Twitter；DocsToGo；MentalCase；Facebook；Google Search；Bump；Blog Docs；Maptimi；CourseNotes；Quizcast；FeeddlerRSS	替代层次
运用	编辑、玩游戏、实现、模拟、使用、分享、执行、上载、教授、运行、黑客、加载、运行、画出、执行、记录、访谈、建造	编辑、角色扮演、制作小电影、演示、展示、访谈、绘图、模拟、收集、拍照、记日记、制作剪贴簿、画图表、制造困惑、雕塑	Explain Everything；Perfectly Clr；Keynote；Sonic Pics；Articulate；Evernote；AudioBoo；Ustream；Adobe Connect；Google Docs；Quick Voice；Animation Creation	替代;增强
分析	对比、区分、推断、比较、解构、调查、辨别、概述、决定、排序、检查、强调、演绎、分类、模仿、面谈	报告、谈话、调查、制作表格、制作图表、创作广告、创作多媒体、创建问卷、总结	iCardSort；　　SurveyPro；MiniMash；　　MindMash；Inspiration Maps；Benton；Popplet；Numbers；Pages；DropVox；FilemakerGo；Comic Life	增强;修改

续表

目标层次	描述动词	学习活动	教育 Apps	SAMR 层次
评价	建立网络连接、辩护、总结、排名、判断、比较、争论、公布、会议、核实、讨论、支持、决定、优先、评估、合作、鉴定、减轻、选择、批评、表达观点	批判思考、作出判断、表达观点、模拟法庭、提出假设、发布新闻列表、作调查、做报告、作总结、提出建议、自我评价	WikiNodes；ShareBoard；Prompster Pro；Skype；Evernote Peek；Notability；StudentPad；Tapose；WEB toPDF；Google +；Edmodo；AIM	修改；重塑
创造	想象、假设、设计、发明、生产、改变、建议、作曲、猜想、创作、创造、找到特殊方法	唱歌、讲故事、制作电视广播节目、制作 ePub 或 iBooks 等电子书、创作卡通、创作 Rap、制作动画、创造新游戏、混音、视频编辑、播客、多媒体展示、录制视频	Interview Assistant；Creative Book Builder；Nearpod；Fotobabble；Garageband；Toontastic；Voicethread；Prezi；Easy Release；ordpress；iMoive；Aurasma；Screen Chomp；iTime Lapse Pro	重塑

3. Padagogy 轮的教学应用

成功运用 Padagogy 轮的关键在于利用 App 设计出学生参与度高的学习活动。Padagogy 轮提供的五步教学法可以帮助教师设计出学生参与度高的学习活动①，见表 5 - 2。

表 5 - 2　利用 Padagogy 轮进行基于 Pad 的一对一数字化教学设计的五步法

步骤	典型句式
1. 明确学生的能力目标	我期望我的学生具备哪些能力素质 为了达到这一切，我应该怎样设计我的课程及活动

① Using The Padagogy Wheel：It's All About Grey - Matter Grids(GGs)[EB/OL]. http://www. unity. net. au/allansportfolio/edublog/? p =917.

续表

步骤	典型句式
2. 有效激发学生的动机	我所创建的学习环境及学习活动如何才能真正激发学生,使其获得对自己学习的自主权、掌握力、目的性
3. 清晰描述学习结果及学习活动	当你完成本节课/讲座/研讨会的学习后,通过〈选择相应的活动名称〉活动,你应该能够〈选择相应的动词〉 注明:这里的"你"指代学习者
4. 选择对应的 App 工具予以支持	什么样的 App 适合该学习活动,这个 App 有什么样的优势和缺陷,有没有更好的 App 可以支持当前的学习活动
5. 利用 SAMR 模型对学习活动进行评价	你准备在教学中如何使用你所选择的 App 这个学习活动是否仅仅是替代层次,学习者不使用这个工具也能轻易完成任务 我是否可以重新设计活动使之达到增强或者修改的层次,以增强学生的参与度 我是否可以创建这样的学习活动,没有这个工具的支持,学生就没办法完成其中的任务

　　然而,Padagogy 轮是一个通用的模型,需要与具体的学科相结合,并进一步细化学习者的核心能力,形成具有学科特色的学习活动,逐渐积累起相应的 App,最终形成个性化的 Padagogy 轮。

(二)以 Padagogy 轮为理论框架的教学设计

　　借鉴 Padagogy 轮的思路,华南师范大学的焦建利教授对基于电子书包的课堂教学中的学习活动进行设计。作为课堂基本构成单元的学习活动,其设计共包括三大系统。[①]

　　1. 控制系统

　　(1)明确核心能力。基于 Pad 的一对一数字化学习,倡导以学生的能力培养为出发点,培养学习者的 21 世纪能力,如批评性思考能力、沟通表达能力、解决问题的能力、信息素养等,以及与学科相关的能力,如小学科学要培养学生的观察能力、探究能力等。

---

　　① 焦建利,周晓清.基于 Pad 的一对一数字化学习 BA4C 模型[J].电化教育研究,2015,(1):9－17.

（2）激发学习动机。在一对一数字化环境下，学习者的自由度大大增加，教师需要有效的动机激发策略来保障学生自主学习的顺利进行。

2. 执行系统

（3）分析学习需求及学习者。这是一切教学设计的起点，在 Padagogy 轮理论框架中却是缺乏的。

（4）分析学习目标及学习内容。根据布鲁姆教育目标的 6 个层次，对学习目标和学习内容进行分析。

（5）准备学习环境。基于 Pad 的一对一数字化学习环境，既包括 Wifi 无线网络、App 等工具，也包括课件、电子书、文档等资源，以及教师所提供的学习支持服务等，是基础设施、工具、资源及服务的整合。

（6）描述学习活动。这一层次的大量的动词描述了学生应该进行的学习活动及具体的操作行为，具体来说就包括角色（谁做什么）、工具（利用什么）、操作（怎么做）、操作要求（规则）和成果（最终的成果形式），教师依靠这个步骤来向学生清晰地描述学习活动。

3. 反馈系统

（7）评价活动效果。学习活动结束后，对效果进行评价，并反馈给设计部分作进一步修正。

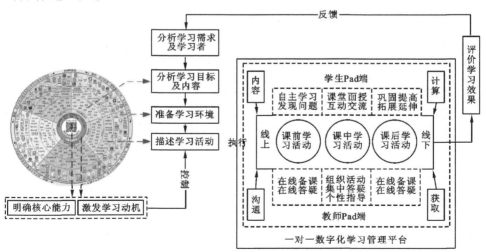

图 5-4　以 Padagogy 轮为理论框架的学习活动设计

第二节 基于电子书包的数字化教学设计原则

早期提出的信息化教学设计原则是在互联网技术、大数据技术、移动学习技术都尚未发展的背景下提出的,虽然电子书包环境下的教学,本质上也属于信息化教学,其教学设计也应遵循信息化教学设计的原则和一般框架。然而,电子书包环境下的教学与一般的信息化教学又表现出诸多的不同,其教学设计也应体现其相应的特点。我们认为,基于电子书包的数字化教学设计,应充分考虑现代社会对人才培养的新的要求和信息技术快速发展为教与学所带来的诸多可能性。基于已有的信息化教学设计的研究和国内学者以 Padagogy 轮为理论框架提出的学习活动设计方法,结合我们多年基于电子书本的中小学教学的研究与实践,提出如下基于电子书包的数字化教学设计应遵循的原则。

一、面向学生核心素养的培养

近些年面对知识经济迅猛发展,科技进步日新月异的新时代,各国教育都开始思考教育应该培养什么样的人,应该培养学生哪些关键性的核心素养,才能让学生将来更好地健康发展、幸福生活,才能使他们成功地融入未来社会,适应未来社会发展的要求,并因此开启了关于核心素养的研究。我们发现,尽管世界各国提出的核心素养框架有一定的差异,关注点有所不同,但有些核心素养,包括沟通与合作、信息素养、批判性思维、创造性与问题解决、自我认识与自我调控、学会学习与终身学习、公民责任与社会参与等,是绝大多数国家都关注的。2016 年 9 月,我国教育部也颁布了中国学生发展核心素养框架(该框架在第一章已呈现)。

核心素养与前期基础教育课程改革所倡导的三维目标有何联系与区别呢?我们认为,核心素养来自传统的三维目标又高于三维目标。从形成机制来讲,核心素养来自三维目标,是三维目标的进一步提炼与整合,是通过系统的学科学习之后而获得的;从表现形态来讲,学科核心素养又高于三维目标,是个体在知识经济和信息化时代,面对复杂的、不确定的情境时,综合应用学科的知识、观念与方法解决现实问题所表现出来的关键能力与必备品格。因此,面向核心素养培养的教学不会停留在学生对所学知识的记忆、理解能力的培养,而是将更加关注学生面对复杂的、不确定的情境时,综合应用学科的知识、观念与方法解决现实问题所表现出来的更高层次的能力培养,如学生的批判性思维能力、创新思维能力、问题解决能力、自主学习与探究的能力、终身学习的能力、沟通与合作的能力、良好的信息素养、国际理解力及社会责任、国家认同等素养。面向学生的核心素养培养既是今后我国基础教育课程改革的目标,也是出发点,因此它也是新时期基于电子书包的数字化学习设计必须遵循的一个基本原则,也是首要原则。

二、为学生提供学用的真实情景

根据学习科学的研究,知识和技能只有镶嵌在具体的情境中才更容易理解,知识只有在联系中才显示出意义,因此学习不应局限于个人内在的脑海中,必须将学习置于一个更真实、更具体的问题情景中,让学生利用真实情景中获取的数据、资源进行分析思考,而不是直接接受基于这些数据得出的结论。因此,在设计教学时,应尽可能将学习定位在真实世界中,让学生的学习与真实生活、工作中的真实问题与经验联系起来,让学与用联系起来,使所学的知识不再是孤立的、碎片化的、零散的,而是相互关联的,这种关联不仅是知识之间的内在联系,还包括所学知识与可能的实际应用情景的联系,让学生在真实的问题情景和应用情景中,学习学科知识和综合运用所学知识,在问题解决中进一步深入理解所学知识并建立知识间的丰富联系。

因此,基于电子书包的数字化学习与教学,应充分利用电子书包所具有的移动性、便携性、资源的丰富性、工具的多样性等优势,为学生尽可能创设真实的问题情景和知识的应用情景,让学生活学活用所学知识,深刻感受所学知识与其他知识的联系和意义,感受所学知识的价值。

三、为学生提供丰富的学习资源和学习工具支持

基于电子书包的数字化学习设计强调以学为中心,改变传统的教师讲、学生被动听的教与学方式,强调学生在一定的社会情景或真实的问题情景下基于丰富的资源支持,自主学习或借助现代信息技术所提供的各种协作、交流工具,与其他学习伙伴协作学习,实现对所学知识的自主建构和社会性建构。因此,基于电子书包的数字化学习在设计时,应充分发挥电子书包的富媒体、承载海量信息及学习工具多样化的优势,为学生提供教材、课堂以

外的丰富的拓展学习资源,便于学生形成对所学知识的自主理解以及多维度和多角度的理解,形成对所学知识的更全面、更深入的理解。同时为学生尽可能多地提供认知工具,诸如:(1)促进知识建构理解的可视化工具,如概念图及其他相关可视化工具;(2)促进学生进行探究性学习的工具,如几何画板、google 地图、虚拟实验、仿真实验、教育游戏等学习资源;(3)促进学生对所学知识进行自我评价、自我反馈的评价工具和评价系统;(4)充分利用社会性媒体搭建学生与他人协作交流的平台等,有效支持学生的自主学习与协作学习,并进而促进学生的深度学习。

四、为学生设计多样化的学习活动并促进协作知识建构

如前所述,基于电子书包的数字化学习强调以学为中心,特别注重为学生提供丰富的学习资源和工具以支持学生的自主建构和协作学习。但我们认为,仅仅有丰富的学习资源和工具的支持是不够的。丰富的学习资源和工具只是为学生的学习创设了良好的学习环境和学习条件,要实现学生对知识的深度加工或深度学习,还需要在丰富的资源和工具支持下,基于问题和任务驱动,为学生设计多样化的学习活动,如:不仅仅让学生阅读教师提供的拓展资源,还让学生通过绘制思维导图、讲故事、访谈、制作海报、微电影、角色扮演、制作模型、辩论、演讲、制作多媒体、完成设计方案等,让学生在公共场合分享他们的观点和作品,在讨论中建构知识,修改自己的观点,加深理解。21 世纪技能(2003)中的合作技能表明仅仅教会学生核心的课程是不够的,还需要学生学习如何恰当的使用技术和通讯工具去评估、管理、整合和评价信息,建构新的知识,并与他人交流,协作进行知识建构,促进学生对所学知识的更深层次的加工及运用。在前面述及的第三版 Padago-gy 轮也为我们提供了非常详尽的基于不同学习目标的学习活动设计及可以用于支持不同学习活动和学生协作知识建构的学习资源和工具,对基于电子书包的数字化学习活动的设计具有很好的借鉴价值。

五、支持面向学习过程的多元评价

面向学习过程的评价和评价方法、工具的多元化是当前世界教育评价改革的一个主要趋势,2001 年我国启动的新一轮基础教育课程改革就提出要改变过去评价过于注重甄别功能,忽视学生发展以及重视总结性评价,忽

视过程性评价的问题,提出在新一轮的基础教育课程改革中,要注重发展性评价以及评价对学生发展的作用。发展性评价是以学生的发展状况为评价内容,以促进学生的发展为评价目的,强调被评价者对评价过程的主动参与和自我反思能力的培养,并要求将整个学习过程纳入评价范围,以便对学生形成客观、全面的评价。

近些年来,随着电子书包、平板电脑、手机等移动终端在中小学的广泛应用以及人工智能技术、大数据技术及互联网技术的发展催生的学习分析技术的兴起,为面向学生学习过程和发展的评价提供了有力支持。在过去几年的电子书包教学应用实践中我们发现,电子书包目前所具有的测评系统能够很好地支持知识点的客观测评和及时反馈,使学生和教师在课堂上就能及时了解对所学知识点的掌握情况,并根据学生的学习情况,教师及时调整自己的教学策略,采取补救措施。在这方面,目前基于电子书包的教学平台都能很好地实现这一功能,深受广大一线教师欢迎,从而有效地提高了教学效率。但基于电子书包所构建的数字化学习环境仅仅针对学生知识和技能的测评是远远不够的,新的课程改革及面向学生的未来发展的核心素养的培养,需要通过对学生学习过程及学生多样化的学习作品的多元评价,才能更全面了解学生的发展状况,才能更好地促进学生的核心素养的提升。因此,基于电子书包的教学评价除了要发挥已有的针对客观题测评的功能外,还要充分利用电子书包所具有的移动性、便携性及对学生学习的个性化支持和服务,重视开发支持学生作品多维评价的功能模块或系统,整合应用快速发展的人工智能技术、大数据技术,全面收集学生的学习过程信息,实现全数据采集、知识增值可视化、个性化评价等理念。

六、注重为学生提供学习支架的支持

所谓学习支持,是指"由教师或父母(辅导者)对学习者所提供的即时支持,这种支持能促进学习者有意义地参与问题解决并获得技能"。换言之,支架可以在策略选择、问题思考、行为判断、效率提高以及如何使用工具等方面,给予学习者以适当的帮助。支架的机制应包括以下 6 个要素:(1)激发学生的兴趣——应当关注支架对于激发和维持学习动机方面的重要作用,因为学习动机是运用和提升高阶技能的核心与关键。(2)控制挫折感——当学生遇到困难、挫折时,支架应及时给予鼓励与支持,要让学生从

不利中看到有利的因素,从挫折中看到光明前景。(3)提供反馈——要告知学生在学习过程中的行为表现是否适当、是否充分、需要做哪些改进与调整。(4)指明需要考虑的重要任务/问题因素——告诉学生在探究过程中应当注意什么,特别是应当如何抓住问题的关键。(5)模仿专家解决问题的过程——向学生展示一位(或多位)专家是如何解决类似问题的真实过程。(6)提出问题——对学生进行启发引导,督促学生做好作业,阐明观点,帮助他们完成学习任务。①

　　基于电子书包的数字化学习特别强调发挥学生在学习过程中的主体地位,强调学生基于电子书包所构建的新型数字化学习环境中自主学习、主动探索并开展协作学习。但是,基于电子书包的数字化学习环境虽然为学生提供了丰富的学习资源、多样化的工具、友好的互动与智能的测评系统及开放的学习环境,也对学生的学习提出了更高的要求,需要学生具有较强的自主学习能力、自我调控能力并掌握数字化学习环境下的学习策略和方法,但这对中小学生来说,是一个极大的挑战,特别是在学习者对所学内容不熟悉或学习者缺乏良好的自我调控能力的情况下,如果缺乏教师所提供的学习支持,即教师的引导和支持,学生可能会因学习过程中产生诸多困难而缺乏及时的支持和帮助而感到学习受挫,或因为缺乏正确的引导而偏离学习的方向。因此,在基于电子书包的数字化学习中,教师要特别重视为学生提供学习支架的支持,减少学生学习的挫败感和无助感,使他们能够在教师的引导和帮助下,充分利用电子书包所提供的诸多优势,进行有效的探索和深入的学习。

第三节　基于电子书包的数字化教学设计方法

　　如前所述,国内已有学者提出了基于 PAD 的一对一数字化学习的 BA4C 模型,比较系统阐述了基于 PAD 的一对一数字化学习的设计方法,但已有的 BA4C 模型的学习活动设计方法仍然有些笼统、抽象,在具体的教学设计中难以操作,根据我们多年来在基础教育领域从事信息技术与课程融

---

　　① 何克抗.教学支架的含义、类型、设计及其在教学中的应用——美国《教育传播与技术研究手册(第四版)》让我们深受启发的亮点之一[J].中国电化教育,2017,(4):1-9.

合的研究与实践经验,一线中小学教师仍然需要可操作的、具体的教学设计方法的指导,仅仅有一些原则性的指导是难以让教师们将新的理念、理论有效地落实,并广泛实践和常态化开展。为此,我们结合已有的信息化教学设计研究和国内外相关学者的研究,提出了以下基于电子书包的数字化教学设计方法和步骤。

一、学习目标分析

学习目标是对学习者通过教学后应该表现出来的可见行为的具体的、明确的表述,它是预先确定的、通过教学可以达到的、并用现有技术手段能够测量的学习结果。学习目标分析是为了确定学生要达到预期的学习结果应学习的内容或主题,包括学生通过学习将具备哪些知识和能力、会完成哪些创造性产品以及潜在的学习结果、增强哪些方面的情感态度与价值观。在实际分析中,对学习目标的分析常常是与学习内容的分析结合进行的。在学习目标分析中,目标分类体系是学习目标分析的重要基础。虽然国内外学者提出了多种目标分类的方法,如加涅的学习结果分类、霍恩斯坦(A. Dean Hauen stein)的教育目标分类理论,但布鲁姆的目标分类体系因其可操作性强、便于评价等优势在国内外的影响力都比较大,并被广泛采用。我们前面提及的 Padagogy 轮就是将布鲁姆的目标分类与数字化学习工具、学习活动有机结合形成的一个基于 IPAD 的移动学习教学法模型。因此,布鲁姆的目标分类体系仍是我们进行基于电子书包的数字化学习设计在进行学习目标分析时的重要参考。

2001 年我国启动的新一轮课程改革,提出了学习目标编写的三维目标,分别是:知识与技能、过程与方法和情感态度、价值观。三维目标相对于过去重视的"双基"教学,更加重视学生学习过程与方法的学习,目的在于使学生学会学习,掌握自主学习和终身学习的能力并形成积极的学习体验和价值观。同时,新课程强调三维目标的有机统一,只有实现三维目标整合的教学才能促进学生的和谐发展,缺乏任一维度目标的教学都会使学生的发展受损。

而近些年来提出的核心素养的人才培养目标既来自三维目标又高于三维目标。从形成机制来讲,核心素养来自三维目标,是三维目标的进一步提炼与整合,是通过系统的学科学习之后而获得的。从表现形态来讲,核心素养又高于三维目标,是个体在知识经济和信息化时代,面对复杂的、不确定的情境时,综合应用学科知识、观念与方法解决现实问题所表现出来的关键能力与必备品格。核心素养是人才培养的总目标,而这一总目标需要通过具体的学科来实现,为此,2017 年 12 月 29 日教育部颁布了《普通高中课程方案和语文等学科课程标准(2017 年版)》,将国家提出的核心素养的目标分解落实到具体学科中。

二、学习者特征分析

教学设计的最终目的是为了有效促进学习者的学习,因此,设计出与学习者特征相适应的教学显得非常重要。一般认为,为了能设计出对学习者最合适的教学,应尽可能了解学习者各方面的特征。但在实践中,不可能收集学习者所有的特征,因为这个过程可能很费时,也很费力;另一方面,也并不是所有收集到的信息都是有用的或者说具有设计意义。因此,在进行学习者特征分析时,重在了解那些对当前教学系统设计产生直接的、重要影响的因素,这些因素包括:学习者的认知能力(水平)、初始知识和能力、对所学内容的学习动机和态度等,此外,在基于电子书包的一对一数字化学习环境下,还应重视学生的自主学习能力、协作学习能力及信息素养的水平的分析。这些特征对提高一对一数字化学习环境下的教学系统的适用性和针对性具有重要的影响。

(一)学习者认知能力分析

对学习者认知能力的分析主要是了解学习者在不同的认知发展阶段所表现出的感知、记忆、思维、想象等方面的特征。瑞士著名发展心理学家皮亚杰的认知发展阶段理论能够为我们分析学习者的认知能力或认知发展水平提供一个清晰的框架。皮亚杰将儿童认知发展划分为 4 个阶段:感知运动阶段、前运算阶段、具体运算阶段、形式运算阶段。在不同的发展阶段,儿童的认知具有不同的质的特点,但在同一发展阶段内,各种认知能力的发展水平是平衡的,即在不同的方面,儿童所表现出的能力是和谐的、水平相当的;任何个体都将按照固定的次序经历相同的发展阶段。

(二)学习者特定的知识和能力基础

在一对一数字化学习环境中,除了需要了解学习者即将开始学习新知识时已有的知识基础和学科能力状况,还需要了解学习者的自主学习能力水平和协作学习能力水平。因为在一对一的数字化学习中,自主学习和协作学习是学生两种主要的学习方式,是充分体现以学为中心的学习活动。因此,在一对一的数字化学习中,特别是在基于问题或任务驱动的项目式学习中或跨学科的主题探究式中,学生的自主学习、自主探究或小组协作学习、小组协作探究活动是教师经常会组织的学习活动。无论是过去十多年所进行的新课程改革,还是正在实施的面向学生发展核心素养的课程改革,都非常重视学生的自主学习活动和协作学习活动的设计。对于学科知识和能力的掌握情况,可以采用测试题及相应的学科能力测量办法来了解,对于自主学习能力和协作学习能力的测量,可以借助专业量表结合教师的观察进行分析和了解。

(三)学习者的学习态度、动机

了解学习者对所学内容的认识水平和态度,包括他们对教学传递系统的态度或喜好,对选择教学内容、确定教学方法等都有重要的影响。判断学习者态度最常用的方法是态度问卷量表。此外,观察、访谈等方法也可用于态度分析。

学习动机是指直接推动学生进行学习的一种内部动力,是激励和指引学生进行学习的一种需要。学习与学习动机相辅相成,学习动机的分类有很多,比较有代表性的学习动机分类是奥苏伯尔提出的分类:认知内驱力、自我提高内驱力和附属内驱力。

(四)学习者的信息素养水平

需要特别说明的是,在基于电子书包的一对一的数字化学习设计中,除了分析学习者在常规环境中的特征外,还应重视信息技术环境下对学习的技能要求,尤其是学习者为实现成功的学习需要具备的信息素养,如是否使用过 IPAD 或平板电脑,是否能熟练应用平板电脑上的工具软件,包括学科工具软件;是否掌握网络搜索技能和策略,等等。

此外,基于电子书包的学习常常是在线进行的,学生在线学习所产生的海量学习信息以数据的形式保存着学习者的隐性行为特征。这些学习行为常常是无意识的、零散的,行为之间的潜在关联结构和内在规律不明显,但与外显学习行为相比,更能体现学习过程中微妙而复杂的逻辑关系,更能折射学生最真实的思维与学习情况,这是教师或其他评价机制不易捕获到的。如果能采用适当的数据搜集方式,把保存在学习平台数据库中用于记录学生学习行为的有关数据(包括反映学习者的态度、动作和语言的数据)挖掘出来,就可以成为了解学习者的学习动态和用于跟踪学习、评价学习以及改进学习的最佳数据来源。近些年来,随着移动终端、云计算、物联网和数据挖掘等新兴软硬件技术的引入,教育中的信息生态已发生显著变化。学习环境正从数字化学习环境向具备记录学习过程、识别学习情景、联接学习社群和感知物理环境等四大特征的智慧学习环境变革(黄荣怀等,2012)。在此过程中,人们越来越重视教育数据(特别是教育大数据)在分析教与学活动中的巨大潜力。学习分析以及整合学习分析技术的个性化学习平台的开发,已成为教育技术领域关注的热点,并在教育界引起了很大反响。

三、学习任务与学习活动设计

在基于电子书包的一对一数字化学习中,应特别重视学习任务与学习活动的设计,让学习者的学习更多的与真实世界或生活中的任务或问题挂钩,使学习者投入到真实问题或真实性任务中,在学习者解决问题或真实任务的过程中,让学习者学习与运用所学知识和跨学科知识,使所学知识与真实情景相联系,鼓励学习者自主探究,激发和支持学习者的高水平思维是缩小学校和社会的差距,培养学习者的自主和协作学习能力以及将所学知识和技能广泛迁移的有效途径。

学习任务可以是一个问题、一个案例分析、一个项目研究或是一个观点分歧,好的任务应该是既有效又真实的。所谓有效,是指通过该任务的完成,学生能够学到或用到需要掌握的知识与技能,并能够促进高级思维能力的发展。所谓真实,是指该任务提供了现实世界中真实的绩效挑战。实际教学中的任务设计,可以遵循如下策略:再现真实世界中的各种挑战,任务设计应明确要求,设计的任务要使学习者有完成的可能性;任务设计要注重渗透方法和培养学生能力,明确任务完成后的结果的类型和表现形式等。

在实际教学中,学习任务的设计和实施可以从两个方面着手:一是以现实课堂教学为主,在保证完成课堂教学目标和任务的基础上,优选一些与课程内容紧密结合的问题,提出项目任务,进行精心设计,课前由教师组织相关信息资源,在课堂上以小组形式让学生进行拓展、深入学习;另一种形式是依据课标要求,以真实的问题或任务为驱动,重组教材中的知识点或知识单元,使教材中的知识的学习与实际生活或真实世界问题相联系,并整合学生活动课、综合实践课、选修课等课时,让学生开展基于项目的学习,以项目作品来展示或检验学生所学知识或技能。

通常情况下,一个完整的任务应包含启动阶段(提出任务,激发活动的动机,分析完成任务所需学习的知识、技能、工具、方法等),准备阶段(回忆先决技能、学习需要的方法、明确评价指标、准备学习材料等),完成特定任务所需要的各种子活动及相关操作阶段以及活动的总结、评价等4个阶段。而完成特定任务所需要的子活动和操作阶段(包括进度安排和时间等)的设计是关键。

由于整个任务的目标有赖于各个子活动的完成情况,因此除了确定子活动及其操作流程外,还需要分析各个子活动的目标,以保证子活动的层层递进及学习目标的最终达成。活动的操作方式与学科的特点密切相关,如语文学科的生字运用就有组词、造句、编生字故事等多种方式;英语学科的语法教学就有听教师讲解、做语法练习题、文章写作与修改等方式;数学学科的概念巩固则可以是转述概念、做练习题或解决生活中的实际问题等方式……由此可见,不同的活动方式对学生能力的发展并不相同,而且在不同活动的操作方式中师生的角色也各不相同。因此,除了要确定每个子活动的操作流程、实施方式等之外,还需要确定师生之间、生生之间的任务分工,说明在活动开展过程中教师、学生各自分担的工作,如在拓展阅读中,学生利用网络资源自主阅读,教师在巡堂的过程中应给学生提供硬件和课件使用的指导以及对个别学生的特别辅导等。如果是小组合作学习,还需要说明小组中每一个成员的任务分工及在哪些方面应开展合作。除此之外,还要对每一个活动的教学要素进行分析,以明确教师、学生、教学内容、教学媒体在活动进程中的作用及其相互关系。

四、学习支持设计

基于电子书包的数字化学习支持设计主要包括两个方面:一是学习环境设计;二是学习支架设计。

学习环境设计主要是指规定教与学的活动开展所必需的、可选的软硬件环境。通常情况下,基于电子书包的一对一数字化学习的物理环境设计,如:教室的设计应该能够支持学生的自主学习、探究性学习及学生的小组协作学习;应该有比较稳定、流畅的无线网络环境及各种服务系统,如网络操作系统、数据服务系统、WEB应用服务系统、数据存储服务系统、支持多种终端学习的教学平台。支持学生自主学习、探究学习的资源包括：与学科教材配套的、丰富的富媒体的、拓展的数字化学习资源，如电子教材、教育游戏、虚拟实验、教学动画等，支持学生对所学知识进行认知加工的各类认知工具，以支持学习者对所学知识的加工，扩充和增强学习者的思维，提高学习绩效等。这类认知工具主要包括：(1)问题/任务表征工具。可用于帮助学习者更好地分析问题、明确任务，以一定的方式表征出来，如各类表格、流程图工具等。(2)静态/动态知识建模工具。可用于帮助学习者对知识进行建模，如思维导图。(3)绩效支持工具。支持学习者提高学习绩效的工具，如用记录工具记录学习者学习的心得体会，支持学习者的短时记忆，记录学习者的思路、要点。(4)信息搜集工具。可有效地帮助学习者进行网上信息搜索及网内信息导航。(5)协同工作工具。可便于学习者之间或学习者与教师、专家之间的交流，以利于协同工作的开展。(6)管理与评价工具。可便于进行学习过程中的知识或任务的组织和管理，便于各种评价方式的实行。

学习支架设计，也称教学支架设计，是指在学习者解决问题或完成任务的过程中，教师设计好有助于促进或帮助学习者有意义地参与问题解决并获得技能的各类支持。学习支架设计的理论基础源于维果茨基的"最近发展区"。所谓"最近发展区"，是指这样的一组学习任务——目前学生还不能独立完成这样的学习任务，但在获得某种支持和帮助的情况下就可以完成。由于在基于电子书包的一对一数字化学习中，特别强调为学习者设计具有挑战性的、复杂的、真实的问题或任务，而对于学生来说，这些问题或任务往往具有一定的难度，因此，单纯依靠学生个人是难以解决的，这就特别需要学习支架的设计，特别是在跨学科整合的项目式学习中，学习支架的设计尤为重要。为学生提供学习支架可以让学生明确需要考虑的重要任务或问题因素，抓住问题的关键，减少学生在解决复杂问题或完成任务时的挫败感，并激发和维持学生解决问题和完成任务的动力。

为学生提供学习支架可以采取多种形式：(1)向学生提供认知模型，教师演示当前任务的具体操作并用有声言语说出其要领以作指导，或向学生展示一位(或多位)专家是如何解决类似问题的真实过程；(2)向为学生提示或给予解决问题的线索；(3)向学生指明解决问题或完成任务过程中需要考虑的重要任务/问题因素，告诉学生在探究过程中应当注意的方面，特别是应当如何抓住问题的关键;(4)告知学生在学习过程中的行为表现是否适当、是否充分、需要做哪些改进与调整;(5)帮助学生在解决问题停滞时找到出路;(6)通过提问帮助他们去诊断错误的原因并且发展修正的策略;(7)激发学生努力达到任务所要求目标的兴趣并指引学生的活动朝向预定目标。

五、学习评价设计

由于基于电子书包的一对一数字化学习更加重视体现学生在学习过程中的主体地位,关注学生的个性化学习的设计,强调基于问题和真实任务的学习过程设计,更加关注学生的核心素养的发展,特别是高层次思维能力的培养,如问题解决能力,批判性思维能力,创造性思维能力及学生自主、协作等能力的培养。此外,目前中小学使用的电子书包大多配有自主开发的测评系统或教学平台,这也为基于电子书包的学习评价设计提供了更便捷、高效的测评工具。因此,基于电子书包的一对一数字化学习的评价注重以下几个方面。

1. 不仅关注学生学科基本知识和技能的掌握情况,更应关注学生的高层次思维能力的达成。

2. 充分利用电子书包的测评系统开展测验和练习等,及时搜集学生对所学知识的掌握情况及学习过程信息,及时发现教学问题并改进。

3. 充分利用电子书包的测评系统并结合其他测评手段进行学情分析,及时而准确地发现每一个学生学习中的问题,并充分利用电子书包的丰富资源及多样化的学习工具给予学生个性化的支持。

4. 引导学生利用各种评价工具开展自评与互评,做好过程性和终结性评价。

5. 综合运用量规、表现展示型评定、量表等多种评价工具对学生的多样化的学习活动和学习作品进行评价。

由于基于电子书包的一对一数字化学习环境更加开放、自主、灵活,"自主、协作、探究"等学习方式成为新环境下常采用的学习方式,教师和学生的角色和地位也相应发生了显著的变化,由此产生的学生的问题行为及课堂管理问题也比较多,这些问题常常使很多教师,包括一些教学经验非常丰富、对传统课堂管理驾轻就熟的老教师,也感到束手无策,并进而影响到电子书包在教学中的常态化应用和顺利推进,使传统环境下的班级与课堂管理面临着新的挑战。关于这方面的设计,我们将在另一个专题中专门进行研究。

第六章

基于电子书包的授导互动教学模式

　　大力推进信息技术在教学过程中的普遍应用，促进信息技术与学科课程的整合，逐步实现教学内容的呈现方式、学习者的学习方式、教师的教学方式和师生互动方式的变革，充分发挥信息技术的优势，为学习者的学习和发展提供丰富多彩的教育环境和有力的学习工具。

　　　　　　　　　　　　　　　　——《基础教育课程改革纲要》

　　课堂教学是学校教育的主阵地。教育信息化必须面向课堂教学这个主阵地，要打攻坚战，才会有显著成效。

　　　　　　　　　　　　　　　　　　　　　　——何克抗

经过多年的探索和广泛试点,电子书包在中小学各学科教学中已得到大范围的应用,电子书包已逐渐成为学校教学中一种重要的工具和技术,很多学者以及一线教师对电子书包在教学中的应用模式也进行了研究和试验。我们于2012年起依托相关项目在陕西省西安市多所学校开展了电子书包教学应用模式的实践与研究,经过几年的探索,形成了丰富的成果。从本章开始,我们将介绍我们依托教育部的相关课题所进行的电子书包的教学模式的探索。

第一节　电子书包教学应用模式的研究现状

教学模式是在一定的教育思想、教学理论和学习理论指导下,为完成特定的教学目标和内容而围绕某一主题形成的比较稳定且简明的教学进程结构及其具体可操作的教学活动方式。它是教学理论与教学实践的桥梁,是对教学理论的应用,对教学实践起直接指导作用,也是成功的教学实践的系统化、简约化概括,能使优秀的教学经验提升到理论的高度,并以相对稳定的形式体现出来,减少了教学的随意性,有利于持续地保证教学质量①。每一种教学模式都是由多个要素有机组合构成的整体,在具体分析与设计时一般需要考虑以下几个要素:理论依据、教学目标、教学程序、实现条件、教学评价②,各个要素间的关系(如图6-1所示)。

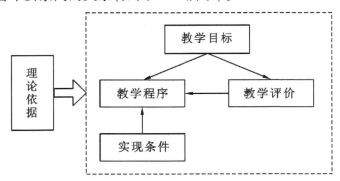

图6-1　教学模式的构成要素及其关系

---

① 梁靖云.构建教学模式:教师应当具备的基本功[J].教育理论与实践,2012,(23):44-47.
② 曲艺.教学模式的构成要素分析[J].教育探索,2005,(5):39-40.

近些年来,在电子书包应用的研究与实践中,有关教学模式的研究一直是热点话题,为了更清楚地了解和分析当前电子书包教学应用模式的现状,本节将详细梳理近年来基于电子书包的教学应用模式的研究现状,为后续研究提供参考。

一、电子书包教学应用的基本情况

采用文献研究和内容分析法,通过中国知网(CNKI)检索平台收集2011年1月至2017年10月期间有关电子书包教学应用的文献,剔除无关文献后共检索得到286篇。电子书包学科教学应用的研究情况具体如下所示。

(一)电子书包教学应用的年度变化情况

电子书包教学应用研究文献数量(如图6-2所示)。由图中可以看出,近年来我国电子书包教学应用研究基本呈现出递增的趋势,说明我国学者对这一主题给予了持续的关注。

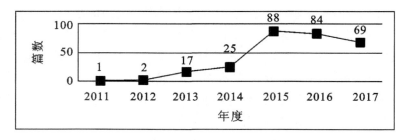

图6-2 电子书包教学应用研究文献的年度分布情况

(二)电子书包教学应用的学科分布情况

电子书包在各学科中应用研究的分布情况(如图6-3所示)。其中,语文(57篇)、数学(100篇)和英语(97篇)这三个学科的电子书包教学应用研究文献是主体,占总体数量的89%,其他学科则明显较少。这也说明语文、数学、英语依然是当前基础教育最为关注的学科,其信息化教学应用与改革颇为人们重视。

(三)电子书包教学应用的学段分布情况

由于在所得文献中有23篇文献探讨的电子书包教学应用并未区分学段,因此我们在分析电子书包教学应用的学段分布情况时仅针对另外263篇研究文献,其具体情况(如图6-4所示)。

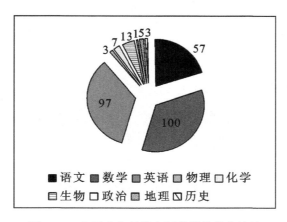

图6-3　电子书包教学应用的学科分布情况

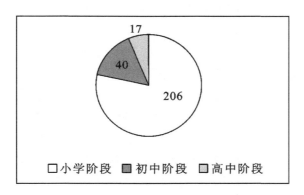

图6-4　电子书包在各学段应用的分布情况

　　由图6-4可见,在电子书包教学应用的学段分布中,小学阶段文献数量最多,共206篇,占78%;其次是初中阶段文献数量,共40篇,占15%;高中阶段的文献数量最少,共17篇,占7%。这与当前我国基础教育各学段的体制和环境是相关的,由于初中和高中阶段教学目标和教学模式相对较为固化,各学校以及学生的升学压力较大,他们对电子书包等新兴技术的应用非常谨慎,因此其研究也就相对较少。

　　综上所述,从2011年第1篇出现的电子书包应用于化学教学的研究文献开始,截至2017年10月,电子书包教学应用于各学科("语文""数学""英语""物理""化学""生物""政治""历史""地理")的研究文献数量呈逐年递增趋势;电子书包教学应用研究的学科分布并不均衡,主要集中在语文、数学和英语学科;电子书包教学应用的学段分布情况以小学为主,初中次之,高中最少。

二、电子书包教学应用的典型模式

根据郁晓华和祝智庭等人的观点,电子书包在教学中的应用可以分为三类情境:数字课堂、协同探究和个人学习,第一种主要是面向课堂教学环境的电子书包应用模式,这种应用主要支持以教师为中心、教师导向主控的教学活动,第二种应用情境关注对小组合作探究型学习和网众社会生成性学习的支持,强调环境的开放和连通,第三种应用情境则关注对学习者动态性的需求满足和个性化的学习体验的支持,强调环境的自控和开放①。在上述三类应用情境下,已有的研究文献和教学案例中出现了众多的电子书包教学应用模式,概括起来,主要有以下几种典型模式:主题探究/问题解决式、学案导学式、混合式等。

(一)基于电子书包的探究式教学模式

"探究"是基础教育教学中出现频率极高的词汇,最早由美国芝加哥大学施瓦布教授提出,它是指在学习者主动参与的前提下,根据自己的猜想和假设,提出问题,并运用科学的方法对问题进行研究,从而获得创新实践能力,获得思维发展,自主构建知识体系的一种学习方式。随着基础教育教学改革的推进,各个学科的课程标准均提出实现探究式学习的要求。

所谓探究教学模式,就是在探究教学理论的指导下,在探究教学实践经验的基础上,为发展学习者的探究能力,培养其科学态度及精神和按模式分析等方法建构起来的一种教学活动结构和策略体系②。5E教学模式是探究式教学的经典教学模式,其基本程序是:吸引(Engage)—探索(Explore)—解释(Explain)—加工(Elaborate)—评价(Evaluate)③。电子书包的应用为探

① 郁晓华,祝智庭.电子书包作为云端个人学习环境的设计研究[J].电化教育研究,2012,(7):69-75.

② 高潇怡.科学教育中的探究教学模式发展述评[J].外国教育研究,2007,(3):76-80.

③ BYBEE R W, TAYLOR J A, & GARDNER A, et al. The BSCS 5E Instructional Model: Origins and Effectiveness[EB/OL]. https://bscs.org/bscs-5e-instructional-model.

究式学习提供了有力的探究工具和资源,可以很好地支持探究式教学的开展。不少研究者对基于电子书包的探究式教学模式进行了探索与实践。较为典型的有以下几种。

辽宁师范大学胡卫星等①根据实际教学情况设计并实施了基于电子书包的主题式教学模式,该模式包含 5 个环节:①创设情境,讨论主题;②分组协作,确定主题;③交流讨论,共享经验;④学习总结和反思,成果呈现;⑤教学评价和测试。

东北师范大学王玉玺等②通过分析传统探究式教学存在的问题,设计出基于电子书包的探究型教学模式,该模式的主要流程分为 5 个步骤:①前端分析,包括教材分析、学情分析、教学目标设定;②创设情境,导入课题,设定探究问题;③电子书包支撑学习者探究,电子书包为学习者提供了丰富资源和探究工具,网络技术支持学习者获得有针对性的探究资源,模拟仿真技术为学习者呈现了事物内部结构和发展变化过程,从而为学习者解答问题提供了重要理论和实践依据;④强化练习,成果展示评价;⑤再现新知,纠误,布置作业,拓展学习。该模式的流程图可参考相关文献。

沈阳师范大学强敏娴结合实际案例也构建了基于电子书包的探究型教学模式③,该模式的特点是:"三个环节、六步骤"。"三个环节"是指导入问题、探究巩固、提升。"六步骤"是指:创设情境,引入问题;引导探究,明确规则;出示任务,完成探究;检测;巩固;提升。

本研究团队针对初中地理探究式教学模式应用中存在的问题,结合地理课程标准、学习者特征、电子书包功能构建了基于电子书包的初中地理探究式教学模式④,具体实施过程如下:①创设探究情境,包括依据学习者的兴趣爱好创设情境,依据学习者的生活经验创设情境,在学习者的疑惑之处创设情境,在学习者的矛盾之处创设情境,在学习者的未知之处创设情境;②

① 胡卫星,张婷. 电子书包的系统构建与教学应用研究[J]. 现代教育技术,2011,(12):120-123.

② 王玉玺,张妲,钟绍春,钟永江.基于电子书包的探究式教学模式设计——以小学科学教学为例[J].中国电化教育,2014,(02):95-100.

③ 强敏娴.基于电子书包教学模式的构建研究[D].沈阳:沈阳师范大学,2015.

④ 张俊彪.基于电子书包的初中地理探究式教学模式构建与成效分析[D].西安:陕西师范大学,2015.

引入有价值的、有一定难度的、开放性的探究主题;③教师指导探究过程,在电子书包支持的探究式教学活动中,指导探究过程是一个非常重要的环节,它有助于规范学习者操作电子书包、减少学习者的迷航;④学习者进行自主与合作探究,包括基于教学资源的探究、基于网络的探究以及基于 IRS 的探究,教师在这个过程中向学习者提供必要的指导和帮助;⑤师生交流,学习者的探究结果需要通过师生之间、生生之间的交互来实现共享和完善,在学习者汇报与师生交流环节,教师要针对探究主题的不同提出有针对性的问题;⑥总结,教师对探究结果进行归纳总结,对学习者在探究过程中的表现进行评价。

对上述模式进行深入分析可以发现,基于电子书包的主题探究式教学模式本质上与 5E 教学模式是一致的,主要包含几个过程:首先通过电子书包资源与技术的支持,创设出主题探究的情境,引出需要学习者探究的问题;其次,在教师的指导下学习者使用电子书包进行有针对性的探究活动;再次,学习者将探究学习的成果以及探究的过程与同伴、教师进行交流分享;最后,对学习者的探究学习进行评价。

(二)基于电子书包的学案导学模式

"学案导学"是一种主体性的教学活动,是以学案为载体,以导学为手段,以培养学习者发现问题、提出问题、分析问题和解决问题的能力为目标,以全面提高课堂教学效率为目的的教学模式。作为这种教学模式的重要载体,学案一般包括学习目标、学习重点、学法指导、练习题、推荐作业等 5 个部分。[1] 学案导学教学模式要求教师事先将学习内容或学习任务设计成"学案",从而让学习者在学案的引导下完成自主学习过程,其核心理念是将教学过程由原来的"教师教"转向"学生学",最大程度地把学习主动权还给学习者。电子书包所具有的丰富的学习资源、多种互动形式、支持个性化学习等优势,为学案导学教学模式提供了良好的支持。不少研究者对基于电子书包的学案导学教学模式进行了探索与实践。

---

① 周洪星.学案导学:转变学习方式的有效途径[J].当代教育科学,2011,(20):41 – 42 +57.

根据江佩等①、高玲玲等②、高伟洪③、石娟④等人的研究,基于电子书包的学案导学模式是将学案与电子书包有机结合在一起,其具体的实施过程可分为以下 3 个环节。①课前:教师根据学情,设计出满足不同学习者自主学习需求的学案,并利用电子书包平台发布给学习者,同时利用电子书包提供丰富多样的学习资源;学习者则依据学案进行自主学习,通过电子书包平台与班级同学、教师交流讨论,并根据学案中的学习安排进行自学检测,电子书包自测反馈系统会即时将自测结果反馈给教师和学习者本人。②课中:教师根据课前自学反馈对学习者自主学习过程中的重难点问题进行精讲点拨。针对共性问题,采取重点讲解的方式解决;针对个性问题,则指导学习者自主解决或通过小组讨论解决。同时,教师还可根据课程内容设定探究主题,组织学习者以小组为单位对教学内容进行深入探究,并对探究过程进行指导。学习者在教师的指导下依托电子书包主题论坛完成探究任务,展示探究成果。教师围绕探究成果,对各小组的探究过程进行回顾与点评,并引导组间交流与互评。最后,教师指导学习者当堂完成课程作业,并根据学习者对课程内容的掌握情况引导学习者对本节课的课程内容进行回顾与总结。相应地,学习者在教师的引导下回顾课程内容并进行学习反思。③课后:教师将课堂教学相关课件、重难点讲解材料以及问题分析与习题解析材料打包共享至电子书包资源库,供学习者课后复习使用。相应地,学习者根据学习情况,利用教师共享的课程资源查漏补缺、复习巩固。

(三)基于电子书包的混合式教学模式

混合式学习是信息化时代学习方式的新常态,最早的定义见于何克抗教授的论述,它是指将传统学习与数字化学习(E - learning)相结合,将二者

---

① 江佩,雷体南. 基于电子书包的"学案导学"教学模式研究[J].中国教育信息化,2016,(02):20 - 23.

② 高玲玲,刘力. 基于电子书包的导学课堂教学模式的应用研究[J].软件导刊(教育技术),2016,(3):18 - 20.

③ 高伟洪. 基于"电子书包"的学案导学型教学方式研究[J]. 教育信息技术,2013,(Z1):14 - 16.

④ 石娟. 基于电子书包的一对一数字化学习在高中生物课堂教学中的探索与实践[D]. 苏州:苏州大学,2016.

优势互补,实现学生主体—教师主导思想,从而获得最佳学习效果①。当然,混合式学习的内涵在不断丰富,现在的混合式学习形式更加多样,包括基于网络的不同技术模式的混合,不同教学方法的混合,任何的教学技术与面对面指导的混合等②。从本质来看,混合式学习带有强烈的绩效色彩,它是在"适当的"时间,通过应用"适当的"学习技术与"适当的"学习风格相契合,对"适当的"学习者传递"适当的"能力,从而取得最优化的学习效果的学习方式③。

电子书包作为一种个人的数字化学习装备(或环境),可以应用于课前、课中、课后的各个学习环节,可以将传统的课堂教学与网络学习结合起来,也可以将课堂学习与课堂学习无缝地连结起来,构建良好的混合式学习环境。因此,构建基于电子书包的混合式教学模式是发挥电子书包优势的必然要求。对此,苏丹、黄明燕等人分别对基于电子书包的混合式教学模式进行了探索。苏丹④将基于电子书包的混合式教学模式分为课前预习模式、课堂混合模式、课后巩固模式等三个部分,每个部分都充分发挥电子书包的优势,传统的课堂教学与网络学习相结合,网络学习环境的中各种媒体和工具相结合,多种教学方法和学习技术相结合。黄明燕则提出基于电子书包的"3B +3C"模式(如图6 – 5所示)⑤。该模式中的3B指的是黑板(Black – board)、白板(White – board)以及电子书包(E – schoolbag),即是对传统课堂中的黑板屏幕、多媒体课室中用于演示的白板屏幕以及移动课堂中学习者自主操作的电子书包的混合使用;3C指的是课前(Before Class)、课中(In Class)、课后(After Class)。该模式的具体实施中,教学策略是核心,教学媒体为辅助,教师可根据课程内容,选择不同的教学策略,根据教学需求,设计

① 何克抗.从 Blended Learning 看教育技术理论的新发展(上)[J].电化教育研究,2004,(3):1 – 6.

② DRISCOLL M. Blended Learning:Let's Get Beyond the Hype[EB/OL]. http://www – 07. ibm. com/services/pdf/blended_learning. pdf.

③ SINGH H. & REED C. A White Paper:Achieving Success with Blended Learning[EB/OL]. http://www. leerbeleving. nl/wbts/1/blend – ce. pdf.

④ 苏丹.虹口区电子书包教学模式及其应用研究:从信息技术与课程整合的视角研究教学模式变革[D].上海:上海师范大学,2012.

⑤ 黄明燕.混合学习环境下电子书包应用模式初探[J].现代教育技术,2013,(1):28 – 31.

每一环节的教学活动及其相应的媒体应用。

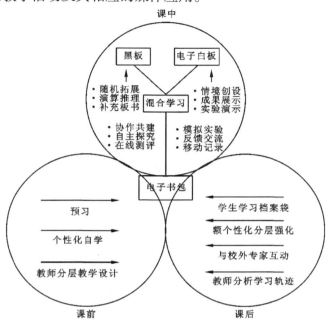

图 6-5 混合学习环境中电子书包 3B+3C 应用模式(黄明燕,2013)

在混合式教学模式中,近年来出现的翻转课堂是一种重要的形式。翻转课堂主要是在技术的支持下,将传统的课堂知识传授、课后复习巩固的教学过程颠倒过来,将知识的学习和掌握翻转到课外进行,而课堂内则完成知识的内化过程。翻转课堂是对传统教学模式的一种结构性改变,它有助于激发学习者的学习兴趣、个性化学习和教师的个性化指导、深层次学习目标的达成。电子书包虽然并非专门为翻转课堂教学设计,但它们二者之间却有着天然的结合点:电子书包教学系统和翻转课堂都强调个性化;电子书包教学系统能够为翻转课堂提供全方位的技术支撑;电子书包教学系统能够解决翻转课堂教学模式中的"断层"问题;电子书包教学系统能够有效提高翻转课堂的教学效率。[①] 因此,不少研究者对基于电子书包的翻转课堂教学模式进行了研究与实践,典型的有:

---

① 马相春,钟绍春,徐妲,等.基于电子书包教学系统的翻转课堂教学模式实践研究[J].电化教育研究,2017,(6):111-115.

沈书生等提出一种以课内、课外作为时间分段的翻转课堂教学模式①。课外,教师设计、制作教学视频片段,以提供学习者在课内/外学习使用;学习者可以通过网络向教师、伙伴、社区人员等寻求帮助。课内的学习,教师可以开展个别化辅导,或开展评估、反馈工作;学习者按照自己的进度,跟随教学视频进行学习。该教学模式以学习者为中心,电子书包作为提供核心技术支持的手段,帮助学习者观看教学视频,并建立学习者与工具、资源的联系,以获得更多的学习支持。

刘凯结合电子书包的功能,在原有翻转课堂教学模型的基础上,构建了基于电子书包的翻转课堂模型,该模型包括课程开发、学习先行、课堂内化、研讨总结4个模块,具体包括学习者特征分析、教学目标分析、课程开发、学习先行、课堂内化、研讨总结6个部分②。

马相春等人建构的基于电子书包的翻转课堂教学过程分两部分完成:第一部分为课前自学探究;第二部分为课上合作探究③。课前自学探究部分分为三个环节:布置任务、感受新知,获得新知,应用新知;课上合作探究部分分为四个任务:自学总结、过关检测、挑战巅峰、课后探究。

三、电子书包教学应用模式研究的总结

可以看出,电子书包在教学中的应用非常广泛,研究者们提出的模式也比比皆是,这在一定程度上促进了电子书包的推广应用,提升了课堂教学质量。总结起来,目前我国关于电子书包教学应用模式的研究主要呈现出以下几个特点。

1. 电子书包教学应用模式主要来源于实践的沉积和建构,大量成果是在开展电子书包应用实践探索中形成的。总结起来,研究者建构电子书包教学应用模式主要有两个重要的途径:一是借鉴教学理论中经典的教学模式或是基础教育课程改革中出现的一些成功的教学模式,然后将电子书包所构建的学习环境与这些模式相结合,充分发挥电子书包的技术优势,形成

---

① 沈书生,刘强,谢同祥. 一种基于电子书包的翻转课堂教学模式[J]. 中国电化教育,2013,(12):107–111.

② 刘凯. 基于电子书包的翻转课堂教学案例设计[D]. 兰州:西北师范大学,2014.

③ 马相春,钟绍春,徐妲,等. 基于电子书包教学系统的翻转课堂教学模式实践研究[J]. 电化教育研究,2017,(6):111–115.

电子书包教学应用模式,如探究式教学模式、翻转课堂教学模式等。这类研究主要以高校研究者作为研究主体,采取自上而下的演绎法建构而成。二是从实际教学问题出发,以解决实际教学问题为旨向,基于教学行动研究总结而成。电子书包的引入为课堂教学改革提供了助推器,为解决传统教学中诸如互动反馈、课外师生互动交流等问题提供了很好的支持。研究者在基于已有的教学经验,以解决现实教学问题为目标,设计出相应的教学模式,后在实践中检验、修改,如基于电子书包的互动反馈教学模式。这类研究往往以中小学教师作为研究主体,采取自下而上的归纳法总结而成。

2. 电子书包教学应用模式种类繁多、形式多样,表面上看起来异常繁荣,但仔细分析,很多模式在本质上大同小异,呈现出"借鉴多、创造少"的现象。一方面,所构建的教学模式大多是对传统经典教学模式的局部改造或机械模仿,而缺乏真正的创新;另一方面,研究者在构建基于电子书包的教学模式过程中对教学模式这一本体概念缺乏深入的理解,将教学模式等同于教学流程和操作步骤,忽视了对模式系统要素的分析,如教学模式背后的理论依据、适用条件、评价原则等。

3. 大多数电子书包教学应用模式热衷于讨论电子书包的技术优势及其对教学的支持,而对实际教学和学科内容缺乏关注,从而导致模式的目标不明确,实用性不强,难以在现实中真正落地,这一问题集中表现为:大多数教学模式建构的起点是对电子书包的技术特点、技术优势的分析而非实际教学需求或教学目标的分析。

教学模式具有一定的抽象性,它应立足于教学实际,综合考虑教学的各个要素,融合学习者的多种学习方式,将教学理论和教学实践连结起来。

在本书中,我们从教学目标、教学内容的整合性以及课型出发,提炼出两种典型的电子书包应用模式,即授导互动教学模式和项目式学习模式,并对此进行阐述和分析,以便为一线教学提供直接的、具体的指导和案例。

第二节　基于电子书包的授导互动教学模式构建

基于电子书包的授导互动教学模式,来源于信息技术与课程整合中的"传递—接受"式教学模式,是当前我国基础教育常见的教学形式,虽然这种模式存在以知识讲授为主、学生学习被动、难以体现学生的主体性和适应学生个体差异等问题,但这种模式也有其优点,即能够让学生在较短的时间内系统掌握所学知识,有助于对学生的情感熏陶和价值观的培养,因此,在基于电子书包的研究实践中,我们充分发挥电子书包所构建的一对一数字化学习环境的优势,对已有模式进行改造和提升,提出了基于电子书包的授导互动教学模式。

传统的"传递—接受"式教学是指在教学过程中教师主要通过口授、板书、演示,学习者则主要通过耳听、眼看、手记来完成知识与技能传授,从而达到教学目标要求的一种教学模式,其典型特征是强调充分发挥教师在教学过程中的主导作用,而对学习者在学习过程中的主体地位虽然关注,但有不足①。为解决传统"传递—接受"式教学中学习者主体地位不足、个体差异难以适应和互动缺乏的问题,授导互动模式注重发挥电子书包在支持教学互动、测评反馈、丰富资源的提供方面的优势,重视教学互动设计,关注学生的个性化学习,即充分发挥教师的主导作用,也注重学生基于电子书包的支持开展自主、协作和个性化学习方面的学习活动设计。根据前述教学模式构成的基本要素分析,以下我们对基于电子书包的授导互动教学模式进行具体的设计与分析。

一、理论依据

教学模式是教学理论与教学实践的桥梁。因此,每一种教学模式都是在一定的理论依据下建构的,它是不同教学理论、教学思想在特定条件下的教学表现形式。基于电子书包的授导互动教学模式的主要理论依据为掌握学习理论、有意义接受学习理论以及互动教学理论。

(一)掌握学习理论

掌握学习理论由美国著名教育心理学家布卢姆等人提出,其目的是把教学过程与学习者的个别需要以及学习特征结合起来,让大多数学习者都能掌握所教内容并达到预期的教学目标。它的原型可以追溯到卡罗尔的"学校学习模式",其核心观点可以归结为两点:第一,任何一个学习者只要有充分的学习时间,就能完成任何学习课题,并非只有能力强的人才有完成

① 何克抗,吴娟.信息技术与课程整合的教学模式研究之二——"传递—接受"教学模式[J].现代教育技术,2008,(8):8-13.

高级学习课题的潜力;第二,在现实中出现的学习达成度的差异,是由于该生所需的学习时间量与实际耗费的学习时间量的差异导致的。

掌握学习理论的实施过程大致可以分为两个阶段。第一阶段是掌握学习的准备阶段。在实施掌握学习教学前,教师要深入、全面地分析教学目标和内容,确定"掌握学习"教学计划。第二阶段是掌握学习的实施阶段,包含以下过程:(1)为学习者定向、为掌握而学。首先,在教学开始前,教师就应当使学习者尽可能多地了解掌握性学习课程的特色之处;其次,教师与学习者都应该对成绩准则有一定的了解。(2)为掌握而教。首先,教师对学习者进行诊断性测试,了解学习者认知准备状态和情感准备状态的情况,根据每个学习者的不同情况,提供相应的指导和帮助;其次,教师按事先设计的教学单元进行教学,在每一个单元结束后进行相应的形成性测试。根据测试情况为一些没有掌握的学习者提供相应的矫正策略(学习者小组或导师辅导),接下来再对这些学习者给以另一个平行性测验,直到学习者对所教内容掌握以后,再进行下一单元的教学。(3)为掌握而评价。实施掌握学习教学过程中,所进行的不同测验方式,都是为了促使学习者对知识的掌握而进行的有效的评价。教学前的诊断性测试是为了了解学习者的先前准备状态,以便使学习者更有效地学习新课程;教学中的形成性测试是为了使教师及时根据学习者学习情况做出适当的调整,对学习者遇到的问题做及时的反馈和矫正;教学之后的终结性评价,主要是为达到标准的学习者评定相应的等级。[①]

(二)互动教学理论

互动教学是使用互动的一种教学形式,即在教学中,采用互动并依赖于对话,创造有利于学习者发展的环境的教学形式。[②] 它将教学过程看作是一个动态发展着的教与学统一的交互影响和交互活动过程。在这个过程中,通过优化"教学互动"的方式,即通过调节师生关系及其相互作用,形成和谐的师生互动、生生互动、学习个体与教学中介的互动,强化人与环境的交互影响,以产生教学共振,达到提高教学效果的一种教学结构模式。[③]

① 王会娟.布卢姆掌握学习理论研究[D].哈尔滨:哈尔滨师范大学,2011.

② 郑金洲.互动教学[M].福州:福建教育出版社,2005.

③ 互动教学[DB/OL].百度百科.https://baike.baidu.com/item/%E4%BA%92%E5%8A%A8%E6%95%99%E5%AD%A6/1743891?fr=aladdin.

互动教学理论的核心思想是"教"和"学"的相互促进、最佳结合,构建师生共同参与课堂活动的新模式①。这里要求的"互动"主要包含两层含义:一方面是教师要主导整个课堂教学,另一方面就是要发挥学习者的主体作用,教师引导学习者积极地参与到课堂教学活动中,并在教学过程中让学习者真正成为学习活动的主体。

(三)建构主义学习理论

建构主义学习理论认为,学习是在一定的情境即社会文化背景下,借助他人的帮助即通过人际间的协作活动而实现的意义建构过程,学习者不是被动的信息吸收者,相反他要主动地建构信息的意义,这种建构不可能由其他人代替。建构主义充分强调学习的主动性,强调学习者以原有知识经验为基础所进行的意义建构。

建构主义提倡在教师指导下的、以学习者为中心的学习,也就是既强调学习者的认知主体作用,又不忽视教师的指导作用,教师是意义建构的帮助者、促进者,而不只是传授者和灌输者,学习者是信息加工的主体,是意义的主动建构者,而不是外部刺激的被动接受者。

从建构主义学习理论引申出来的教学原则强调教学不单单是把知识经验装到学习者的头脑中,而是要通过激发和挑战其原有知识经验,提供有效的引导、支持和环境,帮助学习者在原有知识经验的基础上建构起新的知识经验。因此,基于建构主义学习理论的教学应突出以下几个特点:设计真实的、复杂的任务或问题,提供方法的引导和支持,创设开放的、内容丰富的、挑战性的学习环境,创建互动、合作的学习共同体,强调整体性教学。

二、教学目标

教学目标是教学模式中的各个教学活动所要实施的方向以及预期达成的结果,是一切教学活动的出发点以及落脚点,它在教学模式的结构中处于核心地位。当然它与具体每一节课教学设计中的教学目标是有区别的,它更强调一种宏观的导向。据此,本模式的目标主要体现在以下几个方面。

(一)知识获得与意义建构

该模式的主要特点是充分发挥教师的主导作用,其主要目标就是更有

---

① 李凌.互动教学理论在 ESP 教学中的应用研究[D].武汉:华中师范大学,2008.

效地帮助学习者实现学科知识的获取和意义建构,提高系统知识学习的效率。通过教师在传授知识、指导学习者学习过程中设计合适的学习策略(包括动机策略、先行组织者策略、学习策略、反馈策略等),帮助学习者建立起新旧知识之间的联系,促进学习者对所学内容的理解和应用。

(二)多元能力的提升

除了知识学习和意义建构外,另外一个重要目标就是发展学习者的学科能力、高级思维以及信息素养。在该模式下,学习者在教师的引导和组织下,完成各种学习活动(包括自主学习和协作学习),有效地训练学科能力。同时,通过教师的启发、指导和帮助,发展学习者的综合能力,如批判性思维能力、合作学习能力、问题解决能力等。此外,让学习者在电子书包及网络环境下完成学习过程,进一步提高学习者的信息素养。

(三)增强教学互动,提高学习者的参与度

该模式除了体现教师主导的特征外,还特别强调教学互动,因此,其教学目标的一个重要方面就是增强教学互动。通过师生、生生之间的多元互动,构建深度互动、民主和谐的学习环境,从而让学习者积极参与到课堂学习的整个过程,满足他们在认知、情感等各个方面的需求。而在这个过程中,电子书包作为一种新型的信息化教学工具(或环境),可以使师生通过电子书包来展开多种形式的互动,加强学习中的情感交流,促进学习者对知识的意义建构,让学习者最大限度地发挥自我潜能。

三、教学程序

教学程序是指教学模式用于指导实践的操作序列,是教学理论指导实践的直接体现。任何教学模式都有一套具体的、操作化的教学程序或步骤。基于电子书包的授导互动教学模式的操作程序突出授导及互动两条主线,包含情景导入、新知讲授、深化理解、总结反思等 4 个主要步骤,其教学流程(如图 6-6 所示)。需要说明的是,这一流程仅为该模式的简化操作步骤,并未具体标明教师和学生在教学过程中的具体活动,在具体的教学应用中,我们应根据学科内容及现实情况进行调整与细化。

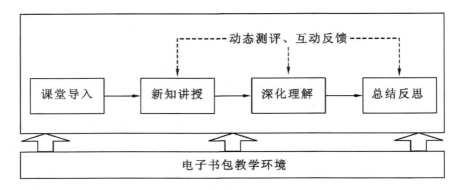

图 6-6 基于电子书包的授导互动教学模式

（一）课堂导入

课堂导入是教学模式中极为重要的一环,对学习者知识学习的效果具有极为重要的作用。在课堂导入之前,教师首先需要对教学目标、教学内容和学习者特征进行前端分析,在此基础上,运用一定的媒体或策略吸引学习者的注意,让学习者明确所要学习的目标和主要问题,同时激发学习者的学习动机和兴趣,为学习者接受新知、意义建构打下好的基础。常见的课堂导入策略有复习导入、情境导入、试题导入、游戏导入等。在基于电子书包的教学环境中,教师应充分发挥电子书包的多媒体特性,通过提供多种教学资源,为学习者创设适宜的、丰富的学习情境,增强学习体验,从而有效地激发学习者的动机和兴趣。

（二）新知讲授

新知讲授是教师讲解新知识、学生接受新知识的过程。在实际的教学中,新知讲授可以通过多种方法进行,如启发式教学策略、先行组织者教学策略、探究式教学策略等,教师应在对学习内容的性质以及学习者的认知特征等方面进行分析的基础上选择适宜的方法或策略。同时,在新知讲授中,该模式还强调借助电子书包在内容呈现、资源整合、知识管理等方面的优势,辅助教师进行新知的传授。

（三）深化理解

深化理解过程主要是让学习者巩固和加深对所学新知识的理解,促进学习者的知识应用和迁移。在这一环节,教师可以通过练习巩固、讨论交流、应用迁移等方法促进学习者对知识的深化理解,如利用电子书包的随堂评测功能开展巩固练习,教师可以真实地、实时地了解到学习者对知识的掌握情况,然后针对知识学习的薄弱环节进行进一步的讲解,也可以通过电子书包的互动交流平台,组织学习者开展讨论与交流,对存在的问题和疑惑进行深入探讨;还可以通过电子书包为学习者提供拓展性学习资源,扩展、加深学习过程,实现学习者对知识的全面掌握。

(四)总结反思

在授导互动教学模式的最后环节,教师需要及时对课堂进行总结,学习者也需要对学习过程进行反思。该阶段的主要活动有:教师对学习者的学习表现和学习成果进行总结和评价,并给予学习者实时、有效的反馈,而学习者则对自己的学习过程及结果进行反思,发现学习中的问题和不足,从而为进一步延伸学习提供基础。

同时,除了上述4个环节外,还需注意的是,在授导互动教学模式中,应特别注意互动和反馈,应充分发挥电子书包在即时反馈、多元互动、智能评测方面的优势,将动态测评和互动反馈贯穿于新知讲授、深化理解、总结反思等环节,增强授导型教学的互动性。

四、实现条件

教学模式的实现条件是指能使教学模式发挥效力并且达到一定功能目标所需要的辅助性支持[1]。它是为保障教学模式能够有效实施,促使教学模式发挥效能的各种条件(包括教师、学习者、教学内容与教学环境等要素)的最佳组合或最好方案[2]。基于电子书包的授导互动教学模式在实施中,除一般的教学条件外,还特别需要硬件、资源、工具、平台的技术支持,其具体实现条件如表6-1所示。

表6-1　基于电子书包的授导互动教学模式的实现条件

教学要素	实现条件
教师能力	具备信息技术环境下的教学理论、学习理论基础 具备信息化教学设计能力 熟练掌握课堂教学所需的信息技术手段,尤其是电子书包和电子黑板

---

① 李朝辉.教学论[M].北京:清华大学出版社,2010.
② 曲艺.教学模式的构成要素分析[J].教育探索,2005,(5):39-40.

教学要素	实现条件
学习者能力	具备较好的自主、协作能力 能够熟练掌握电子书包的操作
教学内容	有充足的数字化资源
教学环境	电子书包、电子黑板配备智慧教室环境 教学管理系统 流畅的无线网络环境

五、评价方法

教学评价是指以教学目标为依据,通过制定科学的标准,运用一切有效的技术手段,对教学活动的过程及其结果进行测定、衡量,并给以价值判断。恰当的教学评价是一个教学模式能够正常实施的保证,也是任何教学过程中不可或缺的环节。对教师而言,教师可以及时了解到学习者的学习情况,并有效调整自身的教学进度,改进教学方法;对学习者而言,科学的评价是促进学习者进步的保障。结合电子书包的技术优势,基于电子书包的授导互动教学模式的评价过程本着发展性评价与过程性评价相结合的原则,除了传统教学评价方法外,还可采取以下几种评价方法。

(一)课堂终端监控实时评价

教师可以通过电子黑板端对部分或全部学习者进行终端监控,从电子黑板端显示所有或部分学习者电子书包端屏幕内容,并且可以随时终止对任何一个终端的屏幕监控,也可以对选中学习者端的屏幕进行全屏放大或局部放大。这样,教师可以实时地了解到班级所有学习者对屏幕的操作,及时对操作有误的学习者进行提醒指导,并且对部分操作不当的学习者进行锁屏功能,真正实现教师对班级中的每一个学习者的关注。

(二)基于随堂测试的形成性评价

教师在课堂上通过随堂测试将题目发送给学习者,学习者收到发送的题目进行答题,也可以通过草稿纸书写答题过程或者拍照上传作答信息,教师端可以显示题目作答时间、已提交人数、未提交人数名单,从而一目了然地看到学习者的做题速度,再加以答题结果柱状图和作答正确率显示学习者的答题状况,教师根据学习者的答题情况对学习者学习结果进行分析,通过具体的数据反馈及时调整课堂教学。通常在课前对学习者预习情况进行评测分析，在课中及时了解学习者对所教内容或者拓展知识的掌握情况，在课后对所学知识进行巩固加深。

（三）教师多样化奖励

学习者作答信息统计完毕之后，教师可以给作答正确的学习者派送奖励，每个学习者端均可收到奖励图片，这样就可以调动课堂教学的积极氛围，若教师辅助以其他奖励的话语，并及时地对作答正确的学习者进行评价，则可极大地促进其学习积极性。

（四）课堂测评分析系统

课堂上作答的题目，系统会自动进行云端记录、存储，教师、学习者可以按照时间等信息检索出测试正确率及错题本信息。测评分析主要包含两部分：教师端和学习者端。教师端可以看到针对每道题目全班所有学习者的整体正确率，而学习者端显示学习者个人在不同题目作答时的正确率曲线图，同时可按照上课时间查看"我的错题本"，针对课堂答错的题目，可以重新答题，并把最新的答题信息记录在系统中。

教师利用这些数据进行课后总结，并通过家庭联络簿把学习者的在校表现派送给家长，使学校和家长双方能够全面、准确地掌握学习者的学习情况。学习者使用这些数据也可以进行自我评价和反思，起到学习者成长记录袋的作用，以便于对学习者进行发展性评价。

第三节　基于电子书包的授导互动教学模式应用实践

本节主要阐述基于电子书包的授导互动教学模式在具体学科教学中的应用与实践。需要说明的是，教学模式本身包含 5 个要素，上一节已对各要素进行了详细的阐述，而授导互动教学模式在各学科应用中的理论依据、目标、实现评价、评价方法等大同小异，因此本节中论述的教学模式重点说明授导互动教学模式在各学科中应用的具体流程。受篇幅和研究所限，我们无法涉及中小学的所有学科，在此选取语文、数学、英语 3 个学科的应用进行较为详细的介绍。

一、基于电子书包的语文阅读教学实践①

语文是基础工具性质的学科,主要目的是为了培养学习者识字、阅读、写作的能力,其中阅读素养是所有学生教育及在今后的工作、生活中想要成功所需的一项核心技能。因为阅读是学生获取外界信息的重要方式,是学生认识和了解外部世界的重要途径。因此,阅读一直是全世界先进国家教育的基本轴心。国际经济合作与发展组织(OECD)指出:国民阅读水平高低深刻影响国家经济表现和社会发展,阅读能力愈高的国家,国民所得越高,其国家竞争力也愈高。因此,世界各国都非常重视学生阅读能力的培养,特别是欧美国家。在我国,阅读教学在语文课程中一直占有很高的比例,历来都是语文教学的核心,其质量的高低直接决定着整个语文教学的质量。我国在 2001 年颁布的《义务教育语文课程标准》中也非常重视学生阅读能力的培养和阅读教学,指出:阅读教学的主要旨趣是使学生具有独立阅读的能力,学会运用多种阅读方法。有较为丰富的积累和良好的语感,注重情感体验,发展感受和理解的能力。然而当前在我国语文阅读教学实践中仍存在一些问题,主要表现为:①由于课堂教学方式,学习者阅读方式,阅读材料形式单一、古板等,导致学习者阅读学习兴趣淡薄;②阅读课堂教学忽视了学习者的主体体验与个性感受,教师通常以自己的教学经验和思维替代了学习者对文本的自我感悟和思考;③课堂互动流于形式。

电子书包在语文阅读教学中的应用,能够为解决上述语文阅读教学中存在的诸多问题,创新语文阅读教学模式,提高语文阅读教学效果提供重要的支持。在阅读教学方面,电子书包所配备的富媒体化的阅读教学资源和智能化的备课系统能够支持教师的高效备课;电子书包内嵌的互动交流平台和工具支持师生、生生开展同步、异步交流;电子书包所包含的智能测评系统对学习者阅读学习过程可以进行全程动态监控并及时给予反馈,实现差异化、多元化阅读教学。在阅读学习方面,电子书包轻巧便捷,支持学习者进行随时随地的阅读,学习者可以根据自己的阅读爱好,任意选择自己感兴趣的阅读材料;电子书包基于云技术、互联网技术的丰富阅读资源以及个

---

① 连云梅.电子书包在小学语文阅读教学中的应用研究[D].西安:陕西师范大学,2014.

性化的推送服务从而可以满足不同学习者个性化的阅读方式;电子书包配备的多样化的学习工具,可以帮助与支持学习者进行自主探究与深度思考,实现学习者理解和思维的可视化,从而提升阅读学习质量。

基于此,我们在基于电子书包的授导互动教学模式的框架下,构建并实施了语文阅读教学模式。

(一)基于电子书包的语文阅读教学模式构建

研究中,我们采用归纳和演绎相结合的方法,从教学模式的 5 个构成要素(理论基础、教学目标、操作程序、实现条件和教学评价)出发,构建了基于电子书包环境的语文阅读教学模式。首先,在先进的教育思想和教学理论的指导下,结合语文教师多年的教学经验以及比较经典的信息技术环境下的语文阅读教学模式,构建模式原型(采用演绎法);然后,将构建好的阅读教学模式原型应用于具体的教学实践中,通过不断试验逐步改善,直到构建出相对稳定、完善的阅读教学模式(采用归纳法)。

结合语文阅读教学特点和试验中采用的电子书包的教学功能,依据《全日制义务教育语文课程标准》对阅读教学的要求,我们设计了电子书包环境下的小学语文阅读教学模式(如图 6 - 7 所示),模式各阶段的具体内容如下。

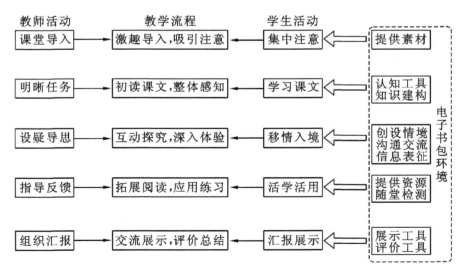

图 6 - 7　基于电子书包的语文阅读教学模式

1. 激趣导入，吸引注意

兴趣是最好的老师，一个成功的教师要在教学中有意识地培养学生对学习的持久兴趣，使他们乐学、善学、会学、学而忘我、乐此不疲（王正，2014）。在课堂导入阶段，教师可以使用电子书包上的图片、动画、音频、视频等多媒体素材呈现生动有趣、与学生认知存在冲突的问题和现象来吸引学生的注意，激发学生的兴趣，使其尽快进入"最佳学习状态"。

2. 初读课文，整体感知

在该阶段教师提出学习任务，学生则在明确任务的情况下自主学习课文。学生先初读课文，了解课文内容，形成对课文的独特体验，并结合自己的理解，用电子书包上的思维导图梳理课文脉络，然后通过与小组成员交流、分享习文结果，完善思维导图。

3. 互动探究，深入体验

在该阶段，教师为学生创设语文学习情境，提供问题支架和学法指导。学生则在教师的引导下精细研读课文内容，译解作者言语编码，走进作者心灵，在设身处地体验作者情感的同时，体会课文的表达方式、段落布局等，这有助于学生在充分的思维空间中感受语文的魅力，增强学习语文的兴趣。此外，学生可以使用电子书包的共享、交流工具与小组其他学生分享自己的体验结果，这样通过小组成员之间的对话、商讨、争论，学生小组形成对课文内容丰富而又一致的情感认识。

4. 拓展阅读，应用练习

在该阶段教师为学生提供丰富的课外阅读素材，并组织引导学生应用所学知识。学生通过阅读拓展素材，形成对课文更加全面、深刻的认识，能够灵活应用所学知识。我们认为，可以基于布鲁姆的目标分类标准对学生应用练习的方式进行分类：在知道理解层面，学生可以口头造句、解读文本；运用所学的修辞手法仿写，运用文中的表达方法写作等。在运用分析层面，可以采用角色扮演、为课文配插图、表演课本剧等方式。在评价创造层面，学生可以应用所学知识创造性地解决生活中的难题，比如通过写广告词宣传自己的家乡特产；正确认识虚构的历史人物，并在生活中树立积极的榜样形象等。

5. 交流展示,评价总结

学生使用电子书包的即时反馈系统展示学习成果,将自己的观点和想法教给别人。这里的成果主要指的是学生在学习中取得的有形和无形的收获,包括学生的自主习文情况及在应用练习阶段产生的学习结果等。汇报时采用"代表轮流制",即由小组代表汇报本组的结果,每次汇报选不同的代表。汇报后由教师和其他学生小组共同评价某一组的作品。

(二)基于电子书包的阅读教学模式应用及其成效①

6~12岁是阅读能力长足发展的最黄金时期,因此,小学阶段是发展学生阅读能力的重要时期,为此,我们开展了基于电子书包的小学语文阅读教学的实践探索,研究主要依托西安市D小学的四年级、五年级开展,2013年10月启动项目,2013年11月试验教师开始尝试基于电子书包的语文学科教学实践,试验持续3年时间。

1. 研究对象

为了研究电子书包在语文教学中的应用效果,在试验过程中,我们选取了小学五年级的两个班为研究对象,其中电子书包试点班五年级8班为试验试验班,基于传统多媒体网络环境教学的5班为对照班,两个班学生的男女比例基本一致,均为1:1;学生的平均年龄约为11岁。该阶段学生的认知处于具体运算阶段,认识事物需要依赖实践和经验,在学习过程中喜欢动手操作。

试验前,分别对两个班学生的语文阅读成绩与和高阶思维能力(采用语文试卷和5C量表,下面将对这两种研究工具作详细介绍)进行了测试(分析结果见表6-2),可以看出,试验班和对照班学生在这两方面的得分均不存在显著性差异(在阅读水平上,$t=0.445$,$p=0.657>0.05$;在5C能力上,无论是整体水平,还是各个子维度均存在$p>0.05$),两个班属于平行班,可以做进一步研究。

① 成小娟,张文兰,李宝. 电子书包在小学语文阅读教学中的应用模式及成效研究——基于学习成效金字塔理论的视角[J].中国远程教育,2017,(4):57-68.

表 6-2　学习成绩和 5C 能力的前测统计结果

测试内容		组别	X ± SD	|t|	P
阅读水平		试验班(n = 66)	24.36 ± 1.076	0.445	0.657
		对照班(n = 67)	24.28 ± 0.997		
5C 能力	创造力倾向	试验班(n = 62)	25.048 ± 3.409	0.615	0.540
		对照班(n = 63)	25.413 ± 3.216		
	问题解决倾向	试验班(n = 62)	26.323 ± 3.482	1.315	0.191
		对照班(n = 63)	27.064 ± 2.770		
	批判性思维	试验班(n = 62)	42.339 ± 5.720	1.283	0.202
		对照班(n = 63)	41.016 ± 5.810		
	团队合作倾向	试验班(n = 62)	21.823 ± 2.773	1.653	0.101
		对照班(n = 63)	22.571 ± 2.263		
	沟通交流倾向	试验班(n = 62)	30.984 ± 4.014	1.174	0.243
		对照班(n = 63)	31.794 ± 3.695		
	5C 总分	试验班(n = 62)	146.516 ± 15.738	1.765	0.080
		对照班(n = 63)	150.984 ± 12.328		

2. 研究工具

本研究综合采用试卷、量表等工具分析新模式的应用效果,研究工具的具体内容如下。

(1)语文测试卷

本研究采用大雁塔小学统一标准化考试语文期中、期末试卷,试卷内容包含字、词、句、阅读、口语交际、综合性学习、作文七大部分(连云梅,2014),总分 100 分,其中阅读 30 分,本研究选取学生的语文阅读成绩。

(2)5C 量表

本研究对高阶思维能力的测量主要参考黄国祯教授的 5C 量表,量表具有较好的信度与效度。该量表中的 5C 分别指的是 Communication(沟通交流倾向)、Collaboration(团队合作倾向)、Critical thinking(批判性思维倾向)、Complex problem solving(问题解决倾向)、Creativity(创造力倾向)五大部分。本问卷采用李克特五点式量表记分方式(5~1 分别表示非常同意、同意、一般、不同意、非常不同意)。本研究前测和后测中对高阶思维能力的测量均使用 5C 量表,后测量表是在调整前测量表题目顺序的基础上形成的,但两份量表的结构基本保持一致。

本试验周期为一个学期。一个学期后,为了解在参与我们设计的语文阅读教学模式后,试验班学生的阅读成绩和高阶思维能力是否发生显著性变化,我们分别对试验班和对照班的语文阅读成绩、高阶思维能力水平以及师生课堂行为进行了分析。阅读成绩数据来源于该学期两次大型考试(期中、期末)中学生的得分(试验班和对照班试卷的有效率均为100%);高阶思维能力得分来源于使用调整后的5C量表对试验班和对照班进行后测得到的数据(问卷发放情况:对照班发放67份,有效回收63份;试验班发放66份,有效回收61份)。

3. 研究结果

(1)语文阅读成绩分析

试验班和对照班两次考试(期中、期末)语文阅读成绩的独立样本 t 检验统计结果如表 6 - 3 所示。

表 6 - 3　两个班阅读成绩的独立样本 t 检验

测试名称	组别	X ± SD	T	P
期中	试验班(n = 66)	25.58 ± 4.803	2.524	0.013
	对照班(n = 67)	23.10 ± 6.428		
期末	试验班(n = 66)	27.42 ± 1.818	2.244	0.028
	对照班(n = 67)	25.34 ± 7.337		

由表 6 - 3 可以看出,在期中、期末考试中,试验班学生的阅读成绩均显著高于($p < 0.05$)对照班学生,说明新语文阅读模式的应用在一定程度上提升了试验班学生的阅读成绩,这大概是因为新教学模式理念下开展的自主体验、交流表达等活动有利于学生熟练掌握和灵活运用所学知识,故成绩得到提升。

(2)5C 能力调查分析

为全面了解试验班学生高阶思维能力的提升情况,我们对试验班和对照班的后测结果做了独立样本 t 检验(统计结果见表 6 - 5),对试验班的前测和后测结果做了配对样本 t 检验(配对样本 t 检验要求同一样本的前后测数据——配对,故综合考虑试验班前后测的有效问卷数量,选取样本量为61,统计结果见表 6 - 4 和表 6 - 5)。

表6-4 试验班与对照班学生5C能力后测的比较

因素	试验班（n=61）	对照班（n=63）	t	Sig
	X ± SD	X ± SD		
总分	156.590 ± 12.373	145.318 ± 16.215	4.361	0.000
创造力倾向	26.016 ± 3.704	24.778 ± 3.526	1.908	0.059
问题解决倾向	27.705 ± 2.729	26.079 ± 3.598	2.840	0.005
批判性思维	46.557 ± 4.818	41.952 ± 5.818	4.792	0.000
团队合作倾向	23.000 ± 2.915	21.651 ± 2.801	2.682	0.010
沟通交流倾向	33.312 ± 2.618	30.857 ± 4.107	3.981	0.000

表6-5 试验班学生5C能力前测—后测比较

因素	前测（n=61）	后测（n=61）	|t|	Sig
	X ± SD	X ± SD		
总分	146.131 ± 15.572	156.590 ± 12.373	4.308	0.000
创造力倾向	24.967 ± 3.376	26.016 ± 3.704	1.677	0.099
问题解决倾向	26.262 ± 3.478	27.705 ± 2.729	2.399	0.020
批判性思维	42.213 ± 5.681	46.557 ± 4.818	4.593	0.000
团队合作倾向	21.771 ± 2.765	23.000 ± 2.915	2.863	0.006
沟通交流倾向	30.312 ± 4.014	33.312 ± 2.618	4.569	0.000

由表6-4、表6-5可以看出，无论是在后测中与对照班相比，还是与前测中试验班的5C得分相比，使用新语文阅读教学模式后试验班学生的高阶思维能力在问题解决、批判性思维、团队合作、沟通交流4个方面得到了显著提升（$p < 0.05$），而在创造力上（$p = 0.099 > 0.05$）的提升却不显著，我们认为造成这样结果的原因可能有以下两个方面：

一是试验班经常开展小组协作探究、做中学、汇报展示等学习活动，这些学习活动促进了学生问题解决、批判性思维、团队协作、沟通交流等能力的提升。具体而言，主要表现为以下几点：①小组协作探究有助于提升学生的团队合作能力。小组协作中，为保障协作学习顺利开展，确保所有小组成员积极参与任务，小组内部会通过协调成员关系、合理分工等方式来建立小组信任、增强集体归属感、增强小组凝聚力，这有助于提升学生的团队协作能力。②做中学促进学生问题解决能力的提升。学习过程中教师设计的给课文配插图、开展故事会等多样化方式促进了学生眼、手、耳、嘴等多感官参与学习,在这样的学习中,学生完成了对知识全面的、多元的建构;在课文内容学习完成后,学生通过做练习、解决真实情境中的问题,应用所学知识解决问题的思维更加灵活。因此,在对知识形成全面认识后并能及时在真实情境中迁移应用有利于学生问题解决能力的提升。③展示汇报有助于提升学生的沟通交流和批判性思维能力。在基于电子书包的语文阅读教学中,学生经常需要就阅读的内容进行展示汇报。在展示汇报时,学生需要在头脑中反复构思、加工自己的新想法和观点,并以别人能够明白的形式表达出来,同时回答师生提出的质疑,并辩解、澄清观点。此外,在这个过程中,学生也在聆听、评价别人的观点中不断完善、审思自己的学习过程和认知结构,因此,沟通交流和批判性思维能力得到提升。

二是教师没有充分发挥新模式在培养学生创造力方面的功效。虽然新语文阅读模式设计了培养学生创造力的内容,但在应用该模式开展教学中,教师主要引导学生通过沟通交流和多感官参与等方式掌握知道理解、应用分析层面的知识,却很少采用相关策略辅助学生开展创造层面的内容。经过调查,我们了解到教师认为语文教学中缺乏可操作性的创造性能力的培养策略是导致其创造力没有提升的重要原因。因此,在该模式的后续应用中应该加强对教师创新教学策略(比如续编、创编故事,虚构人物等)的指导。

二、基于电子书包的数学教学实践①

《全日制义务教育小学数学课程标准》指出:"现代信息技术的发展对数学教育的价值、目标、内容以及学与教的方式产生了重大的影响,数学课程的设计与实施应重视运用现代信息技术特别要充分考虑计算器、计算机对数学学习内容和方式的影响,大力开发并向学习者提供更为丰富的学习资源,把现代信息技术作为学习者学习数学和解决问题的强有力工具,致力于改变学习者的学习方式,使学习者乐意并有更多的精力投入到现实的、探索性的数学活动中去。"电子书包所具有的丰富的学习资源、多样化的学习工

① 张文兰,李喆,员阁,连云梅.电子书包在小学数学教学中的应用模式及成效研究[J].中国电化教育,2013,(12):118-121.

具、个性化的推送服务等多方面的优势能够更好地支持新课改的理念及数学课程标准所提倡的数学学习方式。基于此,我们在基于电子书包的授导互动教学模式的框架下,构建并实施了小学数学教学模式。

(一)基于电子书包的数学教学模式构建

本研究在电子书包的应用研究中,通过不断地探索和试验,对数学概念的学习和数学知识的练习运用等内容的教学模式进行了研究,构建了小学数学中的数学概念形成—获得教学模式和数学知识的巩固—练习模式。

1.数学概念的形成——获得教学模式

传统数学概念的教学,以教师讲解为主,学习者缺乏主动思考,忽视了概念的形成过程。我们构建的概念形成—获得教学模式旨在让学习者亲身参与概念形成的过程,在学习者自己发现、探索的过程中获得概念,进一步理解概念的属性、定义,建构概念的意义,并通过实时测评掌握学习者的获得程度,促进学习者概念的形成。数学概念的形成—获得教学模式包括以下5个步骤(如图6-8所示)。

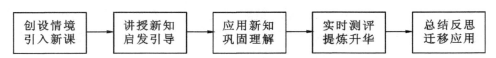

图6-8 数学概念形成—获得教学模式

为了帮助教师更好地理解和掌握基于电子书包的数学概念形成—获得教学模式,我们在表6-6中给出了电子书包在教师端及学习者端发挥的作用。

表6-6 数学概念的形成—获得教学模式中电子书包的作用

模式程序	电子书包的作用(理想状态)	
	教师端	学习者端
创设情境引入新课	情境创设,例子展示,资源工具	内容呈现,资源展示,媒体交互
讲授新知启发引导	表征观点,呈现例子,内容展示	内容呈现
应用新知巩固理解	派送资源,实时监测,师生交互,控制屏幕	操作工具,表征观点,交流讨论,探索工具,认知工具

续表

模式程序	电子书包的作用(理想状态)	
	教师端	学习者端
实时测评 提炼升华	派送测试题目,监测解答过程,汇总测评结果	计算工具,答案反馈,记录作答时间
总结反思 迁移应用	生成测评报告,派送补救题目及资料	概念图工具,自我评价,呈现扩展资料

2. 数学知识的巩固—练习教学模式

课堂练习在数学学习中占有举足轻重的地位,它是学习者对新学知识的巩固和加深,是新授课的补充和延伸。练习主要是在学习者已经获得概念的基础上帮助学习者牢固地掌握知识,学习者在练习中也能检验自己是否真正掌握了所学知识,能否将所学知识举一反三、灵活运用。教师根据学习者练习时的做题速度、做题思路以了解学习者对所学知识的理解程度,及时给予学习者适当的帮助和指导。数学知识的巩固—练习教学模式包括以下7个步骤(如图6-13所示)。

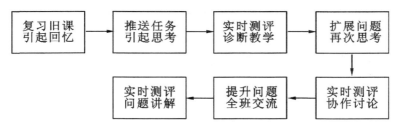

图6-9 数学知识的巩固—练习教学模式

数学知识的巩固—练习模式主要是充分发挥电子书包的测评功能,根据学习者对所学知识的掌握程度,在课堂上循序渐进地增加问题难度,扩充问题范围,增加学习者练习的题量,让学习者在大量的练习中运用所学、巩固所学,从而达到对知识的灵活运用。在这个模式中,教师可以依据课堂实时测评的结果,及时调整教学方案,以更好地适应学习者学习的学习水平。该模式中电子书包在教师端及学习者端发挥的作用如表6-7所示。

第六章 基于电子书包的授导互动教学模式

表 6 - 7　数学知识的巩固—练习教学模式中电子书包的作用

模式程序	电子书包的作用（理想状态）	
	教师端	学习者端
复习旧课引起回忆	情境创设，内容呈现，例子展示，资源工具	内容呈现，资源展示
推送任务引起思考	选择任务，呈现假设，任务推送，内容展示	呈现问题与任务，探索工具，认知工具
实时测评诊断教学	派送测试题目，监测解答过程，汇总测评结果	计算工具，答案反馈，记录作答时间
扩展问题再次思考	呈现问题，实时监测，控制屏幕，提供个别化指导	操作工具，表征观点，交流讨论，探索工具，认知工具
实时测评协作讨论	派送测试题目，监测解答过程，汇总测评结果	交流讨论工具，计算工具，证明工具，答案反馈
提出问题全班交流	呈现问题，扩展资源，呈现假设	交流讨论工具，探索工具，资源搜索与整理工具
实时测评问题讲解	派送测试题目，检测解答过程，汇总测评结果	答案反馈，自我评价，呈现扩展资源

（二）基于电子书包的数学教学模式应用及其成效

基于电子书包的小学数学教学应用始于 2012 年 9 月，在西安市北郊的 C 小学前后开展了一年时间。

1. 研究对象

为了研究电子书包在小学数学教学中的应用效果，在试验过程中，我们选取了小学三年级的两个班为研究对象，研究以 C 小学三年级六班作为试验班（学生 51 人），七班作为对照班（学生 48 人），两个班级的数学教师为同一教师，除了教学环境及所采用的教学模式不同外，其他条件均相同。

2. 教学内容

在本研究中，基于电子书包的小学数学教学内容主要来源于北师大版小学数学三年级上册。具体授课内容如表 6 - 8 所示。

表6-8　基于电子书包的小学数学应用模式及授课内容

采用的教学模式	授课内容
数学概念的形成—获得教学模式	小树有多少棵;需要多少钱;参观科技馆;有多重;1吨有多重;购物;去游乐场;乘火车;什么是周长;游园;花边有多长;分桃子;淘气的猴子;送温暖;买新书
数学知识的巩固—练习教学模式	练习一;植树;练习二;练习三;练习四;0×5=?;买矿泉水;练习五;整理与复习(一);地砖的周长;练习六;交通与数学;节约;练习七;练习八;时间与数学(二);整理复习(二);总复习

在教师教学过程中会根据教学内容和课程类型选择适合的教学模式进行授课,在新概念引入时多采用数学概念的形成—获得教学模式,借助电子书包,以动画演示或模型再现的方式,结合生活实例或者是生动形象的比喻为学习者创建真实生活情境,将数学问题生活化,帮助学习者形成对新授概念的理解。形成了对概念的理解后,数学知识的巩固则需要在练习中加强和深化,故在每章概念学习完成后以及练习课和复习课中大都采用数学掌握学习教学模式,借助电子书包IRS出题系统将知识内容渗透在问题解决的过程中,通过大量练习反馈,加强理解巩固应用。

3.应用效果

本研究通过成绩测试、问卷和访谈调查相结合的方法,从学习者学习成绩、学习态度和兴趣等方面对基于电子书包的小学数学教学模式的应用成效进行分析。

(1)学习者数学考试成绩结果分析

在研究过程中,学生共参加了C小学组织的3次综合统一考试,我们以这3次考试中的数学单科成绩作为试验成绩数据,具体情况如表6-9所示。

表6-9　学习者在研究中所参与的考试情况

考试名称	考试时间	在研究中的作用	测试性质	参与班级
二年级下期末考试	2012年7月	试验前测	C小学三年级统一综合考试	试验班对照班
三年级上期中考试	2012年11月	中期测试		
三年级上期末考试	2013年1月	试验后测		

试验班与对照班3次考试成绩独立样本T检验结果如表6-10所示。

表 6-10　试验班对照班测试成绩独立样本 T 检验

测试名称	组别	平均值	标准差	t 值	p 值
前测	试验班	89.57	7.86	0.79	0.38
	对照班	89.57	6.36		
中测	试验班	94.06	5.35	0.03	0.88
	对照班	93.80	5.18		
后测	试验班	91.82	6.96	0.16	0.69
	对照班	91.61	6.82		

　　从整体成绩来看,三年级(6)班在试验期中和期末测试成绩由之前的年级排名第五跃居并保持年级第一,并在期末测试中超出年级平均分 2.68 分。但通过对试验班与对照班三次考试成绩进行独立样本 T 检验,结果发现两个班成绩并无显著差异($p > 0.05$)。

　　结合访谈进一步分析,我们发现两个班成绩不显著的原因主要有几个方面:一是试验周期有些短,而且初期因为网络的问题,教师、学习者对书包功能的不熟悉,新环境下的课堂管理问题等诸多问题,使得初期对电子书包的课堂教学应用比较有限,这可能会影响到电子书包应用的效果。此外,我们认为,电子书包进入课堂教学,面对全新的教学环境以及教学模式,教师和学习者都需要有一个过渡和适应期。二是电子书包功能方面的局限性。由于电子书包是一种新型的媒体技术,虽然理论上它的应用前景极为广阔,但很多电子书包的技术和功能还需要进一步提升和完善,如书写问题、网络问题、连线问题、触摸屏等。所以电子书包自身存在的一些不足,也会影响电子书包在小学数学教学中的有效应用。三是基于电子书包的数学教学模式不仅仅关注学习者成绩的提升。在试点中,我们除了充分利用电子书包的测评系统对学习者进行知识的练习和巩固外,还充分利用电子书包的丰富媒体资源为学习者创设问题情境,利用电子书包为学习者呈现阶梯式难度的练习,安排学习者通过小组协作的方式解决一些较为复杂的数学问题。这些学习活动设计有效地激发了学习者学习的兴趣和探究的意愿以及协作学习的能力,但这些方面的变化,通过考试是无法测评和体现的。

　　(2)学习者学习态度和兴趣的调查结果分析

　　为了更全面地了解模式应用成效,研究还采用问卷调查、观察和访谈的方法了解学习者在使用电子书本学习后他们学习态度、学习兴趣方面的变化,问卷调查结果如表 6-11 所示。

表 6-11　学习者学习态度、兴趣调查

选项	百分比	选项	百分比
很喜欢电子书包	98%	更有自信了	92.2%
做题很有意思	89.8%	更有兴趣学数学	96%
愿意课堂使用	94.1%	比之前认真思考	98.1%
课堂参与提升	64.7%	课堂上做题多了	96.1%

　　此外,研究者通过深入课堂观察、比较电子书包实验班学生和普通班学生课堂听讲状况,发现电子书包实验班的学生课堂上明显思维活跃、发言积极、敢于提出自己的想法,而且都很有创新性。在教师发送练习题后都能很快思考完成任务,学生更愿意学习了,在跟同学交流中的表现能力也有所增进,且比以前更懂得包容和沟通。

　　从对试验教师的访谈结果来看,试验教师对电子书包教学模式引入课堂后学生的改变还是比较认可的,感觉学生课堂参与度高、积极性提升、学习兴趣浓厚、更热爱数学课程的学习。学生的学习纪律从开始接触时比较混乱到后期非常有序,课堂纪律非常好,学生也逐渐适应了电子书包环境下的数学教学模式。此外,教师认为课堂容量变大了,题目练习量比较多,教师可以根据学生的掌握情况适当地增加题目的难度;学生做题的过程像是游戏中的过关一样,整个课堂变得活起来了。

三、基于电子书包的英语听说教学实践①

　　小学阶段是学生外语学习的关键期,特别是听说能力发展的重要时期,因此,如何激发小学生英语学习的浓厚兴趣,并进而提升他们的听说能力是小学英语教学的重要目标。虽然我国小学英语教学已进行多次改革,但当前我国小学英语听说教学仍然存在一些问题:一是的学生的语言学习输入途径比较单一,输入量小;还主要依赖课堂上教师提供的有限输入,教材是学生语言学习的最主要来源;二是语言学习缺乏真实的语言交际情景,学习内容仍主要局限于教材的内容和情景;三是教学方法单一,目前小学英语教

　　① 刘洁荣.电子书包在小学英语听说教学中的应用研究[D].西安:陕西师范大学,2016.

学依旧以课本内容的讲解为主,师生对话多,生生互动少,学生的参与度低;四是班级规模制约了学生的个性化学习,目前小学的大班额情况极为普遍,而学生的英语学习主要通过课上教师示范、师生互动等方式来实现,过多的学生人数意味着教师难以关注到学生个体,不利于学生的个性化学习。

而电子书包的应用可以为小学英语听说教学提供技术层面上的有力支持,体现在:一、能够为学生创建真实的语言交际情境和语言学习的沉浸环境;二、提供丰富的多样化的英语学习资源和学习工具;三、实现大班额差异化教学、对学生的英语学习进行及时测评与反馈。针对前述小学英语教学存在的问题,结合英语听说教学特点和试验中采用的电子书包的教学功能,依据《全日制义务教育英语课程标准》对英语听说教学的要求,我们设计了电子书包环境下的小学英语听说教学模式。为了更好地促进学生的听说教学,我们在已有电子书包系统中,为学生安装了纳米盒、金山词霸、少儿趣配音软件,便于支持更多样的教与学的活动和学生的自主学习。

(一)基于电子书包的小学英语听说教学模式构建

在具体的模式构建中,我们以情境为主线,以电子书包为主要支撑技术,试图为学生提供尽可能多的可理解输入,帮助学生形成有关英语听说学习的感性认识,积累听说学习语音、语调、重音以及节奏等方面的知识,通过多样化教学活动,建立一种以听为主、以听促说的英语听说教学模式,该模式的具体流程(如图6－10所示)。

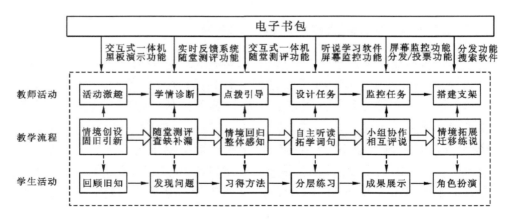

图6－10 基于电子书包的小学英语听说教学模式

1.情境创设，固旧引新

考虑到小学生的年龄特点，在教学情境的创设上应尽可能地做到多样而有趣。在情境创设的资源选择上，可以选取与课程教学主题相关的电影，可以选择故事化的听读练习。在情境创设的内容选择上，可以选取与本教学主题相关的已经学习过的内容或者是选取与学生日常生活紧密联系的内容，从而消除学生学习新知识的陌生感和焦虑感。通过类似情境的创设，能使学生感受到英语学习的乐趣，能激发学生听说学习的动机，帮助学生在激活原有知识的基础上自然而然地过渡到新主题的学习上来。

2.随堂测评，查缺补漏

为了保障教学活动的顺利开展，教师可以借助电子书包实时反馈系统中的测评功能对学生已有知识水平进行检测，查看学生与本主题相关知识的语言储备情况，便于及时地调整教学方案满足学生听说学习的需求。通过检测学生可清晰地认识到自身听力学习的不足，便于及时地查缺补漏，促进听说目标的达成。

3.情境回归，整体感知

在课堂听力教学时，教师除了借助电子书包测评功能对学生答案进行评析外，还需要教会学生听力学习的科学的方法。在这个环节中，教师可以借助交互式一体机呈现听力学习的具体语境，帮助学生回归情境进行整体感知，从而实现真正意义上的理解和掌握。

4.自主听读，拓词正音

在此环节，教师可以根据学生的水平设计不同难度的自主学习任务。具体来说，这些任务包括所有学生必须完成的任务和学有余力学生自主选定的任务这两种形式。学生任务的完成主要是基于电子书包软件商城中的纳米盒、金山词霸、少儿趣配音软件展开。在使用纳米盒软件中的电子课本进行听力练习时，学生可以自主决定要听的内容，设置要听的遍数和语速；利用少儿趣配音软件，学生可以对反复听读的模块进行配音练习；借助金山词霸软件，学生还可以在线检索遇到的生词，消除听说学习中遇到的障碍。完成统一任务后，学有余力的学生可以借助趣配音软件选择自己感兴趣的话题进行口语拓展练习。在自主听读过程中，为了了解学生的学习过程，教师可以通过电子书包屏幕监控功能了解学生的学习情况及时给予指导和帮助。

5. 协作会话,相互评说

在学生完成自主听读练习之后,教师可以对学生进行分组,设置有关本主题的练习任务,从而促进小组成员之间有意义的协作会话。同时,当学生完成教师布置的协作任务后,教师可以随机挑选几个小组进行汇报和展示小组成果。在这个过程中,教师可以有意识地引导学生利用口语评价量规帮助学生掌握口语评价的方法,然后借助电子书包随堂测评系统中的投票功能组织学生对分组汇报的成果进行投票。

6. 情境拓展,迁移练说

为了使学生能够在不同情境中更为灵活地使用学习到的知识,教师需要将教学拓展到贴近学生生活的真实情境中去,并且通过电子书包文件分发功能为学生提供相应学习资源包或者利用金山词霸等语言搜索软件为学生搭建口语练习的支架,使学生尝试自我组织语言,综合运用所掌握的词汇和句式。

（二）基于电子书包的小学英语听说教学模式应用及其成效

基于电子书包的小学英语听说教学模式的应用研究主要依托西安市 D 小学的五年级开展,2013 年 10 月启动项目,2013 年 11 月试验教师开始尝试基于电子书包的小学英语听说学科教学实践,试验持续 3 年时间。

1. 应用的基本情况

研究选取 D 小学五年级(8)班和五年级(5)班作为研究对象。这两个班级中,五年级(8)班为试验班,使用电子书包开展教学,学生 67 人(男生 38 人、女生 29 人),五年级(5)班为对照班,除了教学环境及所采用的教学模式不同外,其他条件均相同,该班有学生 64 人(男生 38 人、女生 26 人),两个班为平行班,基本同质。

试验班教室配有电子黑板一块以及配套的电子黑板操作软件和电子书包教师端操作软件、电子书包学习者端,以及由路由器搭建的无线局域网,在电子书包中还装有纳米盒、少儿趣配音等软件。

教学材料为人教版小学英语五年级上册教材以及配套的视频、音频等数字化资源。在教学试验过程中,试验内容涵盖了 Unit 2、Unit 3、Unit 4、Unit 5、Unit 6 等部分。

2. 应用效果

研究通过成绩测试、问卷调查和访谈,从学习者学习成绩、学习效果方面对基于电子书包的英语听说教学模式应用的成效进行分析。

（1）学生的测试成绩分析

由于试验学校英语期末综合测试中并不包含学生听力和口语能力的考查，所以本研究数据分析用到的听力和口语成绩来源于教师提供的英语听力和口语测试试卷，具体的测试情况如表 6 – 12 所示。

表 6 – 12　学生测试情况

测试名称	测试时间	在研究中的作用	参与班级
听力测试	2015 年 9 月	听力前测	试验班 与 对照班
口语测试	2015 年 9 月	口语前测	
听力测试	2016 年 1 月	听力后测	
口语测试	2016 年 1 月	口语后测	

运用 SPSS 软件对学生听力和口语测试的前、后测情况进行统计分析，结果如表 6 – 13 所示。

表 6 – 13　试验班对照班听力测试成绩的独立样本 T 检验

听力	试验班（M ± SD）	对照班（M ± SD）	T	p
前测	90.85 ± 9.20	89.08 ± 8.38	1.15	0.25
后测	93.79 ± 7.37	90.69 ± 7.82	2.34	0.02

由表 6 – 13 可以看出，两班听力前测成绩不存在显著差异（$p = 0.25 > 0.05$），两班学生听力起始水平相当。但从两班听力后测成绩独立样本 T 检验可看出，两个班的后测成绩差异显著（$p = 0.02 < 0.05$），试验班听力后测成绩高于对照班，因此可以认为基于电子书包的小学听说教学模式的应用促进了试验班学生听力水平的提升。

由于口语能力的测评属于技能型评价，与常规知识测评相比较为复杂。本研究用到的口语测试试卷包含了单词、短语、对话、师生问答以及主题会话 5 种题型，对应学生口语学习的字、词、篇 3 个模块，着重考查了学生口语能力中基础知识的掌握情况以及迁移运用所学知识的能力水平，测试结果如表 6 – 14 所示。

表 6 – 14　试验班对照班口语测试成绩的独立样本 T 检验

口语	试验班（M ± SD）	对照班（M ± SD）	T	p
前测	20.50 ± 2.32	19.91 ± 2.31	1.47	0.15
后测	24.19 ± 2.96	23.44 ± 2.54	1.57	0.12

两班口语前测成绩不存在显著差异($p = 0.15 > 0.05$)，两个班级学生口语起始水平大致相同。从两班口语后测成绩独立样本 T 检验中可得出，两班口语后测成绩也不存在显著性差异($p = 0.12 > 0.05$)，说明基于电子书包的小学听说教学模式的应用并未对学生的口语水平成绩产生显著影响。同时两个班的口语成绩得分偏低，还有很大的提升空间。

进一步分析，本模式的特色在于借助电子书包这种新型媒体为学生提供优质资源并为学生创造自主听读的机会，且借助电子书包随堂测评的及时反馈功能促进学生了解自身不足从而进行有针对的补救，这有助于学生掌握听力学习的科学方法，因此学生听力能力得到显著提升。而对于口语来说，由于该模式应用的周期有限，而学生口语能力的培养是一个日积月累的漫长过程，因此学生口语能力的提升还不太明显，需要进一步研究探索。

（2）学习效果的调查分析

为了进一步了解电子书包对学生英语学习的影响，本研究对参与试验的教师进行了访谈。任课教师表示，相对于传统课堂，电子书包图文音并茂的学习形式更适合小学生学习的特点，教学也发生了很大的变化。以往英语听说教学时虽然应用了计算机等先进教学手段，但大多时候只是用来放电影、播录音，教学形式还是相对单一，学生学习相对被动。而在电子书包教学应用中，学生可以利用纳米盒进行自主选择要听的内容、自定要听的遍数，可以利用趣配音软件进行口语练习，学有余力的同学还可以选择自己感兴趣的主题进行练习。教学中可以借助电子书包实时反馈系统的测评功能能够实时、直观地呈现学生作答的过程，能够给予学生及时的反馈，有利于学生对知识的掌握和巩固。通过一个学期的电子书包应用，学生听说方面的变化显而易见，学生在课堂中提出问题、回答问题的次数增多，课堂参与性明显提高。电子书包为学生提供了丰富而优质的学习内容，给予了学生大量的听读和口语练习的机会，一个学期下来，学生能够听懂的内容增加了很多，并且开口去表达的意愿也明显增强。

从上述 3 个学科应用研究可以看出，基于电子书包的授导互动教学模式在一定程度上有利于学生学习成绩的提升，而且在激发学生的学习兴趣和学习积极性方面具有明显的效果，能够促进学生在课堂教学中的参与度，由此我们可以得出基于电子书包的授导互动教学模式在教学中的应用具有一定的成效。但是由于电子书包项目试点时间周期短、电子书包产品也在不断更新完善,因此,试验的效果,特别是部分学科成绩的提升还没有明显地表现出来。另外,基于电子书包的授导互动教学模式的目标除了学生的学科成绩、兴趣和动机外,还在于学生多元能力的发展,如高级思维、信息素养等,虽然我们在研究中也明显感受到了学生高级思维能力的变化,比如学生提出问题的意识加强了,能创新地思考问题,基于网络的协作能力也有一定提升,但这些能力的显著提升不是短时间能达到的,需要长时间的培养,这也是后期研究需要长期关注的问题。因此,在后续的研究中,我们希望通过进一步的研究,探索出更多适合于电子书包的教学应用模式,并通过不断优化和完善这些模式,促进教学方式的改革。

第七章

基于电子书包的项目式学习模式

在人的心灵深处，都有一种根深蒂固的需要，这就是希望自己是一个发现者、研究者、探索者，而在儿童的精神世界中这种需要特别强烈。

——苏霍姆林斯基

由于我们生活在一个变革的时代，因此实用性教育必须能让人们为目前尚不存在、尚无法清晰定义的新工作做好准备。

——彼得·德鲁克

在前一章中,我们详细介绍了本研究团队初期的研究成果——基于电子书包的授导互动教学模式,这一模式主要是在不改变当前分学科教学的前提下进行的,发挥电子书包在支持教学互动、测评反馈、丰富资源的提供方面的优势,设计多样化的教学互动,通过电子书包的测评反馈功能对学生进行精准测评,及时了解学生的学习动态,并根据学生的学习状况适时推送与所学内容相关的、富媒体的、不同难度水平的学习资源,解决学生学习中的困难和问题及时给予学生个性化的教学支持,在大班集体教学组织形式下,努力实现因材施教,促进学生的个性化学习。这种模式在促进学生对基础知识的系统学习上还是有其独特的优势的,但这种模式还主要停留在单学科的教学上,重单科知识获得,在知识的综合应用能力和核心素养的发展方面仍显不足。认识到这一问题和不足后,2013 年我们开始了基于电子书包的项目式学习模式的研究。

第一节　基于电子书包的项目式学习模式研究的背景与现状

基于电子书包的项目式学习模式的研究从电子书包支持的单学科教学转向了电子书包支持的跨学科项目式学习模式,从关注学生单学科知识的获得转向提升学生跨学科知识的综合应用能力,学生借助信息技术的支持,特别是电子书包系统的支持,通过一定时长的小组合作方式,解决一个真实世界中复杂的、具有挑战性的问题,或完成一项源自真实世界经验且需要深度思考的任务,在解决问题或完成任务的过程中,精心设计项目作品,规划和实施项目任务,进而逐步习得包括知识、可迁移技能、思维方式、价值观等在内的 21 世纪核心素养。电子书包应用方向、应用模式和应用目标的转变源于新千年后世界范围内面向学生的核心素养发展的教育改革浪潮以及促进信息技术与教育深度融合的现实诉求。

一、研究背景

进入 21 世纪,为了适应信息时代对人才培养的新要求和挑战,全球众多国家、地区、组织都积极思考如何培养适应 21 世纪工作、生活的未来公民,纷纷制定了 21 世纪核心素养标准,并以此为人才培养的目标,进一步推进教育改革。近年来,我国基础教育也正从"知识本位"走向"核心素养"时代。党的十八大报告指出,"把立德树人作为教育的根本任务,培养德智体美全面发展的社会主义建设者和接班人"。2014 年,教育部出台《关于全面深化课程改革,落实立德树人根本任务的意见》,明确提出"研究制定我国各学段学生发展核心素养体系"。2016 年 9 月,核心素养研究课题组正式发布我国中小学生发展核心素养框架。随后,在国务院发布的《国家教育事业发展"十三五"规划》以及党的十九大报告中进一步提出了"深化教育改革,加快教育现代化,全面贯彻党的教育方针,落实立德树人根本任务,培养全面发展的人"的目标和要求。

(一)芬兰面向学生发展核心素养的"主题情景式"课程及其教学改革

芬兰于 2014 年 12 月发布《2014 基础教育国家核心课程标准》,并于 2016 年 8 月在基础教育阶段各年级全面实施,值得一提的是,此次芬兰国家核心课程改革中,特别强调对学生"横贯能力"的培养,也是对以往教改中所奉行的教育教学价值取向的又一次升华[1]。所谓"横贯能力",一方面强调多种能力的融合贯通、学科知识的综合和迁移,另一方面也是一种贯穿于各个学科的能力,主要包括:思考与学会学习的能力,文化、交流与表达的能力,照顾自我、经营与管理日常生活的能力,多模态识读能力,ICT 相关能力,工作与创业能力,参与并创造可持续性未来的能力。在课程体系上,芬兰强调实施"主题情景式"课程,旨在通过跨学科的主题性学习,帮助学生培养未来社会真实生活中所需的综合价值观、知识和技能,其跨学科主题性课程主要包含 7 个主题:作为人的发展,文化认同与国际主义,媒体技能与交流,公民参与意识与创业精神,对环境、健康和持续发展的未来的责任,安全与交通,科技与个人等[2]。

在芬兰的课程改革中并没有取消分科课程教学,横贯能力的培养仍然依托具体学科实现。芬兰在保留传统分科教学的基础上,通过现象教学事先确定一些主题,将相似的学科知识重新编排,形成融合式的课程模块,并以这样的课程模块为载体实施跨学科教学。正如芬兰教育委员会所说,基于现象的教学不会取消学科教学,目前仅要求各年级一年至少进行一次完

---

① 冯惠敏,郭洪瑞. 芬兰国家核心课程改革中横贯能力的培养对我国的启示[J]. 外国中小学教育,2017,(10):8 - 14.

② National Board of Education. National Core Curriculum 2004, Finland, 2004:36 - 41.

基于电子书包的数字化学习研究与实践

整的基于现象的教学,时间上可能持续一周至数周不等①。现象的选择应该充分结合地区问题,充分发挥学校在寻找、确定现象以及某一现象应该由哪些学科知识组成上的自主性。

(二)美国面向学生发展核心素养的"21世纪技能框架"及其课程与教学改革

作为教育强国的美国,2002年美国联邦教育部成立了"21世纪技能合作组织",制定了美国《21世纪技能框架》。在此框架下,2010年,美国颁布了国家课程标准《共同核心州立标准》,包括英语语言艺术和数学两门学科;2013年又颁布了科学学科标准:这一系列标准强调综合性、跨学科性②,同时注重21世纪技能与学科培养目标的结合。为落实21世纪技能的培养,"21世纪技能合作组织"给出了7条建议③(Partnership for 21st Century Learning,2016):一是将21世纪技能整合进核心学科标准,同时注意在不同的学科领域采取不同的处理方式,通过科学的方式进行整合;二是将21世纪主题整合进合适的学科领域标准;三是在每个学科领域标准里,应该列出那些最重要的知识和思维习惯,不要试图涵盖全部内容;四是将21世纪技术素养和技术工具恰当地融入标准中;五是使标准可观察、可测量,保证同时建立起相应的评价系统;六是确保标准是实用方便的,能够反映当今社会实践;七是确保标准包含了课程、评价、教师专业发展的整合性内容。

为帮助学校和教师更好地开展基于21世纪技能的课程与教学,美国很多专业机构与组织或是引领参与学校和教师开发与实施指向21世纪技能的课程,如斯坦福大学评价、学习与公平中心,他们已和12个州开展合作;或是组建团队研发并为教师提供系统的课程材料,如"共同核心"组织,他们研制并出版的《共同核心课程地图》就是一套指导如何实施共同核心课程标

---

① 于国文,曹一鸣.跨学科教学研究:以芬兰现象教学为例[J].外国中小学教育,2017,(07):57-63.

② 辛涛,姜宇,王烨辉.基于学生核心素养的课程体系建构[J].基础教育论坛,2016,(09):34-37.

③ Partnership for 21st Century Learning. Standards:A 21st CenturySkills Implementation Guide[EB/OL]. http://www.p21.org/storage/documents/p21-stateimp_standards.pdf.

准的课程工具①,该工具具有以下几个特点:第一,以单元为基本单位,用基本问题统领整个单元;第二,强调与标准匹配,落实标准和 21 世纪技能;第三,通过活动设计将课程与经验连接,并将评价嵌入学习活动之中;第四,注重学科间的联系与整合。当前,课程地图被广泛借鉴并运用于美国基于共同核心标准的课程实施中②。

(三)澳大利亚面向学生发展核心素养的课程与教学改革

澳大利亚国家课程采用学前到高中 12 年级一贯制的学段,其中学前至 10 年级,重视对学生进行七大综合能力以及跨学科专题教育,高中阶段则关注学生未来不同的发展方向,呈现多选择性的特点。在澳大利亚,基础教育课程可分为围绕综合能力而设定的基础学习领域课程,为培养学生全球视野而设定的跨学科主题教育课程,为培养学生基本的职业知识和社会生活技能而开设的工作教育课程,以及为适应学生未来的不同发展需求而灵活设置的高中教育课程四种不同形态,呈现出重视能力发展与跨学科主题教育,又兼顾灵活性的课程形态结构特点③。

澳大利亚的基础教育国家课程把学生需要学习的内容分为英语、数学、科学、人文与社会科学、艺术、语言、劳动技术、体育与健康教育以及技术 8 个学习领域,每个领域开设不同数量的科目。课程标准中为每一个学科领域列出其对学生综合能力培养的要求,任何能力的培养都不再是某一个学科的任务,而是各个学科共同努力的结果。除此之外,除了突出对学生综合能力培养的重视之外,澳大利亚的基础教育还针对其特殊的地理位置及多元的社会文化的特点,对学生开设三大跨学科主题的课程,包括了解原住民与岛民的历史文化、了解亚种文化以及澳大利亚与亚种的相互关系、可持续发展。并且,这些跨学科主题教育不是通过附加一些课程来实现的,而是挖掘已有课程中与之相关的学习内容来培养④。这类主题的目的在于让学生

① 周文叶,陈铭洲.指向深度学习的表现性评价——访斯坦福大学评价、学习与公平中心主任 Raypechone 教授[J].全球教育展望,2017,(7):3 - 9.

② 周文叶.核心素养的课程转化:以美国为例[J].教育发展研究,2017,(12):38 - 45.

③ 杜文彬.澳大利亚中小学课程结构改革及其启示[J].全球教育展望,2017,(09):37 - 48.

④ SALTER P, MAXWELL J. The Inherent Vulnerability of the Australian Curriculum's Cross - curriculum Priorities[J]. Critical Studies in Education,2016,(3):296 - 312.

加深对世界以及社会的认识,加深多元文化认同,并为建设更好的澳大利亚做出自己的贡献。澳大利亚通过对每一学科领域的教学内容进行编排,增加学科间、学科和社会生活实践的联系来达到跨学科主题学习的目标。

同时,为使学生能在高中阶段做好接受技术职业教育的准备,澳大利亚为 9~10 年级学生开设工作教育校本课程。这类课程由"学习与工作技能"和"职业与生活规划"两部分内容组成。学习与生活技能细分为学会学习、工作技能以及创业行为三个部分;职业与生活规划分为职业发展与管理、工作性质与工作获得与保持三个部分①。在高中阶段,澳大利亚高中学校可以根据自身能力为学生安排各种各样的职业课程或大学预科课程,更加关注学生的兴趣、能力以及为学生未来发展做准备。另外,澳大利亚将培养学生批判和创造性思维能力、道德能力、跨文化理解能力以及个人与社会能力贯穿到八大学习领域中,为其设定了分等级的、具体的培养目标与学业成就标准,使针对学生能力的培养更具针对性,评价标准也更具操作性。

(四)新加坡面向学生发展核心素养的"21 世纪素养"教育改革

新加坡于 2010 年提出了"21 世纪素养框架",该框架包括核心价值观、社会交往与情绪管理能力和 21 世纪竞争力三大板块。在课程设置方面,新加坡的基本课程分为三大领域:生活技能类、学习技能类、学科知识类②。生活技能类课程包括课程辅助活动、艺体陶冶计划、国民教育、品格与公民教育、德育在于行动等;学习技能类课程主要是基于真实问题解决的课程,该类课程锻炼学生的创新思维、批判性思维,信息收集、处理、分析和有效表达的能力;学科知识类课程分为三大模块:语言、科学与数学、人文与艺术。语言领域主要包括英语和母语,科学与数学领域包括数学、科学、计算机应用等理科科目,人文与艺术主要是社会通识、地理、美术、音乐等文科和艺术类科目。从课程目标上看,新加坡的课程更注重学生非学术性能力的培养,包括品格与价值观、学习技能、有效沟通和表达能力、批判性思维、信息收集能力、领导力、团队协作能力、跨文化沟通与理解能力等领域。在课程设置上,学术性知识被置于最外层,而非学术性课程占据了新加坡课程的核心。

---

① Australian Curriculum, Assessment and Reporting Authority. The Australian Curriculum_work studies[EB/OL]. http://www.acara.edu.au/.

② Ministry of Education, Singapore. Primary School Curriculum [EB/OL]. https://www.moe.gov.sg/education/primary/primary – school – curriculum.

新加坡 21 世纪素养框架的特色是以核心价值观为核心。同时,将新加坡政府 1997 年提出的"4 个理想的教育结果"(自信的人、主动的学习者、积极的贡献者、热心的公民)与语言、数学、科学、人文、体育、艺术与音乐、品格与公民教育、课程辅助活动、校本项目等课程连接起来,为上层教育目标在各类课程实践中的落实搭建了桥梁(图 7 - 1)。

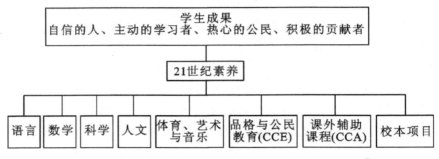

图 7 - 1　新加坡 21 世纪素养教育的落实(师曼等,2016)①

在面向 21 世纪素养教育的教学改革方面,强调为学生的学习创设有意义的情境,形象化再现问题;强调培养学生主动学习和探究的能力等;强调发展学生的"思维能力"。在教学创新上,引入项目式学习,强调基于问题和项目的学习方式变革,如数学课程尤其关注问题解决的教与学,引导学生在现实情境中运用数学模型与数学思维模式;人文学科课程则加强培养学生的探究思维,要求学生提供证据论证自己的观点②。在评价改革上,除了在各科目教学中大力推广形成性评价,新加坡还尝试采用跨学科的项目学习(Project Work,简称 PW),评价学生的思维、交流与合作以及学习能力等素养。该项目旨在为学生提供整合不同领域知识的机会,并在真实情境中批判性、创造性地运用这些知识,让他们能够获得合作、交流以及独立思考的能力,为终身学习与应对未来做好准备。项目学习的具体做法是:教师将学生随机分组,学生自由选择项目学习话题,并围绕话题进行为期数周的准备,最终完成一份书面报告、一个口头展示以及一份小组项目档案。书面报

① 师曼,周平艳,陈有义,等.新加坡 21 世纪素养教育的学校实践[J].人民教育,2016,(20):68 - 74.

② RIDZUAN A R. Pedagogy for thinking and creativity: the Singapore context[EB/OL]. https://www.oecd.org/edu/ceri/04%20Ridzuan_Singapore.pdf.

告与口头展示旨在评价学生对核心学术内容的应用以及交流、合作与学习能力等 21 世纪素养;小组项目档案旨在评价学生的学习能力,反映学生进步的轨迹以及他们面临的挑战和取得的成功[①]。

(五)我国面向核心素养的课程改革与教学改革

在《中国学生发展核心素养》颁布之前,我国基础教育领域的一些中小学就已经开始了跨学科的、面向核心素养的课程与教学改革的探索与实践,比较有代表性、开展较为深入的,如我国清华附小面向学生发展核心素养的"1 + X"课程改革、山西晋中的 8 所中学依据国家课程标准设计开展的项目式学习等。

1. 清华附小面向学生发展核心素养的"1 + X"课程改革

清华附小的"1 + X"课程是一个落实核心素养培养,适合学生整体、多元发展的课程体系。"1"是指整合后的国家基础课程,完成国家课程要求的教学内容。并且,在国家课程的基础上精简、整合国家课程,开发、创生适合的校本课程,逐步形成一套基于国家课程且高于国家课程标准的课程体系。清华附小把原来的十几门国家课程,根据学科属性、学习规律及学习方式整合为五大领域:"品德与社会""体育与健康""语言与人文""数学与科技""艺术与审美"。这五大领域课程分别指向中国学生发展核心素养中的公民道德、国家认同、身心健康、审美情趣和学会学习。"X"是指为实现学生个性化发展的特色课程,包括学校个性课程和学生个性课程两个层次,它指向的是符合学生个性的核心素养,如创新素养、人际交往素养。其中,学校个性课程为学生提供体现学校特色的必修课程,学生个性课程为学生提供适合学生自己的多元选修课程。"1"是"X"的基础,"X"是"1"的补充、拓展和延伸。

除了对课程结构进行重整外,清华附小还对国家课程内容进行了重整。学校以学生发展的需要为依据,在准确把握国家课程标准的基础上,梳理、整合人教版、苏教版教材内容,规划和优化整合了国家课程,制定了语文、数学、英语等学科的《质量目标指南》,梳理了每个年级学生应达到的学业水平以及教师相应的实施策略,让教师能够明确每个学年本学科的知识、能力,

---

① 师曼,周平艳,陈有义,等.新加坡 21 世纪素养教育的学校实践[J].人民教育,2016,(20):68 – 74.

使教师能够比较清晰地把握教学目标和教学难点,确定教学内容,同时《指南》还为教师提供了大量的课程资源以使补充学习的内容有据可依①。

在教学实施方面,为适应整合、改革后的课程内容,清华附小在保证课时总量不变的前提下,将原来固定的每节课 40 分钟变为长短不一的大、小课时。"基础课时"35 分钟,主要用来安排数学、英语、体育等学科。通过对这些学科课时的调整,有助于缓解学生课上的疲劳,也促使教师带领学生精学精炼。"大课时"60 分钟,主要安排语文、美术、书法、音乐、科学等学科。这些学科有时需要长时间的情境营造或实验探究,通过调整"大课时",可以更好地促进学生自主、合作、探究。"小课时"10 或 15 分钟,主要为每天的晨诵或者中午的吟诵习字,通过对这些零散时间的应用促进学生的发展。"大课间"30 分钟,安排每天上、下午各一次,主要为学生提供加餐、做眼操或开展各类活动等。这样根据学科和内容不同的交错安排的长短课时,能够做到张弛有度,时间安排趋于合理,学生的学习也会更加轻松。

2. 山西晋中的初中课程项目化教改探索②

为了落实学生的综合能力和高级思维能力的培养,山西省教育厅从2013 年开始,在晋中的 8 所初中学校开始项目式学习的教改试验,先在语文学科中试点,不久数学和化学学科也相继加入教改试验中。

该教改试验的主要做法是通过课程项目化,找到承载和落实核心素养的较为完整、适切的载体。具体做法是依据课程标准开发学习项目,即把课程标准对学生学科学习的各种要求,包括知识、能力、态度等,都转化、融入学生要做的若干项目中。学生在做项目的过程中,完成学科知识的学习和能力的培养。以语文学科为例,2013 年,参与试验的教师和研究者开始自编项目学习手册,将每个学期的教学任务分解成 6 个项目,每个项目大体上用两周的时间完成;学生以做项目的方式学习语文。在这样的项目中,学生要有常规的语文学习,如阅读、交流、写作等,但这样的常规学习与已往迥然不同,学生不是为了阅读而阅读、为了交流而交流、为了写作而写作,而是为了要做成这件事而阅读、而交流、而写作。比如:在语文项目式学习中,取消了

① 窦桂梅. 构建"1 + X 课程",为聪慧与高尚的人生奠基[J]. 课程·教材·教法,2014,(01):6 – 10.

② 张卓玉. 项目学习何以可能? ——基于山西的实践与思考[J]. 中小学管理,2017,(4):23 – 26.

写作课,写作完全融在了学生做项目的过程中。学生根据项目的需要,该写什么写什么,不必为教师给定的题目而苦思冥想。比如:初中语文第二册的项目和驱动任务包括6个项目,分别是:"整理家族历史"(写出自己的家族小史)、"探寻传统节日"(选写一个节日报告)、"走进体育世界"(编一期体育杂志)、"品读魏晋诗文"(写曹、陶比较文章)、"唱响经典音乐"(策划、编辑一期音乐栏目)、"探究神话寓言"(写一篇寓言故事)。每个项目的实施过程大致包括以下几个环节:(1)明确任务,形成具体的实施方案;(2)以独立学习或小组学习的形式分步实施;(3)形成项目成果;(4)分享成果,评估总结。

为了支持项目化课程的实施,参与试验的学校将原有的研究性学习、社会实践和社区服务课程进行统筹,不再单独开始研究性学习课程以及社会实践和社区服务课程,他们认为项目式学习本身统筹了研究性学习和社会实践及社区服务课程的功能。

实际上,除了上述两所学校围绕核心素养所做的课程与教学改革探索之外,国内还有一些学校也在进行类似的实践,如深圳南方科技大学实验学校多年进行的"统整项目课程",还有一些学校通过开设 STEAM 和创客教育校本选修课的途径,尝试面向核心素养的跨学科统整。

从以上面向核心素养的国内外课程改革的总体趋势和经验来看,打破学科之间的界限,借助技术的支持,在问题语境中以主题导入和跨学科的项目式学习,让学生获得对意义世界的整体性认识,促进学生能力和整体人格的健全发展成为世界各国课程改革的一个的方向。

二、国内外项目式学习研究现状

项目式学习(Project based learning,简称 PBL)是一种建构主义理念下以学生为中心的教学方式,它主张学生通过一定时长的小组合作方式,解决一个真实世界中复杂的、具有挑战性的问题,或完成一项源自真实世界经验且需要深度思考的任务,在解决问题或完成任务的过程中,精心设计项目作品、规划和实施项目任务,进而逐步习得包括知识、可迁移技能、思维方式、价值观等在内的 21 世纪核心素养。《2015 年地平线报告(基础教育版)》中认为项目式学习是典型的深度学习方式,其优势体现在通过与实际生活建立联系、促进学生更好地运用所学知识,从而促进知识内化,同时培养 21 世纪所需的多元能力。

（一）国外项目式学习研究现状

为了了解国外项目式学习研究的现状，我们选取了 Elsevier ScienceDirect、SpringerLink、Wiley InterScience3 个数据库 2000 年后的文献作为国外文献的主要来源，以 Project – based learning 和 PjBL 以及 PBL 作为主题词，选取权威期刊的文献，删除了基于问题学习（Problem – based learning）的相关文献以及无关主题的文献，并对所整理的国外文献进行分析，国外的研究内容主要集中以下几个方面。

1. 项目式学习的学科教学设计与应用

项目学习在自然科学以及计算机等学科中应用较为广泛。Toolin 等对项目学习在科学教学中的应用进行了研究，并详细阐述了项目学习实施的具体步骤[①]。Karahoca 等对基于项目学习小学机器人教学进行了研究，发现基于项目的研究有助于学生理解机器人教育支持学生的日常生活，不仅帮助学生获取关于机器人的信息，而且帮助学生提高基本技能和能力，从而影响了学生的科学素养以及班级伙伴之间的关系[②]。此外，还有研究者对项目学习在网页与程序设计课程、博物学课程方面进行了相应的研究。

2. 项目学习对学生能力培养和心理变化的影响研究

当今社会是一个知识经济的社会，培养具有高阶思维能力及良好信息素养是全球人才培养的一个导向，而项目学习本身的特点符合此种人才培养的要求，在此过程中参与项目学习人员的心理变化也倍受关注。Chu 等人通过基于项目学习和协作教学的方式对学生的信息素养的发展进行了研究[③]。Mioduser 等通过对基于项目学习的高水平人员的技术知识构建过程

① TOOLIN R E. Striking a Balance Between Innovation and Standards：A Study of Teachers Implementing Project – Based Approaches to Teaching Science[J]. Journal of Science Education & Technology, 2004, 13(2)：179 – 187.

② KARAHOCA D, KARAHOCA A, UZUNBOYLUB H. Robotics teaching in primary school education by project based learning for supporting science and technology courses[J]. Procedia Computer Science, 2011, 3：1425 – 1431.

③ CHU S K W, CHOW K, TSE S K. The development of students´information literacy and IT skills via inquiry PBL and collaborative teaching[J]. Proceedings of the American Society for Information Science & Technology, 2009, 46(1)：1 – 22.

的研究,作为支持学生知识获取和问题解决过程的一种重要的方法①。而Ling 等对 68 名中学生进行了调查,分析了他们对于以计算机为中介项目学习环境的看法以及对具体参与的项目学习的态度以及动机②。

3. 基于项目学习的教师发展与心理变化研究

主要有基于项目学习的方法能够提升职前教师在设计和技术教育方面的问题解决能力和兴趣培养。Mettas 等通过定性和定量的方法对 29 位在学习过程中参与过项目学习的职前教师进行分析,结果表明对于职前教师而言,基于项目学习是一种有效的学习方法,如果向职前教师提供及时的技术支持和时间管理方法,基于项目的学习将会在计算机相关的课程中成功地实施③。而 Lam 等对基于项目学习中教师的心理变化进行了研究,研究点主要集中在教师内部动机的变化④。

4. 对项目学习的评价研究

评价研究主要是针对项目学习实施的效果进行研究。Doppelt 对在灵活多变的环境中的项目学习进行了实施和评价⑤。Huei - Tse Hou 等对基于项目学习的在线讨论课程同伴评价进行了分析⑥。

---

① MIODUSER D, BETZER N. The contribution of Project – based – learning to high – achievers' acquisition of technological knowledge and skills[J]. International Journal of Technology & Design Education, 2008, 18(1):59 – 77.

② LING Y B S, QUEK C L. Evaluating students' perceptions and attitudes toward computer – mediated project – based learning environment:A case study[J]. Learning Environments Research, 2010, 13(2):173 – 185.

③ METTAS A C, CONSTANTINOU C C. The Technology Fair:a project – based learning approach for enhancing problem solving skills and interest in design and technology education[J]. International Journal of Technology & Design Education, 2008, 18(1):79 – 100.

④ LAM S F, CHENG W Y, MA W Y K. Teacher and student intrinsic motivation in project – based learning[J]. Instructional Science, 2009, 37(6):565 – 578.

⑤ DOPPELT Y. Implementation and Assessment of Project – Based Learning in a Flexible Environment[J]. International Journal of Technology & Design Education, 2003, 13(3):255 – 272.

⑥ HOU H T. Exploring the Behavioural Patterns in Project – Based Learning with Online Discussion:Quantitative Content Analysis and Progressive Sequential Analysis[J]. Turkish Online Journal of Educational Technology, 2010, 9(3):52 – 60.

5.技术支持项目学习的研究

Rye 等将概念图应用于项目学习中,所研究的对象是美国自然基金会所赞助的中学地理科学教师,这些教师将概念地图应用于项目学习中对当地的河流进行调查,用概念地图来组织项目学习中的一些驱动问题,强调概念地图作为一种计划工具①。Land 通过结合相应的 4 个案例分析网络环境下项目学习的实施过程及网络资源整合并提出了 3 点讨论②。

(二)国内项目式学习研究现状

我们在中国知网(CNKI)上,以"项目式学习""基于项目的学习""项目学习"为主题词,搜索了 2000 年后的文献。剔除非学术性的文献,最后一共搜到 515 篇与本研究主题相关的文章(如图 7 - 2 所示)。从数量上看,有关项目式学习的研究已经受到广泛的关注。从文献的内容上看,已有的研究主要集中在以下几个方面。

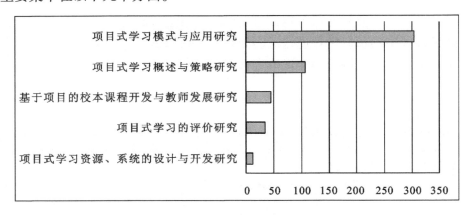

图 7 - 2 国内项目式学习研究主题统计

1.项目式学习模式与应用研究

项目学习的实施促进了学生高阶思维能力的发展,因此在众多学科中

① RYE J, WARNER T A. Incorporating Concept Mapping in Project - Based Learning: Lessons from Watershed Investigations[J]. Journal of Science Education & Technology, 2013, 22(3):379 - 392.

② LAND S M, GREENE B A. Project - based learning with the world wide web: A qualitative study of resource integration[J]. Educational Technology Research & Development, 2000, 48(1):45 - 67.

有普遍的应用和研究。上海师范大学的费夏将项目式学习应用于中职计算机教学中，以"Dreamweaver 网页设计与制作"课程为例研究学生在项目式学习后学习成果与学习态度的变化①。邬彤通过项目学习在高中信息技术教学中的应用研究，比较了基于项目的学习与"任务驱动"教学的异同，分析了在信息技术教学中应用基于项目的学习模式的优势，并结合实例对教学中的主要环节进行了深入的探讨②。

2. 项目式学习概述与策略研究

项目式学习的概述与策略研究中包括我国研究者对项目式学习流程、项目式学习实施过程与策略的总结介绍，同时包含对项目式学习研究现状的综述与讨论。2002 年，学者夏惠贤在《多元智力理论与项目学习》一文中系统地介绍了项目式学习的内涵、优势以及与多元智能理论的关系等③。另有刘景福、钟志贤较全面地介绍了项目式学习的定义、构成要素、特征和操作程序等④。学者刘育东通过分析国内学术界项目学习研究的现状和问题，提出了相应的对策⑤。项目式学习在设计与实施过程中存在一些问题，也引发相关学者的思考并提出了应对的策略。西南科技大学孙俊霞等通过介绍基于项目学习（PBL）的研究情况，分析 PBL 网络课程的教学设计中存在的关键问题，探讨关键问题的解决途径⑥。

3. 基于项目的校本课程开发与教师发展研究

校本课程是教学改革的重要促成部分，基于项目学习的校本课程开发，是建设本地化、个性化特色课程的重要方式之一，在国内已经有部分学者开

① 费夏.基于项目的学习在中职计算机教学中的应用研究：以《Drearnweever 网页设计与制作》课程为例[D].上海：上海师范大学，2014.

② 邬彤.基于项目的学习在信息技术教学中的应用[J].中国电化教育，2009，(06)：95 -98.

③ 夏惠贤.多元智力理论与项目学习[J].全球教育展望，2002，(9)：20 -26.

④ 刘景福，钟志贤.基于项目的学习(PBL)模式研究[J].外国教育研究，2002，11：18 -22.

⑤ 刘育东.我国项目学习研究：问题与趋势[J].苏州大学学报(哲学社会科学版)，2010，(04)：182 -187.

⑥ 孙俊霞，韩永国，郑一露.基于项目学习的网络课程教学设计[J].中国教育技术装备，2009，(27)：125 -126.

展了研究。师庆良对项目学习在校本课程教学的中的应用进行了研究①。东北师范大学杨柳的硕士论文从理论与实践两个方面详细阐述了基于项目学习的高中数学校本课程开发研究②。基于项目学习教学的教师专业能力发展也受到了越来越多的关注。郝超君认为项目式学习越来越受教育工作者的青睐,对基于项目学习的教师培养模式进行了探讨③。学者王林发基于教师专业化发展对培养研究型教师的时代需求和对我国教师培养中现实问题的反思,探索了"创造式参与、研究型活动、实践性学习"研究型教师培养的项目学习教学模式④。

4. 项目式学习评价研究

项目式学习的评价是项目式学习重要的组成部分,从文献分析来看,国内关于项目式学习的评价研究较为单一,集中在评价指标体系的构建方面。如唐雅慧应用因子统计分析法、层次分析法构建了网络环境下项目式学习的评价指标体系并进行试用⑤。邵伟琳在信息技术项目式课程中探索学习评价的合理方法,在教学实践中取得了良好的效果⑥。

5. 项目式学习资源、系统的设计与开发研究

这类研究主要包含信息技术环境下对项目式学习所需的资源、网站等系统的设计与开发,黄文庆基于项目式学习的相关理论,提出策略式项目协作学习系统的模型,据此完成系统的设计与实现⑦。杨贵等通过研究基于项目学习的教育方法,结合网络和数据库技术的发展,架设了基于项目学习的教育资源平台⑧。宋乐通过总结网络环境下基于项目的学习原则,运用

---

① 师庆良.项目学习在校本课程教学中的应用研究[D].宁波:宁波大学,2009.

② 杨柳.基于项目学习的高中数学校本课程开发研究[D].长春:东北师范大学,2009.

③ 郝超君.基于项目学习的教师培训模式探究——以 UNESCO PBL 培训为例[J].广州广播电视大学学报,2011,(05):52-57+110.

④ 王林发.研究型教师培养的项目学习教学模式[J].教育研究,2010,(08):105-109.

⑤ 唐雅慧.网络环境中项目式学习评价指标体系研究[D].重庆:西南大学,2013.

⑥ 邵伟琳.基于项目的中学信息科技学习平台的设计与实践[D].上海:华东师范大学,2009.

⑦ 黄文庆.基于项目的计算机协作学习系统的研究与实现[J].科技信息,2011,(21):76+8.

⑧ 杨贵,赵希武,韩吉义.基于项目学习的教育资源系统建设研究[J].软件导刊,2007,(04):47-48.

ASP. NET 技术设计并开发了基于项目学习的高中信息技术网站①。

通过对"项目学习在学科教学中的设计与应用研究"维度所属文章进行仔细阅读发现,我国对项目式学习的研究应用领域包括高等教育、职业教育领域与基础教育。其中职业教育领域研究最多,占总数的55%,研究涉及理、工、农、医、营销、计算机、外语等多个学科专业。在高等教育领域的研究占文章总数的28%,主要集中在英语、理、工、计算机等类专业,社科类的相对较少。在基础教育领域的文章最少,占总数的16%,其中初高中学段的研究占多数,主要集中在信息技术、通用技术、数理学科,在小学开展的项目式学习研究仅有23篇,集中在信息技术、科学与综合实践活动课中。

通过对项目式学习国内外研究现状进行对比分析发现,目前项目式学习相关研究呈现出以下特点。

(1)项目式学习的应用领域与学科分布不均

项目式学习的研究无论从应用领域与应用学科上都呈现出分布不均的特点。国外项目式学习应用领域侧重于高等教育及基础教育领域的高学段,开展学科集中于工程学、数学、科学、语言学习等方面。国内的项目式学习在职业教育与高等教育领域开展较多,且多集中于语言及理工科的技能类学科,在基础教育领域研究较少,集中于科学、理化及计算机等学科且多以综合实践活动的形式展开。

(2)受到一定关注,但对项目式学习的理解存在误区

美国学者托马斯博士(J. W. Thomas)认为,项目式学习的首要特征就是其向心性,即项目是课程的中心而不是课程的外围和边缘,学生通过项目而接触、学习学科的核心概念②。而在实践中,我国研究者对项目式学习的认识还存在一定偏差,许多教师在组织项目式学习时,并未涉及课程的核心知识点,仅针对教材的拓展内容以项目的形式开展,本质上与综合实践活动无异,未能实现项目式学习与核心课程的融合。

(3)基于新媒体技术环境下的项目式学习研究缺乏

国外研究者逐渐开始研究信息技术支持下的项目式学习,关注网络环

---

① 宋乐.基于项目学习的高中信息技术网站设计与开发[D].曲阜:曲阜师范大学,2014.

② THOMAS J W. Project – based learning:overview[M]. Novato,CA:Buck Institute for education,1998.

境中项目式学习的实施与评价。当前国内基于网络环境的项目式学习研究还较少,已有研究提出了信息技术环境下项目式学习的基本模式,多基于网络平台或单一技术进行实践,很少涉及电子书包等各类新媒体技术的应用。

(4)研究深度不足,项目式学习成效的实证研究较少

国外研究者倾向于进行项目式学习的实证研究,包括对学生心理变化、学习成效、能力发展及影响因素等多方面的探究,研究范围较为广泛且有数据支撑,有一定借鉴意义。而国内关于项目式学习的实证研究数量不多且集中于硕博士论文,研究方法较为单一,仍倾向于使用标准化考试成绩评定学生项目式学习的效果,评价未考虑学生多种能力的发展。

从前面文献分析中我们可以看到,国外的项目式学习侧重于高等教育及基础教育领域的高学段,开展学科集中于工程学、数学、科学、语言学习等方面。国内的项目式学习在职业教育与高等教育领域开展较多,且多集中于语言及理工科的技能类学科,在基础教育领域研究较少,不多的研究也主要集中于科学、理化及计算机等学科,其他国家主干课程,如语文、数学、英语等较少,仅有的研究多以综合实践活动的形式展开,很少与国家课程有机融合,且并不关注国家课程标准的达成和学科知识的学习,这使得项目式学习游离于基础教育的国家主干课程之外。此外,以往的研究多基于网络平台或单一技术进行实践,很少涉及电子书包等各类新媒体技术的应用。

基于以上分析,顺应国际上发展学生核心素养的教育改革趋势,结合我国基础教育课程改革的现状和项目式学习的研究现状,我们特别关注了项目式学习如何与国家主干课程相互融合的研究,试图探索一条适应中国基础教育国情实际,并能最大程度提升学生核心素养的课程与教学方式。2013 年,我们开始关注以电子书包作为主要学习支持环境的国家课程项目式学习的研究。

第二节　基于电子书包的项目式学习模式构建

面向中小学生发展核心素养的教学强调不同于传统碎片化知识考查的是转向了更为深层、复杂、创新与合作的思维方式和工作方式的培养。而这些思维方式和工作方式的培养仅仅依靠传统以"知识传授"为核心的教育形态显然是无法完成的。从对世界范围内面向核心素养的课程教学改革的趋

势和经验来看,打破学科之间的界限,借助技术的支持,在问题语境中以主题导入和跨学科的项目式学习,是培养学生核心素养的重要途径和方式。那么,如何实现学科内部、学科之间以及学科与技术的融合? 如何借助技术的支持,为学生更好地提供数字化学习和生活的体验和更接近未来、接近真实问题的环境? 如何让项目式学习方式在日常教学中的实施常态化,进而加快教与学方式的转变,促进学生的深度学习? 这些都是我们需要研究的问题。

一、电子书包对项目式学习的支持

项目式学习强调以真实情境中的问题为任务驱动,将学习内容以项目活动的形式呈现,学生通过充分利用最优化的学习资源进行自主学习、合作探究、动手实践、创作作品从而获得较全面的学科知识及学科能力和综合能力或素养的提升[①]。在传统的课堂环境下进行项目式学习存在许多不足之处,例如探究活动时空受到限制、学习资源内容不够丰富、教学管理与评价效果不佳、学习方式单一、师生间交流协作缺乏等[②]。电子书包对项目式学习的支持体现在资源、技术与管理多个方面,基于电子书包的项目式学习可以充分利用信息技术的优势,为学生提供多样化的、丰富的学习资源,更好地支持学生的自主学习和探究性学习及个性化学习,更好地支持教师进行过程性评价和总结性评价,支持学生之间及学生与教师之间的交互与交流,解决项目式学习实施中的若干困难。针对项目式学习的特点,电子书包能够提供的支持与具体功能的应用体现在以下方面(详见表7-1)。

表7-1 电子书包对项目式学习的支持

PBL特点	电子书包的支持	具体功能体现
以驱动问题为核心,来源于实际生活情境	多种媒体形式,创设真实问题探究情境	在电子书包中,利用文字、图片、动画、视音频等多种媒体形式创设逼真且富有探究性的问题情境

① 胡舟涛.英语项目式教学的探索与实践[J].教育探索,2008,(02):70-71.

② 唐雅慧.网络环境中项目式学习评价指标体系研究[D].重庆:西南大学,2013.

PBL 特点	电子书包的支持	具体功能体现
以活动探究为主体,教师提供支架式教学	提供丰富的学习资源与探究活动中的技术支持	思维导图、概念图等可视化工具的使用; 微课资源提供教学与探究支持; 网络资源提供丰富的探究材料; 利用网络与计算机技术进行资料搜集与作品制作
以小组合作学习为主要形式,重视学习共同体构建	促进学习过程的交流与协作	利用电子书包的协作交流平台、网络通讯工具、网络平台中的讨论区、协作交流模块以及 WIKI 等工具的支持
以多元评价为目标,强调项目后反思	支持多元评价方式与管理	电子书包中的互动评价功能,即时反馈,同时支持多元评价主体的自评、同伴评与师评;利用工具实施网络调查;网络平台中进行教学、学习反思

二、基于电子书包的项目式学习模式

学习科学研究表明,知识和技能只有镶嵌在具体的情境中才更容易被理解,知识只有在联系中才能显示出意义;在现实世界中,各种学科知识和技能是在解决真实世界问题时相互连接和交叉的,因此,有效的学习应该是情景化的,是基于真实问题情景的,是跨学科的,学习不应局限于个人内在的脑海,必须将问题定位在真实世界中,将个人与生活联系起来。但长期以来,分科教学一直是世界教育的主要形式,尽管很多国家在探索跨学科的教学,如美国的"STEAM 教育"、芬兰的"主题情景式教学",但都仍保留着分科课程体系,因此,要完全取消分科教学,是非常难以实现的。那么,如何在保留现有分科课程体系下,实现学科之间的交叉和融合,特别是在解决真实世界问题时学科知识之间的交叉融合?基于电子书包支持的国家课程的项目式重构、设计与实施是我们尝试探索的一条改革路径,其具体模式(如图 7 - 3 所示)。

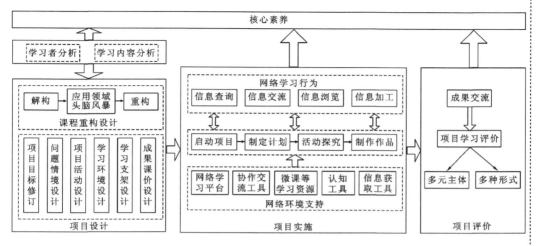

图 7-3 基于电子书包的国家课程项目式学习模式

（一）项目设计

项目设计是项目式学习实施的基础与保障,由教师、领域专家等共同构建项目团队,在研读教材与查阅资料的基础上,以教师为主体利用电子书包、网络教学平台、信息化资源管理工具与交流平台,通过线上、线下合作教研的形式进行国家课程的项目式重构。国家课程项目式重构的设计基本流程如上文所示,在此不再赘述。

（二）项目实施

项目实施包括启动项目、制定计划、活动探究与制作作品 4 个步骤,是项目式学习的核心所在。教师与学生在信息技术的支持下,依托电子书包结合协作交流工具、多样学习资源、认知工具等信息化学习工具进行项目学习的具体探究活动。在此过程中,学生通过信息查询、浏览、组织加工与交流等多种网络学习行为进行学科知识建构与整合,完成项目任务,并进一步提升了信息素养、问题解决、批判性思维等核心素养。

（三）项目评价

项目评价阶段主要包括成果交流与评价反思。项目式学习的评价强调主体的多元化,评价内容的综合性和全面性,评价标准的合理性,以及评价方法、手段的多样性。评价内容应包含学生学习的参与情况、学生知识与技能的掌握情况、学生作品的完成情况、学生的能力提升情况、学生小组合作情况等。学生在综合整理的基础上进行项目式学习成果的展示与发布,师生以及家长、领域专家等多元主体依据评价量规的要求进行评价。基于电子书包的项目式学习评价具备互动性与过程性等特点,充分利用电子书包即时反馈的功能,通过信息化的评价方式组织学生进行自评、互评,统计结果既清晰又全面且易于统计。

以下我们将首先对面向核心素养发展的国家课程项目式学习的设计模块进行详细介绍,在第三节重点介绍项目式学习实施的流程及实践的具体情况。

(一)国家课程项目式重构的设计流程

国家课程项目式重构就是将国家课程改造成为项目式课程的过程。具体设计过程(如图7-4所示)。

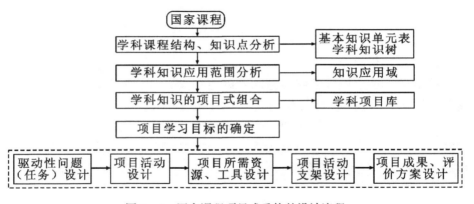

图7-4 国家课程项目式重构的设计流程

1. 学科课程结构、知识点分析

进行国家课程项目式重构的第一步就是对学科课程的结构、知识点进行详尽的分析。分学科的项目组教师对课程教材进行内容梳理,将关键知识点进行汇总,形成基本知识单元表。然后,项目组教师将基本知识单元表进行深化构建,形成一个学科知识树,即"学科知识树"的构建。

2. 学科知识应用范围分析

针对"学科知识树"中所汇总的学科关键知识,项目组教师首先对学科知识的应用范围进行分析,在课程标准的统领下,充分考虑教学内容与学生生活经验,结合社会性议题、当前热点问题以及身边所要解决的显示问题,初步列举学科知识的应用领域与条件。针对具体的知识应用范围与条件,在应用领域进一步修改、完善,最终形成"知识应用域词典"。区别于传统教科书上假设的例题,学科知识的应用领域分析涉及运用知识的真实情境与具体事件,从而进一步加强了学科知识与实际生活的联系,是项目式课程构建的有力保障。

3. 学科知识的项目式组合

在"学科知识树"与"知识应用域词典"的基础上,可以将汇总后的学科关键知识与应用领域转换成可开展的项目问题、任务,在此过程中,充分考虑知识的复杂性、学习者特征与项目式学习的内涵,完成学科知识的项目式组合,最终形成具有综合性的知识项目库。需要强调的是,学科知识的项目式组合可以以特定学科为核心构建,同时也可以考虑组织跨学科的大项目专题。项目有大小之分,可以是覆盖整个学期的大项目,也可以是以某些核心知识为专题的小项目。学科项目库的建立为教师实施项目式学习提供了方向与支撑,可以使学科教师更好地完成项目式课程的构建。

4. 学习目标的确定

在项目式课程重构的过程中,要将新课标对课程学习目标的要求与核心素养的要求充分融合,即在遵从新课程标准的基础上,变"三维学习目标"为"项目式多维学习目标",充分考虑对学生 21 世纪核心素养的培养,结合项目式课程的具体要求确定项目学习目标。项目学习目标既要考虑学科知识和方法的掌握,也要考虑学科能力的培养,更重要的是学生核心素养的发展。学生需要具体掌握的学科知识、方法及学科能力与核心素养的培养,可以依据学科课程标准和具体的项目内容来确定。在项目目标确定后,接下来就是完成驱动性问题或任务的设计及项目活动、项目所需资源与工具、项目学习支架和项目成果评价方案的设计。

(二)国家课程项目式学习设计

1. 驱动性问题设计

驱动性问题是指围绕某一真实事物或真实事件,由教师、活动设计者或者学生,事先设计好的一系列情境化的、富有挑战性的、有意义的开放性问题。这些问题将由教师和学生在教学项目活动中共同探究和回答,并将由此产生出相应的活动产品。它往往来自真实世界和实际生活,具有选择性和指向性,能为学生探索实践活动指引方向,激发学生兴趣。好的驱动性问题一般应具有以下特点。

（1）可行的：学生是否可以在某一时间段内根据自身 已有的认知水平、可用的资源等解决问题；

（2）开放的：信息来源是开放的，方法是开放的，问题结果是开放的。

（3）有价值的：包含了与国家标准课程或当地课程标准相一致的、能够引导学生掌握课程目标所要求的知识、技能、方法并培养学生的学科能力和核心素养；

（4）情境化的：现实生活和真实世界发生的重要的问题；

（5）有意义的：学生认为有趣的、激动人心的；

（6）道德的：不会伤害个人、组织、环境；

（7）可持续性：它应该能维持学生对项目的兴趣。

2. 项目学习活动设计

项目学习活动设计主要是根据项目目标和驱动性问题，确定达到项目目标和解决项目问题应该完成的系列子任务或活动。需要确定每个子活动的操作流程、实施方式，确定师生之间、生生之间的任务分工。另外，在小组合作学习中还需要说明小组中每一个成员的任务分工及在哪些方面应开展合作，明确项目阶段性作品的形式和要求。

3. 项目所需资源与工具设计

项目所需资源与工具的设计是指规定项目式学习教与学的活动开展所必需的、可选的软硬件环境及资源，包括教室环境、平台、工具和项目学习相关的拓展学习资源等。需要说明的是，在我们的研究中，电子书包是作为项目式学习主要的支撑环境的，但由于项目式学习强调通过作品而不是仅仅通过考试来展示学生知识和技能的获得，并且考虑到项目目标的要求，学生完成的作品形式非常多样化，可以是思维导图、微电影，也可以是讲故事的录音、海报、专题片、模型、产品设计或宣传方案等，因此，设计项目式学习的资源与工具时，不应仅仅依靠电子书包，还可以根据对学生能力培养的要求和项目作品的形式，充分整合其他工具和资源，如 PPT、录音笔、思维导图工具、绘图软件及各类学科学习工具，发挥不同媒体的优势，支持学生的自主、探索、协作、分享、交流、创作等学习活动，给予学生更多数字化的生活学习体验，提供更接近未来信息时代的问题解决环境，以更好地支持学生的个性化学习。

4．项目学习支架设计

学习支架设计，也称教学支架设计，是指在学习者解决问题或完成任务的过程中，教师设计好有助于促进或帮助学习者有意义地参与问题解决并获得技能的各类支持。不同于传统教学中知识的孤立的碎片化学习，项目式学习中的问题和任务一般都比较复杂，需要学习者具有较强的自主学习和自我控制能力，特别是针对小学生中低年级开展的项目式学习，学习支架的设计尤为重要。好的学习支架设计不仅可以减轻学生在项目式学习过程的压力，避免学生因为畏难或缺乏方向而中途放弃，而且有助于学生高效地利用时间，聚焦于项目式学习希望达到的目标，按期完成项目作品。学习支架的形式可以多样，我们在第五章中已有所涉及，在此不再赘述。

5．项目式学习评价设计

与传统教学主要通过纸笔考试考查学生学科知识的掌握情况且主要由教师实施评价不同，项目式学习评价不仅关注学生学科知识的学习和学科能力的培养，更关注学生的核心素养的发展情况，因此，在评价方法和工具的选择上，注重表现展示型评定，不仅通过考试，还采用作品量规、量表等多种工具评价学生的作品和学生的学习过程，不仅重视评价学生学科知识掌握与学科能力，还非常关注学生的核心素养的发展评价。在设计项目式学习的评价时应注意以下几个方面。

（1）使项目作品与学习目标相符。项目作品可以是项目中完成的 PPT 演示、展览、模型、角色扮演等。在项目实施过程中要求制作阶段性作品，并设置检查点，给学生提供反馈。同时也给学生提供机会，让他们通过项目作品展示自己掌握的知识和技能。

（2）明确评价内容。在设计项目评价前，需要对知识和技能进行分解，分解成一组学习目标的明确描述。以角色表演为例，表演至少需要三项子技能：肢体语言、语音语调和语句的起承转合等。这些评价指标都可以体现学生在学习作品展示中所掌握的知识和技能。

（3）在项目活动开始前让学生知道评价表或量规。从项目一开始学生就知道评价表的内容更有利于他们参与活动学习的积极性，并且在完成项目作品的过程中方向更明确。对于教师而言，编写评价表或量规则要深入思考哪些知识和技能是希望学生掌握并能应用的。

以上主要介绍了我们在基于电子书包的项目式学习中如何对国家课程

的学科知识进行分析后通过项目进行学科内和跨学科知识的重构与设计。在形成项目主题后,如何进行基于电子书包的项目式学习设计这一环节最为重要,因为对于已经习惯于分学科、孤立知识点教学的一线教师来说,要打破过去驾轻就熟的单学科的教学设计而向跨学科的项目式学习的设计转向,是一个巨大的挑战。

第三节　基于电子书包的项目式学习的实践

基于电子书包的国家课程项目式学习设计是在以电子书包为主要技术所构建的一对一的学习环境支持下,通过项目式学习的方式实现跨学科的交叉和融合,这样一种全新的课程整合与教学,该如何实施? 特别是如何在常规的课堂教学中实施,从而尽可能实现常态化,这是一线教师也同样感到困惑和挑战的问题。在过去几年的研究实践中,为了帮助一线教师更好地在常规课堂教学中开展基于电子书包的国家课程项目式学习的教学实践,我们探索出了基于电子书包的项目式学习的流程和三种不同的课型,明确了几种不同课型中重点应开展的学习活动。

一、基于电子书包的项目式学习的实施流程

基于电子书包的项目式学习实施流程共包含以下 3 个阶段的 6 个关键步骤,具体(如图 7-5 所示)。在教学实践过程中,通过总结分析,对应形成了项目式学习的 3 种课型,分别为开题课、探究课和展示课。

(一)开题课

在开题课中,教师需要抛出问题情况和学生需要解决的驱动性问题或任务,同时还要带领学生或启发、指导学生分析要解决驱动性问题或任务可能涉及的学科知识、方法,可能用到的工具,从而形成解决问题学生所需要掌握、运用的学科知识、方法及工具的任务框架图(一般可以用思维导图的形式来直观呈现)。在明确了解决问题所需知识、方法与工具之后,接下来就需要将列出的任务框架形成可执行的任务计划,明确解决问题的步骤与顺序,形成任务计划表。在任务计划表中,明确小组成员完成各项活动或任务中的角色和分工。

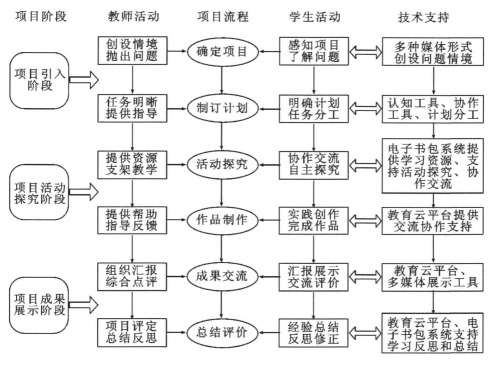

图 7 - 5　基于电子书包的项目式学习实施流程

(二)探究课

在探究课中,学生根据前期制定的任务计划表,有序地开展项目学习活动。在探究课中,教师需要根据项目活动的安排,为学生提供多种媒体形式的自主和探究学习资源,如微课、与项目主题或拟学习的教材内容体裁相关的拓展学习资源,为学生的学习提供适宜的学习支架,并针对项目学习过程中学生的情况进行镶嵌性教学。在学生完成阶段性任务或活动后,可以选择部分学生展示他们的阶段性作品,以了解和验证学生对前一阶段知识、技能和方法的掌握情况;如果因为时间所限,无法让所有学生或所有小组的学生都展示他们的阶段作品或成果,可以让学生将作品上传到相关的学习平台上,以便于学生通过平台进行进一步的交流、分享和评价。

(三)展示课

在学生完成系列学习任务并形成最终的问题解决方案和成果后,教师需要专门安排一节成果或作品展示课,并事先制订好作品评价量规。在课堂上,学生分小组展示完成的项目作品或成果,学生采用教师事先设计好的评价量规进行评价;教师也根据评价量规进行评价,根据学生、教师,有时候也可以邀请家长或社区人员(如果项目成果和附近社区密切相关,可以邀请社区人员参与)最终选出项目最优方案或最佳的项目学习成果。在展示课的成果交流环节,教师需要提前做好成果汇报的相关准备工作,包括安排技术设备、汇报流程等工作,并在学生汇报过程中进行综合点评。如果因为小组较多,无法在一节展示课上完成展示,也可以另外安排时间继续进行展示;如果因为时间有限,也可以将所有的学生作品都上传到相关学习平台上进行展示、评价。在汇报展示结束后,教师对整合项目的实施情况进行总结,包括对其中涉及学科知识的学习情况、学生的小组协作学习情况、学生的作品完成情况、值得肯定的地方和还存在的不足进行较为系统的总结。学生也需要在项目成果展示汇报完后,进行小组的总结与反思及个人的总结与反思,包括自己的学习收获、自己在小组学习中的贡献和不足及进一步需要改进的地方等,帮助学生更好地认识自己、改进不足,也为后续项目式学习的顺利开展奠定基础。

二、基于电子书包的项目式学习的应用实践

基于电子书包的项目式学习模式的研究主要与广州市 N 小学合作开展,始于 2013 年 1 月。该校为广东省一级学校,是广东省现代教育技术实验学校,前期参与过多项信息技术支持的课程与教学改革研究项目,具有较好的研究基础和条件。研究前期主要在数学、英语两门核心课程上进行试点,一年后在除体育之外的各个学科全面铺开。2016 年在西安的 D 小学进行了推广,截至 2018 年 8 月,项目已经推广到广东、山西、陕西 3 个省的 14 所试验学校,并从小学拓展到了中学。下面我们就小学的主干学科——语文、数学、英语的项目式学习的应用实践进行介绍。

(一)基于电子书包的语文项目式学习

基于电子书包的语文项目式学习是广州 N 小学参与教师人数最多、覆盖面最广的科目,目前该学科团队设计并实施了 30 多个项目,涵盖的范围包括小学阶段的 6 个年级。下面我们就以《成长》为例说明如何设计和实施基于电子书包的语文项目式学习。

1. 项目概述

项目源于人教版四年级上册第七单元"成长的故事"专题,它由《为中华之崛起而读书》《那片绿绿的爬山虎》《尺有所长寸有所短》和《乌塔》这4篇课文,以及一个小综合、词语盘点和语文园地七组成。《成长》项目是以教材内容为依托而进行的项目设计,以解决成长中的烦恼和困惑为出发,研究教材中人物、中外名人、身边同学的成长故事,并从中得到启示,以获得解决自己成长烦恼、问题的方法和能力。项目关联的主要学科为信息技术。

2. 项目学习目标

(1)通过自学认识28个生字,会写25个生字,正确读写"帝国主义、伯父、模范、风和日丽"等词语。(学科知识)

(2)能够收集、整理名人的成长故事并讲一讲名人的故事。(语言运用)

(3)能与小组同学合作探究本单元名人或普通孩子成长中遇到的困惑和解决的方法,通过品读课文,从不同的角度感受文中人物。(审美鉴赏)

(4)能够在体验别人成长经历的同时,思考自己成长中的问题并把自己成长的故事写出来分享给你的同学。(交流与表达)

(5)了解并学习名人从小立志、热爱祖国的情怀及热爱科学、坚持不懈的精神。(家国情怀、社会责任)

(6)会使用思维导图梳理4篇课文脉络并搭建《我的成长故事》写作框架,同时完成相应写作。(信息素养、健康生活、责任担当)

(7)学会录制故事音频制作有关自己成长故事的微电影。(信息素养)

3. 项目活动设计

活动序列	学生活动	教师活动/学习支架	工具及资源	活动作品
活动一(小组探究,群文学习)	1. 阅读本单元《为中华之崛起而读书》《那片绿绿的爬山虎》《尺有所短寸有所长》和《乌塔》4篇课文,思考:课文中的人物周恩来、肖复兴、乌塔和张国立在成长的过程中,遇到了什么烦恼,他们是如何解决的或者得到了什么帮助?	1. 引导学生分组 2. 提供"群文学习"表格	教材(阅读)PPT	填写完整的"群文学习"表格

活动序列	学生活动	教师活动/学习支架	工具及资源	活动作品
	2. 小组合作探究完成"群文学习"表格（附录一）			
活动二（群文学习汇报）	1. 根据小组合作探究完成的表格，各小组汇报学文情况，并谈谈自己的个性化的感悟。 2. 其他小组的同学认真倾听	提示学生：汇报前，你们小组要分工合作，围绕你们完成的表格练习说一说，形式还可以自由选择（PPT/投影）	PPT	汇报使用的 PPT 或其他材料
活动三（收集资料，拓展阅读）	使用电子书包上网查找自己感兴趣的信息，并将资料通过电子书包的交流平台分享给同学，危害后互相阅读	1. 布置任务：周恩来、肖复兴、乌塔和张国强在成长过程中遇到的不仅仅是这个烦恼，还会遇到其他的烦恼，除了课文的信息，你还想了解他们哪些方面的信息？（例如：生平、贡献、经历、评价、名言……） 2. 提示学生：可以通过上网百度、到图书馆查阅资料、课外阅读等方式获取自己想要了解的信息。可以把了解到的信息按照人物生平、求学经历、兴趣爱好等进行分类整理	电子书包网络资源	学生搜集的资料

活动序列	学生活动	教师活动/学习支架	工具及资源	活动作品
活动四（人物讲堂）	1.收集探究不同领域人物的成长故事,选择自己最喜欢的一个人物,根据故事内容在电子书包上搭建思维导图,编写成故事版本,练习讲故事,利用电子书包录音并将故事录音上传到学校的项目学习平台的创意树上。 2.同学们进行互看、互听,并根据制定的评价标准进行投票。（思维导图）	创意树平台 录音	学生编写的故事、讲故事的录音	
活动五（搭建《我的成长故事》思维导图）。	1.搭建《我的成长故事》思维导图。 2.根据搭建的思维导图进行汇报	布置学习任务:请同学们现在来完成自己的成长故事思维导图	思维导图	搭建完成的思维导图
活动六（学生写《我的成长故事》）	1.写作文:我的成长故事。 2.根据习作评价标准,对作文进行自评、互评	1.提示学生:可以参考之前汇报时的思维导图进行写作。 2.确定习作评价标准	创意树平台	作文
活动七（学生设计书签）	自己设计个性化的书签,把喜欢的人物的成长名言摘录下来,用不同的形式摘抄在自己的书签上	将学生设计的书签上传至创意树平台	学生自己设计的书签	
活动八（制作电子散文集）	制作《我的成长故事》电子散文集	将学生制作的《我的成长故事》电子散文集放到创意树平台上	Word 创意树平台	学生制作的电子散文集

活动序列	学生活动	教师活动/学习支架	工具及资源	活动作品
活动九（我的成长秀）	1.展示自己设计的个性化书签、制作的《我的成长故事》电子散文集。 2.对活动四中"人物讲堂"的内容进行现场讲故事。 3.对其他同学的成果汇报内容进行评价	提供书签设计评价表、电子散文集评价表、讲故事评价表	创意树平台	

4.项目实施后的感受与反思

项目实施后,从试验教师的反馈情况来看,项目基本达到了预期的目标,学生无论在语文知识的学习和语文能力的提升方面,还是在学习投入、团队协作及信息素养提高方面都有比较明显的变化。以下为试验教师对《成长的故事》项目实施后的感受与反思。

(1)学生的表现

在这个项目学习开展过程中,学生的表现是令我们惊喜的。

首先,他们乐意与人分享。当这个项目学习的驱动问题一经抛出,学生就好像有说不完的烦恼,有学校的、家里的,又跟父母的,也有和同学的……因为这个项目学习来源于学生的生活,能与学生产生共鸣,引起他们的兴趣,所以一开始学生就很快地投入到这个项目学习中与同学分享自己在成长中遇到的烦恼。

其次,学生在课堂的学习中更加专注和投入。在研究课文中人物遇到的烦恼或困难,以及他们是如何解决的,学生能静下心来慢慢阅读,享受阅读的过程,真正走进故事,能与文章中的人物感同身受,在与小组同学交流时,我们发现每个学生都能根据自己的理解畅所欲言,表达自己的观点,能在文章中找到自己感受比较深的语句来谈自己的感受。在《人物讲堂》环节,他们积极地搜索名人成长的故事,重组故事内容,自己练习讲故事,欣赏和参与同学故事的点评。

最后,学生乐意书面表达。因为有了课内课外人物成长故事思维导图做铺垫,有之前自己成长中烦恼的分享,学生在制作自己的成长故事思维导图时,不管是选材,还是构建文章结构,可谓得心应手。到了写作时,他们的思维完全被打开了,用笔表达出自己内心所想,用情抒发着自己成长中的喜怒哀乐。

在完成项目的过程中,学生培养了团队合作意识,在体验别人成长经历的同时,也思考自己成长中的问题,学习如何立志,如何自立,如何与别人相处。

但是,在项目的开展过程中,我们也遇到了一些困难和烦恼:第一,在学生小组探究、群文学习的时候,对于个别学困生而言参与活动中还是有一定的困难。那么,在平时的小组学习中,必须形成很好的小组学习氛围,接到学习任务后,组长按小组成员的学习能力来分配任务。建议在项目开展前,要考虑到小组成员的结构,各取所长,组内形成互帮互助、分工合作的良好学习氛围,有助于项目的开展。第二,项目学习是一个开放性的课堂教学,学生在搜集资料时,个别学生会出现不按小组探究任务的要求去操作,出现收放不自如的现象。因此,在项目学习的开始,老师就应该和学生一起制订项目的评价标准来进行课堂调控,让小组成员间相互提醒、相互约束,以提高课堂学习的效果。

(2)目标的达成

项目实施过程中,我们时时根据预设的项目目标,不断地调整教学策略,从而达成目标。常规教学中,教师一般都是按课文的编排顺序进行教学;而本项目学习,是以驱动问题作为引子,引领整个学习,由于驱动问题具有开放性,而且与学生的生活实际密切关联,所以学生很感兴趣。教师设计了能够统领全组课文学习的表格,让学生进行课文探究学习,在研讨交流整个过程中孩子们是带着浓厚的兴趣去探究名人们在成长过程中遇到的困惑、烦恼或者挫折,以及他们是如何克服而获得成长的。在这样的群文学习过程中,学生整体地把握了课文的主要内容,以及整体的感悟,从而帮助孩子们搭建起群文的整体结构。在这4篇课文的汇报当中,学生真正成了学习的主人,老师只是适当点拨,由于学生的主体地位得到了应有的尊重,因此学生的个性得到了发展。通过框架的搭建,借用思维导图,理清本组课文脉络,引导学生明确该项目学习的目标,也为学生搜集资料、整理资料和完成习作,提供了思考、整理的方法。整个学文过程,打破了传统的语文课堂教学"咬文嚼字"、支离破碎的语言文字教学,因此,项目式的群文学习,更利于激发孩子们的学习兴趣,提高课堂教学的效率。

群文学习仅仅是一个引子,项目式学习将把学生带到更广阔的阅读空间。例如在学习《为中华之崛起而读书》这篇课文时,学生不仅了解了周恩来成长中遇到的烦恼,从小立志为中华之崛起而读书,通过发散学生的思维,让学生通过网络查找自己对周恩来的进一步了解? 学生把自己对周恩来感兴趣的资料建立成一个资料袋,并进行交流汇报,通过这样的教学策略,让学生更全面地了解了周恩来的生平、政绩、求学经历、爱好、名言,等等,周恩来的形象在孩子们的脑海里得到了更进一步的丰富。这种大量的网络信息获取,是传统教学所不能给予的。

本组课文只给了孩子认识 4 个人物的认识,这是远远不够的,所以在项目学习的过程中,我们把孩子们引领到不同领域的名人成长故事中。为了激发孩子们的兴趣,我们进行了"人物讲堂"的比赛,让每一个学生都参与其中,讲得好的孩子还在堂上演讲。这种教学策略,既落实了教材中的小综合和口语交际的任务,又培养了孩子们的语文素养的综合能力;不仅丰富了孩子们的课外阅读,还培养了学生的口头表达能力和相互评价的能力。学生通过学习资源,主动获取信息,利用获取的知识进行交流与传递、表达情感,达到学习的目标。

项目学习最终的成品是孩子们自己会写自己的成长故事,这个也是本单元的习作要求。为了孩子们能更好地写出自己的成长故事,在群文学习时,我们就为孩子们一步步地搭建写故事的思维导图,先写人物遇到的烦恼,如何解决烦恼,然后获得成长。通过孩子们的"人物讲堂"所讲的故事,进行思维导图的拓展,接着让孩子们完成自己的思维导图,为自己的习作搭建框架,学生最终将写成的《我的成长故事》制作成散文集。通过这种教学方法,既完成了教材中要求的写作,又培养了学生的信息素养,在感受语言之美的同时使情感也得到了升华。这也是传统教学方法所不能媲美的!

(3)项目进一步完善的建议

如果其他教师有兴趣做本项目,建议在搭建《我的成长故事》群文学习的表格支架时,不仅仅只是让学生思考"他们遇到了什么困惑,又是如何解决的?"因为这是有一定的局限性的,成长的故事可以从不同的角度选材,如通过不断努力取得好成绩,从中体会到学习的方法;在生活中遇到困惑怎么解决;也可以写我们从别人那里得到的启发,等等。应该让孩子们通过回想,从中选择最值得写的故事写下来,而不仅仅只是写成长中的困惑。

(二)基于电子书包的数学项目式学习

基于电子书包的数学项目式学习是广州 N 小学最早探索项目式学习的学科,目前该学科团队基于人教版《义务教育课程标准试验教科书》已设计并实施了近 20 个数学项目式学习,如:四年级的项目《当家作主小能手》,五年级的项目《旅游攻略》《美化校园 净化环境》等,涵盖的范围从小学三年级到六年级。下面我们以三年级的《学生会所的设计》项目为例说明如何设计和实施基于电子书包的数学项目式学习。

1. 项目概述

项目是基于小数数学三年级下册《位置与方向》《面积》《统计》单元,整合了小学三、四、五年级的统计和面积计算的知识点,组织三年级的学生就《学生会所的设计》开展的一个大项目。在本项目学习中,学生需要综合运用测量、位置与方向、规则面积和不规则面积、乘法、统计等数学知识的基础,完成学校天台测量、调查统计会所功能、绘制会所平面图形、计算会所平面图形中不同房间功能面积及计算耗材费用等活动,同时结合信息技术、美术等学科知识内容,最终形成学生会所设计方案。在学生完成会所设计方案的过程中,让学生学会应用数学知识解决实际生活中的问题,培养学生应用信息技术收集、整理、分析信息的意识和能力,以及热爱学校的良好情感。项目关联的学科有信息技术、美术。

2. 项目学习目标设计

(1)认识东、南、西、北、东北、西北、东南和西南 8 个方向,并能用这些词语描述物体所在的方向。(学科知识)

(2)通过开展调查活动,会看、会画横向单式条形统计图,并学会进行简单的数据分析。(学科知识)

(3)根据实际情况应用公式正确计算长方形、正方形的面积;初步探索其他平面图形的周长和面积计算。(学科知识)

(4)进一步体会数学与实际生活的紧密联系,提升收集和处理信息能力、分析和解决问题的能力。(数学问题能力)

(5)学会上网查找相关信息,能够用 office 软件统计相关数据并学会制作 PPT 作品。(信息素养)

(6)能够做出合理、经济的学生会所装修预算方案。(财商素养)

（7）在与同学的合作交流中，经历探究学习的过程，获得探究的经验，在提高探究学习能力的同时也提升沟通、交流、协作的能力。（探究学习、沟通表达、协作能力）

3. 项目活动设计

活动序列	学生活动	教师活动/学习支架	工具及资源	活动作品
活动一（搭建项目框架）	1. 分组讨论：完成会所方案设计需要运用哪些数学知识及其他学科知识？需要运用哪些工具？ 2. 将讨论结果以思维导图的形式呈现	1. 驱动型问题导入； 2. 组织学生分组； 3. 组织学生讨论； 4. 辅助学生绘制思维导图	教材（梳理学科知识点），思维导图（辅助项目框架呈现）	项目框架思维导图
活动二（制订项目计划书）	根据会所设计任务框架思维导图，小组合作制定项目计划完成项目计划书	1. 提供项目计划书模板； 2. 提示学生制订项目计划书有很多种方式，可以根据提供的表格制订项目计划书，也可以自己设计项目计划书	项目计划书模板（附录一）	学生会所项目计划书
活动三（测量数据）	分组测量学校天台的面积数据并进行记录与整理，设计数据统计表并填写	要求学生开始活动前要想好以下问题并记录： 1. 要进行平面设计需要知道哪些数学信息？ 2. 如何获得这些信息？ 3. 你准备采用什么工具获取信息？为什么	测量工具（实际测量），office软件（制作统计表），学习资源（如何使用office软件）	学校天台数据的统计表

活动序列	学生活动	教师活动/学习支架	工具及资源	活动作品
活动四（统计会所功能需求）	1.设计问卷,调查:同学们希望学生会所能够设计怎样的功能区域才合理呢? 2.以小组为单位,参考统计单元的知识设计调查问卷,利用课外时间开展数据的收集和整理,利用 excel 软件或自己画出统计图	提示学生可以找家长或者信息教师协助完成 Excel 图表的设计	Office 软件（制作统计图）	1.学生会所功能区调查问卷 2.功能区调查结果统计图
活动五（设计会所功能平面图）	根据问卷调查及相关统计结果,以小组为单位,利用有关绘图软件绘制会所功能区域平面图,并说明设计理由	提示学生可以手工画图,也可以电脑画图	电脑绘图软件（电脑绘图）	会所功能区域平面图
活动六（计算会所各功能区域面积）	根据自己小组设计的会所功能平面图中的相关数据,独立计算出会所各个区域的面积,并将计算过程和结果都呈现出来	1.提供参考资料。 2.提示学生,如果设计的会所功能区域有不规则图形,可以参考提供的学习资料,或上网查找更多的计算方法,还可以和同学讨论学习或请教家长和老师	1.参考资料（附录二） 2.电脑（网上搜索资料）	呈现的计算过程与结果
活动七（项目预算）	1.实地考察或网上搜索了解各类瓷砖材料的价格。 2.选择一款合适的瓷砖。 3.根据收集的瓷砖价格数据和平面区域的面积,做出一个质量较好、价格又合算的地板装修预算方案。 4.呈现计算过程与结果	1.提供学生活动的步骤。 2.提供功能区域装修费用计算示例。（附录四）	1.参考资料（帮助预算的计算）。 2.电脑（网上搜索资料）	项目预算方案

活动序列	学生活动	教师活动/学习支架	工具及资源	活动作品
活动八（成果汇报与评价）	小组同学做好招标会准备工作,讨论设计方案汇报要点,并逐条列出	1. 提示学生可以借助PPT来展示小组的学生会所设计方案。 2. 提供学生会所设计评价表(附录七)	办公软件（制作PPT）	1. 成果汇报PPT。 2. 方案汇报要点

4. 项目实施后的感受与反思

项目实施后,从试验教师的反馈情况来看,项目基本达到了预期的目标,学生不仅掌握了课标所要求的数学知识和技能,而且对数学学习的兴趣有明显提升;此外,学生在信息素养、合作交流,特别是数学问题的解决能力方面有明显的提高。以下为试验教师对《学生会所的设计》项目实施后的感受与反思。

在本次项目学习中,学生卷入问题解决和与其相关有意义的任务中,在项目活动中体会和领悟数学的思维方法。项目的设计把课本内容和学生的生活实际相结合,因此学生对项目产生了浓厚的学习兴趣,能积极参与到项目学习的各个活动中。由于实际问题的出现远比数学课本例题的呈现复杂,教师需要引导学生在生活实际中从数学角度提出和思考问题,同时教师还要根据学生的实际情况提供相应学习支架,让学生感受数学学习来源于生活又服务生活。

通过本次项目学习,学生不仅学会课标要求的相关的知识和技能,还提升了信息素养、合作交流等不同方面的综合能力。学生在达成本学期的知识技能目标的同时对下一学段的部分知识有了初步了解,不同的学生有不同的发展。相比传统教学,学生对学习的兴趣和各个活动的参与度更高,从而既更好地感受了数学学习与生活的密切联系,同时又进一步发展了学生的数学思维。

在本次项目的实施中,作为数学教师,我们对学生的信息技术能力的培养感觉有点力不从心,课堂上需要一定的时间教学生使用某些软件开展项目活动,建议今后加强与信息技术学科的合作交流,把相应的内容在信息课上学习,从而提高数学课堂的学习效率。

(三)基于电子书包的英语项目式学习

基于电子书包的英语项目式学习也是广州 N 小学参与教师人数最多、覆盖面最广的科目,目前该学科团队已经设计并实施了近 20 个项目,涵盖的范围从小学二年级到六年级。教师在对教材内容进行详尽分析的基础上进行重整与组合,在训练学生听说读写能力的同时,充分考虑对学生跨文化能力的培养,如四年级的项目《My Plan For Sports Activities》、五年级的项目《People and Animals》等。下面我们以六年级项目《Attractive Festivals》为例,展示基于电子书包的英语项目式学习的设计和实施过程。

1. 项目概述

《Attractive Festivals》中文名称为《我的节日我做主》,项目源于广州市小学英语教材六年级上册第六单元《Festivals》。项目整合了广州版小学英语五、六年级教材中关于节日的相关教材内容。项目以节日作为主线,搭建谈论节日的语言支架,如 1)I like (festival) …because I like to(do) … 2)If I can choose how to celebrate... Festival, I will... 发展学生综合运用语言知识的能力。通过调查人们喜欢的节日,深究人们喜欢节日的原因,培养孩子们的探究精神;通过上网查找资料,更加深入了解中外节日的文化内涵,拓展学生的视野,同时渗透跨文化意识。让孩子们根据中国传统节日的文化内涵,有创造性地设计庆祝一个传统节日的活动,以 PPT、手抄报或者小视频的形式来呈现所设计的中国传统节日的庆祝场面、庆祝活动等内容,让中国传统节日变得更有吸引力,弘扬中国传统文化,树立中国传统文化自信。项目关联学科有信息技术、美术。

2. 项目学习目标设计

(1)You will know the following festivals:Spring Festival, Dragon Boat Festival, Mid–autumn Festival, Christmas, Halloween, Easter…(语言知识)

(2)You may use these words to talk about festivals:their, each other, gift, lucky, lucky money, wish, dumplings, Mid-autumn festival, mooncake, moon, rice dumpling, race, Chongyang Festival, put up, share, wonderful,hurry, bring – brought,Dragon Boat Festival ,ham ,turkey.(语言知识与口语交际)

(3)You may use these sentences to talk about festivals:(语言知识与口语

交际）

The…is the most important/popular festival in ….

It is in/on…(When is the festival?)

Before the festival, people…

During the festival,people…（ What do people usually do to celebrate the festival?）

What do you think of it?

（4）You will know the culture and western festivals and you can introduce an attractive Chinese festival by a poster.（国际理解）

（5）You can use mind－map to talk about festivals or you can make a E－book to introduce your activities about the festivals.（写作能力、信息素养）

（6）You may make a micro－movie to introduce an attractive Chinese festival to the foreigners.（写作能力、信息素养）

3. 项目活动设计

Activity 1 Making a survey	Ask your classmate " Which festivals do You like better? "	Providing question-naire		A festivals questionnaire
Activity 2 Discussion	Are Western festivals more popular than Chinese festivals among young people? Why? list the reasons	If you don't know how to express（表达）your reasons in English, you may write them down in Chinese first. You may look up the dictionary（查字典）, or you may translate them into English on the Internet.（上网翻译）or you may ask teachers for help	Dictionary, Computer, Online translation software	A discussion tabulation

续表

Activity 1 Making a survey	Ask your classmate "Which festivals do You like better?"	Providing question-naire		A festivals questionnaire
Activity 3 Making sentences	Learn Unit 11 and Unit 12 in the textbook and use the following new words to make sentences. New words: their, each other, gift, lucky, lucky money, wish, dumplings, Mid-autumn festival, mooncake, moon, rice dumpling, race, Chongyang Festival, put up, share, wonderful, hurry, bring – brought, dragon Dragon Boat Festival, ham, turkey	If you have no ideas how to make a sentence with a certain (某个) new words, you may surf the Net, or you may refer to (参考) the sentences including the new word(含有新单词的句子) in the textbook. After making the sentences, read them to your group members to check the sound, the spelling and the grammar	Computer, Online translation software	Students' senten – ce with some new words
Activity 4 Making a project Plan	Make a group plan for this project and fill in the form	Choose a festival to study. Give your group a special name according to the festival you study. list the form. Provide the Project Plan form		A project Plan form

Activity 1 Making a survey	Ask your classmate " Which festivals do You like better? "	Providing question-naire		A festivals questionnaire
Activity 5 Making a mind-map	Make a mind-map to introduce a festival	Your mind-map may include（包括）：when, where, food, activities…. You may draw your mind - map on a piece of paper, or you may use mind - map manager to finish your mind - map. Provide a model.	mind-map tool	A festival mind - map
Activity 6 Reading and writing	Finish the following form after reading the passages.	You can learn more festivals on the Internet. There is much more information on the Net. Providing reading material	Computer	A reading form
Activity 7 Making a poster	Make a poster to introduce your favourite Chinese Festivals/ Western Festivals after reading and learning so many festivals	You may introduce your festival according to the questions. You may stick your poster here. You may take a photo of your poster and upload it to the learning platform . Share your poster with your classmates and get their feedback	Camera, learning platform	A festival post-er

续表

Activity 1 Making a survey	Ask your classmate " Which festivals do You like better? "	Providing question-naire		A festivals questionnaire
Activity 8 Comparison and analysis	Compare two most popular festivals according to the feedback of the posters in Task 7	Providing a form		A form of comparative festival
Activity 9 discussion and making a PPT	Discuss in groups and get ideas for how to celebrate one certain Chinese festival . The new celebration can attract the kids attention. By new celebration, the traditional festival may become more and more popular among the young people. Please make PPT to share your ideas	When you make a PPT, try to get more ideas from the Net. Brainstorming together with your group members and get the most interesting advice	Computer	A festival PPT about celebrating
Activity 10 Making a video	Make a video to introduce your festival. You should make your festival more interesting and show us how you celebrate the festival. After you make the video, you upload it to the learning platform		Computer , learning platform	A festival video

（4）项目实施后的感受与反思

本项目学习目标的定位符合新课标的标准，以提高学生综合运用语言知识的能力、培养学生的跨文化意识为目标，以培养学生的小组协作意识、提高学生的收集信息、处理信息的素养，发展学生的综合能力为目的。

通过项目学习的方式来学习英语，改变了学生的学习方式。学生通过小组协作学习,根据项目作品的需要查找资料,并学习相关的语言知识。在学习过程中,学生遇到学习的困难可以寻求老师、家长和同学的帮助,从而有效培养了学生的合作意识、提高了学生自主学习的能力。学习的资源不仅仅局限于课本,借助互联网技术,把学习引申到课文以外,拓展了学习的资源和学习的渠道,开阔了学生的眼界。从学生的学习汇报可以看到学生综合语言知识的能力发展了。学生能运用所学的语言知识做介绍传统节日的英语海报,画出知识树,综合运用所学的关于节日的语言知识制作介绍传统节日的微视频。学生在多样化的活动过程中,英语的听、说、读、写、唱、演等语言能力有了很大程度的提高,在任务完成中学习语言知识,在活动中开展运用语言知识。此外,在做项目过程中,学生还了解了世界各地的传统节日文化,收集资料的过程使学生开阔眼界,从而培养了学生的跨文化意识。

以上学生的这些收获是传统课堂教学中难以达到的。但在项目实施过程中我们也发现了一些问题:不少学生还习惯于传统的"教师讲、学生听"的教学方法,学生主体的意识不强,主动去"做"不够;部分学生对项目式学习缺少必要的心理准备和角色认同,在工作过程中不能很好地转换角色,不能配合小组成员完成任务;部分学生对小组或个人完成工作任务一时难以适应,感觉负担过重,课后查找资料、完成项目式学习的时间紧,因而课后任务完成质量有高有低,结果在班级出现了两极分化的现象。因此,教师在学生遇到困难时应及时地给予帮助、指导,也可以让学生在实践的过程中自己调整状态,使学生有获得成功的感受,使其学习兴趣得以持续升华,通过教师的引导充分发挥学生的主体作用。

以上我们分别列举了课题合作学校基于电子书包的小学语文、数学和英语的项目式学习的案例。从几个案例中我们可以了解到电子书包在项目式学习中发挥的作用。同时也可以看到基于电子书包的项目式学习不仅是教学方式上的转变,更是课程结构、课程目标和课程实施方式的转变,它是面向学生未来终身发展、面向学生的核心素养的提升而进行的课程与教学的深层次的改革,是信息技术与课程深度融合的一次深入探索。

第八章

电子书包环境下教与学的思考与展望

> 技术应作为一种能够帮助学习者阐释和重组个人知识的思维工具,利用技术帮助学习者进行更为有效的思考。
>
> ——D. Jonassen
>
> 教育变革是一种技术简单性和社会复杂性的变革。
>
> ——[加拿大]迈克尔富兰
> (《教育变革新意义》一书作者)

第一节　基于电子书包的教与学存在的问题分析

经过"十二五"5 年的发展,电子书包在中小学的教学应用已取得了显著的成效。但是,近两年来,电子书包应用的扩展速度逐步放缓,其教学应用正呈现出"高原期"表象,电子书包与教学深度融合的探索正处于瓶颈期,人们对电子书包的关注度和热情也有所下降。通过对国内电子书包项目实践的深入分析我们发现,电子书包教学应用还面临诸多问题,主要表现在以下这些方面:电子书包终端设备技术及试点学校的网络带宽依然存在局限,难以满足现实需求;电子教材等资源的丰富性和可用性相当匮乏,高质量电子书的制作明显落后于移动终端硬件的发展,出现短板现象;学校科层体制和应试评价的应用环境依然制约着电子书包的深入应用,致使其教育功能和优势难以全面发挥;电子书包应用中的目标不明确,应用效果和创新模式有待深入探索;教师对电子书包的认知和态度存在矛盾,其教学观念及应用能力还存在一定局限;社会及家长的认识和理解褒贬不一,人们对其应用的支持有待提高等。

一、电子书包终端设备技术及学校网络带宽受限

毋庸置疑,终端设备是电子书包教学应用的硬件基础。随着硬件设备的发展,电子书包的硬件已经越来越先进,计算能力越来越高,功耗越来越低,网络带宽越来越大,人机交互越来越强,设备便携性越来越好,电池续航时间越来越长,价格也越来越平易近人。现实中,各种终端形式不断出现,电子阅读器、PDA、WebPAD、手机、平板电脑等都充当过电子书包,电子书包的发展趋势也聚焦在更轻便的个人移动终端上,更加趋向于体积小、重量轻、便于携带方面。同时,电子书包的软件系统也越来越丰富,支持的教学功能越来越强大,资源平台和教学管理平台功能越来越完善,对教学应用起到了很大的推动作用。

但是,根据我们试点项目的经验及其他相关研究文献的分析我们发现,在教学中,众多电子书包终端设备及技术仍有待提高,其中有些功能的局限严重地限制了电子书包教学的深入开展,如电子书包硬件、电池电量、网络条件等意外故障时有发生,教学视频、Flash 动画的传送和播放经常会遇到

问题。总结起来,在硬件方面出现的问题主要表现在以下几个方面。

(一)电子书包的教学功能仍处在完善和成熟过程中

电子书包虽然在技术上已经趋向成熟,但由于教学应用的时间还不长,其教学功能也还处在逐步完善和成熟中,很多教学功能正在研究和开发。已有的教学功能并不完全适合教师的教学需要,而教师希望开发的一些功能特别是支持新课程理念实施的功能,如差异分组、按需推送、多元交互、多样化的评价、作品评价等,大多数的电子书包都没有开发或者目前还不具备上述功能。

(二)软件更新及系统升级带来的兼容性、稳定性问题

当前的电子书包应用仍处于试行阶段,其硬件和软件系统也并未完全成熟,各个厂商也在陆续地对电子书包系统进行升级和改造,以期在功能上达到更完善的效果。在升级和改造过程中,难免带来一些技术上的问题,特别是系统的不稳定性导致课堂教学中经常出现学生端无故掉线的现象。

(三)学校的网络条件有待改善

电子书包的应用是基于良好的网络环境而展开的,没有足够的带宽,没有稳定的网络,教学便会受到极大的限制和困扰。如由于网络带宽低,学生端的电子书包经常出现无法登录和连接教师端的现象,而教师端播放的视频和动画,到学生端显示也常会有一定的延时,造成声音和画面不同步,特别是当班上学生群发访问网络时,常常会出现严重的网络拥堵,严重影响了教学的正常进行和教师的情绪,并进而影响到教师使用电子书包的积极性和态度。

二、支持电子书包应用的资源的丰富性和可用性还有待提高

电子书包在教学中的深入应用需要丰富的资源支持,如电子教材的选择与制作、电子教学工具的设计与开发、服务系统的维护与升级等,但现实中这些还无法满足教学实际的需求。随着电子书包的深入应用,其资源的丰富性和可用性面临挑战,主要表现在以下几个方面。

(一)电子课本和电子教材的开发还比较匮乏

高质量电子书的制作明显落后于移动终端硬件的发展,出现了短板现象。[①]

---

① 王斌,朱守业,刘苗苗.电子书包发展中相关问题的探讨[J].电化教育研究,2011,(9):88 – 94.

我们知道,电子书包设计之初是为了减轻学生的负担,通过将传统教材、书本等学习材料数字化而融入到电子书包系统中。来自试验学校的调查显示,现行置入电子书包的电子教材还没有充分发挥网络教学的优势,有的仅仅是纸质教材的翻版,与纸质教材的内容、版式没有多大差别,很少使用音频、视频、动画等教学手段。现有的电子教材还不能完全适应网络化教学,有些软件还不能顺畅地展现教材内容。如音频、视频动画都是以热链接方式出现的,在教学过程有时会出现死链接的问题,使得教学不能顺畅进行。[①]因此,电子教材的开发是当前阶段的一个重要工作。在实际中,受制于技术水平及其他原因,电子教材的开发都还停留在很小的范围内,主要集中在一些公司和研究机构,这种小范围的开发显然无法满足实际的需要,因此还有很长的路要走。可喜的是,近年来,关于电子教材和电子课本等数字化资源的开发和研究已经逐渐得到人们的重视,电子课本的标准也已逐步建立,相信后续的实践中电子教材的开发及资源的制作将迎来高峰。

(二)教学辅助性资源的丰富性和有用性不够

丰富优质的教学辅助资源是电子书包持续推进、减轻教师负担的重要条件。目前,很多试点学校的教师普遍反映备课压力很大,寻找教学资料、制作课堂题库、制作课件费时费力。教师需要与课本教材配套的新形式的资源、电子书包环境下创新的教学设计案例、完善庞大的题库等提供给教师作为教学设计和备课上的参考。[②]

虽然很多公司和研究机构都开始致力于教学资源的开发,但这些资源与实际课堂应用还存在一定距离,资源的针对性和可用性受到很大的限制。并且这种缺乏教师参与的资源开发模式也在很大程度上受到人们的质疑。教师很多反映寻找教学资料、制作课件等费时费力,耗费大量时间和精力。

(三)电子书包的教育资源平台建设还未成熟

教育资源平台主要支持校本资源、第三方资源、个人资源的共建共享,主要包含试题、试卷、教研资料、教辅、教材、课外书籍、微课资源等,满足老师备课、资源阅读、学生自评自测等需求,并可根据老师习惯及学生水平进行资源的推送。要想真正实现电子书包让教育跨越地理限制的优势,就应该

① 杜恩龙,刘曦月.电子书包试用中的问题[J].出版广角,2014,(16):51-53.
② 贺平,郑娟,王济军.电子书包应用现状与未来研究趋势[J].中国电化教育,2013,(12):52-56+60.

搭建网络教学资源平台实现资源共享。虽然目前已有企业和教育研究者开始建设电子书包的教学资源平台，如上海虹口区电子书包由中国电信提供硬件支撑，中国电信还建立了 learning－store，学生和教师可以随意访问，但实际上这只是一个教学资源平台，平台提供有大量的试题、例题讲解、课件、图片、动画素材、英语听力和同步学习资料等。另外，西安立人公司的电子书包系统中也提供了云平台，教师可以基于云平台搜索和共享教学资源。当然，和电子书包运用的需求相比，实际中教学资源平台建设的问题还较为突出。

三、现行的教育体制和评价模式制约着电子书包的教学应用

政策支持与制度保障可以为电子书包的应用和推广提供良好的外部环境。当前，我国在国家战略和宏观的政策制定上，都对信息技术变革教育教学提供了强有力的支持，如《国家中长期教育改革和发展规划纲要（2010—2020 年）》《教育信息化十年发展规划（2011—2020 年）》《关于"十三五"期间全面深入推进教育信息化工作的指导意见（征求意见稿）》《新闻出版业"十二五"时期发展规划》等等，这些政策文件的出台都为电子书包的应用提供了良好的条件和依据。地方层面，上海是首个从教育行政层面推进电子书包项目的地区，《上海市中长期教育改革和发展规划纲要（2010—2020）》及《上海市"十二五"教育信息化发展规划》明确提出"推动电子书包和云计算辅助教学的发展，促进学生运用信息技术丰富课内外学习与研究"的规划。北京市教委也于 2010 年发布《北京市中长期教育改革和发展规划纲要》及《北京市第"十二五"时期教育改革和发展规划》，开始启动"数字校园"试验项目，该试验项目包括"校校通""班班通"和"生生通"，这也为电子书包的广泛应用提供了有力的政策条件。

然而，政策总是比较模糊和宽泛的，地方学校很容易在原则上采纳这些政策，而实际上却不进行任何实质性的实施。[①] 因此，从这一点上说，地方特别是学校层面的政策支持和制度模式显得更为重要。在电子书包的试点学校中，现实的教育体制和评价模式在很大程度上还制约着电子书包最大潜能的实现。目前我国电子书包的试点应用主要集中在中小学，而中小学的

---

① 富兰.教育变革新意义[M].赵中建,等译.北京:教育科学出版社,2005:65.

现行教育体制和评价模式并未摆脱传统的应试教育思维,反而有愈演愈烈的趋势。即便是电子书包引入教育教学的实践,人们首先关注的是"是否能帮助学生提高学习成绩",家长、教师、学校领导关注的第一要点仍然是学生的学习成绩。如果站在这个立场去推行电子书包应用,显然与电子书包的初衷是相背离的。基于这种环境,在现实中电子书包的应用就出现了这样的状况:课堂应用多,课外应用少;传统教学模式应用多,创新应用模式少;学校应用多、校外应用少,家校互动应用更是少见。这些现象都与电子书包本身具有的优势不相符。我们知道,在学习方式上,电子书包能较好地支持个性化学习、探究性学习以及自主学习模式;在学习评价上,电子书包更有利于过程性评价;在应用方式上,电子书包有助于实现移动学习、泛在学习、家校通等。但这些优势却与现行的教学管理和评价模式之间存在冲突,需要适应和改造。①

四、电子书包的教学应用仍存在不少误区

人们对电子书包的教学应用给予了极高的关注和期待,希望在教学中通过应用电子书包来变革课堂教学,为提升教学效果和教育质量起到应有的效果。当然,电子书包的应用是一个系统工程,牵涉诸多要素,电子书包与教与学的融合不仅仅是先进的技术融入教学中,更重要的是应用理念及应用方法的合理性。然而,在电子书包应用于课堂教学的实践中,我们发现还存在很多误区,主要表现在以下几个方面②。

(一)建设、培训、应用相脱节

电子书包项目包含建设、培训、应用3个核心要素,3个要素彼此间相互关联、互相支撑。在项目实际实施过程中,常常发生三要素相互脱节的现象:建设了不培训,培训了不运用,应用的不是建设的系统,还存在重建设、轻培训和应用的误区。电子书包的建设包含终端等硬件设备选购、平台建设和资源建设,硬件设备选购时应遵循适用原则,不能盲目追求高配置、高性能,要注重最优性价比,平台建设过程中制定了相关标准和规范,所采购的资源如果不遵循便无法实现平台和资源的对接,而目前国内大多数资源

① 陈少华,左美丽,涂雪亮.电子书包发展中应处理好的八大关系[J].出版广角,2012,(2):53 – 55.

② 刘太如.电子书包建设与应用的十大误区[J].中国信息技术教育,2014,(19):16 – 18.

都依赖于原有的平台体系,为了完成合同,资源厂商会将平台和资源捆绑销售,从而破坏了项目平台的整体规划,并且给教学实际带来了可用性灾难。选购的硬件要兼容平台,平台要能够承载资源,三者相互关联,骨肉不可分。培训是针对硬件、平台和资源使用的培训,培训后便是所建设内容的具体应用,3 个要素环环相扣、不可分割,是一个有机整体,在电子书包的推行过程中,应该顶层设计、系统实施,有步骤地分步实施,避免三要素相互脱节或同步实施,从而有效地推进电子书包项目的开展。

(二)教学应用依然存在将"人灌"变为"电灌"的异化现象

传统教育中存在"灌输式""填鸭式"教学的弊端,而且目前大部分课堂依然如此,在变革教与学的电子书包项目中,项目决策者为了减少项目风险,直接照搬现有教学模式,将"人灌"变成"电灌",课堂教学模式换汤不换药,课堂虽然变得热闹了、忙碌了,但课堂教学效率低下的现状依然没有改善。虽然"人灌"变为"电灌"降低了项目开发风险,但无法降低项目绩效风险,这样不仅无法变革课堂教学模式,还会让参与试验的师生心里产生反感甚至厌恶以至远离。因此无论是自行开发还是购买现有解决方案,一定要将项目绩效目标放在是否提高了课堂教学效率上,避免踏入由"人灌"变为"电灌"的误区。为了顺利推进电子书包,首先要准确把握教育规律,分析现有教学流程,设计与新技术水平相符合的教与学的模式,实现教与学模式的流程再造;其次要充分发挥电子书包的特长,恰当地使用技术,充分挖掘电子书包的不可替代性,充分利用电子书包的及时、互动、高效、富媒体、个性化等特点,将"人灌"转变为以学生为中心的更加民主、自由的课堂教学模式。

(三)面对面交流改为人机对话

在电子书包应用过程中误区,就是在课堂宝贵的 40 分钟内,教师和学生放弃了面对面的充满生命张力的直接交流机会,转而用电子书包来沟通交流,产生了静悄悄的课堂的"奇观"。课堂师生面对面,正是师生情感交流的最佳时机,教师的一言一行都传递着生命的温度,有了电子书包后却偏偏要通过机器来进行聊天、讨论。诚然,传统课堂中师生的对话和交流也存在一些问题,如在课堂教学中,教师的提问总是光顾那么几个"熟人",教师无法保证每一位学生都积极地思考、回答问题等。在利用电子书包进行教学时,在传统问答环节中,增加了一个利用电子书包记录自己回答内容的环节,利用电子书包的实时统计分析,教师可以及时掌握学生的学习情况,然后根据回答的效果有针对性地选择学生回答问题,这样既保证了学生的参与度,又兼顾了学生的参与面,还可以实现学生学习的过程性资源的积累,有利于进一步拓宽大数据的应用范围。

五、教师的观念及能力的欠缺

在任何教育改革和教学方式的革新上,教师都是作为唯一的实践者来实现。教师的拥护以及在教学实践中的采纳是决定电子书包应用效果和持续推进的关键因素。在现实中,依然有很多教师固守传统观念,抵制电子书包,这些都严重阻碍了电子书包的发展。

在观念方面,教师对电子书包的认知和态度都还存在一定的局限。根据张立春和焦建利等人的调查研究发现,教师对电子书包态度存在矛盾心理,多数教师对电子书包持观望态度,教师对电子书包的观念仍停留在传统教学方式上。一方面,教师肯定了电子书包的好处,对未来也充满希望,但另一方面,譬如让教师做选择,那教师宁愿选择传统的教学方式而不愿选电子书包。在有关电子书包前景方面,多数教师持中立态度。而只有那些对电子书包应用具有丰富经验的教师态度才会更积极,对未来才充满更大的希望。大多数教师的教学观念还停留在传统教学上,需要进一步解放思想,学习新的技术和理念,以更好地为学生服务。教师对电子书包整体的态度不够乐观。因此,教育局和学校应该给教师更多的鼓励措施和激励政策。[①]

在技能方面,电子书包的应用给教师的课堂教学提出了极大的挑战,一方面,教学设计和教学活动的组织面临全新的选择。电子书包提供的全新的教学环境让教师的教学设计和教学活动的组织变得更加灵活和复杂,并且目前可供借鉴的经验不多,这对教师来说是一个大的挑战。另一方面,电子书包支持的课堂教学环境中教师面临多样化的信息资源和工具,其技术应用能力需要持续更新。如电子书包中常见的学科工具、在线讨论等协作工具以及实时测评等课堂管理工具,等等,都需要教师能熟练地进行操作,并能实现这些工具与教学内容、活动的优化、融合。

---

① 张立春,焦建利.教师对电子书包的理解及态度研究[J].电化教育研究,2015,(05):46－52.

六、社会及家长的理解和支持有待提高

从电子书包开始出现到进入课堂,一直受到社会各界的关注,特别是应用之初,改革试点受到了不同程度的质疑,这种质疑声给电子书包的应用所造成的舆论氛围,一定程度上给电子书包的应用实践带来了不可小觑的压力。当然,在社会的关注或质疑中,家长对电子书包应用的态度是最重要的一个因素。从试点的情况来看,社会及家长对电子书包的关注和质疑主要表现在以下几个方面。

(一)电子书包对学生身心健康的影响

中小学学生正处于身心发育的关键期,各种电子产品的使用对学生带来的身心健康是社会及家长关注的最重要的问题。首先,学生视力正在发育期,长时间使用电子书包对学生视力造成了影响。在电子书包支持的教学环境中,电子书包的液晶显示屏以及电子黑板的亮度非常高,学生长时间处在这样的环境下容易造成眼睛干涩、视觉疲劳等一系列眼部问题,加剧近视的发病率。其次,电子产品的辐射给学生带来的身体隐患。

(二)自由访问网络而产生的"网络依赖症",不利于培养学生抽象思维能力,不利于深入思考问题

现在,几乎所有问题的答案都可以在网络上搜到,导致学生不深入思考,而是遇到问题就直接上网搜索答案,或者向老师要答案,这对学生养成独立思考的习惯、培养创新方法解决问题的能力非常不利。[①]

(三)中小学生自控能力差而出现注意力难以集中的问题

在应用电子书包的课堂教学中,很多中小学生由于缺乏自控能力而出现注意力难以集中的现象。在课堂中教师讲授环节,学生容易使用移动设备进行与学习无关的活动,如聊天、发邮件、玩游戏、看电影等。

(四)长时间使用键盘而导致的书写能力难以保证

由于电子书包要求使用键盘输入,学生在长期使用电子书包后将会面临只识字而不会书写的尴尬。而且随着书写能力的下降,带来的将是汉字文化的流失,这样不仅会使传统语言文字的传承受到极大威胁,而且中华民族五千年的智慧和传统文化也面临着消亡的危险。

---

① 王晶晶.中小学电子书包推广应用研究[D].石家庄:河北大学,2014.

（五）电子书包对教学实际效果的质疑

这些担心主要集中在教育部门的领导和学科教师人群中，他们最关注的是否能提升教学效果。而且，教师的关心还表现在能否减轻他们的备课工作以及对自身发展的支持。

这些问题都需要我们在实际应用中去不断验证，不断解决，给社会及家长一个科学的、合理的反馈，以体现电子书包能够承载一个绿色、健康、可控、和谐的学习生态环境。

七、多元利益主体的协调与共赢模式尚未建立

电子书包的应用目前尚处在试点和初期应用中，其推行模式并非传统的政府主导的自上而下模式，一般是由厂商、研究机构、中小学校等多方利益主体组成的实施模式，在推行过程中，往往涉及多方利益主体的需求和利益。如何在实施过程中协调多方利益主体便成了实践应用中的一大问题。

图 8-1　电子书包试点应用中的利益相关者

目前，很多地方的电子书包项目一般由公司和软件供应商提供终端设备，而研究机构支持教师的教学设计和课堂教学活动，学校安排试点教师和试验班级，而教师则负责开展教学实践。由于多方利益主体的参与，相互之间的协调及沟通在很大程度上将影响试点的进行和效果。如在某些试点项目中，设备提供商的强加要求，研究人员对教学的过多干预等不良现象都时有发生。在这种模式下，对于教师而言，他们在公司推广盈利思维、研究人员研究取向和学校推行改革的多重影响下实施教学，其教学活动变得比传统教学更为复杂，其教学任务也比传统教学更多。对于学校而言，由于各方人员的参与，其管理和协调的任务也变得更加繁复。

此外，设备提供商对学校需求的响应也有一定的延时性，导致学校的教学

平台改进需求常会因为供应商整体考虑和开发周期等因素不能及时满足,影响教师使用技术的积极性。因此,如何建立多方利益主体的协调机制,与各方进行沟通合作以及满足教师的教学需求需要后续更多的努力和研究。

第二节　基于电子书包的教与学的未来展望

如何解决上述问题是推进电子书包教学应用持续发展的现实任务。我们知道,国外的移动设备教学应用启动较早,特别是教育信息化水平较高的国家和地区有很多经验和成果值得我们借鉴。因此,我们可以先对国外移动设备教学应用的行动框架及实施策略进行分析,为解决我国电子书包应用的困境和难题提供新的思路和方法,然后提出我国电子书包教学应用的发展方向。

一、国外移动设备教学应用的行动框架及发展策略

"他山之石,可以攻玉。"国外相关的应用与探索比我国要早,经常与"iPad 项目"、"一对一"数字化学习、"泛在学习(Ubiquitous learning)"联系在一起,由于很多地方和国家并不使用"电子书包"这一名词,所以后面的讨论以"移动设备教学应用"为主。而且由于技术的先进性以及教学的开放性,其教学应用比我国要更深入、广泛。因此,在试点阶段,我们有必要借鉴国外实施移动设备教学应用的经验。追踪国外相关的实践案例及研究文献,我们可以剖析出国外在此行动上的行动框架及主要实施策略表现在以下几个方面。

(一)多领域、多学科的应用实践

基础教育和高等教育固然是国外移动设备应用的主要领域,其教学应用也十分广泛。大学教学中,移动设备教学应用的学科包含了数学导论、英语教学、计算机科学、物理教育等大量课程;在中小学应用中,也基本涵盖了所有的课程教学,如中学的数学教学、英语教学、小学的科学课程等。

值得注意的是,除了高等教育和基础教育这两大领域之外,平板电脑和其他移动设备在特殊教育中的应用是国外实践中的一个重要领域。移动设备被广泛地应用于特殊儿童的教学,如对自闭症(autism)、发育迟缓(developmental delay)、智力障碍(intellectual disability)、言语障碍(non - speaking)

等特殊儿童的教学干预及应用。如：美国西切斯特大学 Kim 等人将手持终端设备（iPad）应用于患有自闭症的学龄前儿童的干预，发现 iPad 等平板电脑的应用对于这些儿童的社会化以及行为转变是有效的。[①] Neely 等人在自闭症儿童的教学中通过对使用 iPad 和传统材料的比较，发现在使用 iPad 的教学环境中自闭症儿童表现出更高的学业投入度（academic engagement）[②]。Chai 等人研究了 iPad 及其应用程序对发育迟缓的儿童的早期读写能力发展（early literacy development）的促进作用[③]。Cardon 等人将 iPad 应用于孤独症儿童看护者的培训，让他们利用 iPad 让这些孤独症儿童通过视频来提高模仿技能[④]。

（二）多样化教与学活动及模式的实施

教与学活动及方式的变革与创新是移动设备教学应用的核心目标。在活动形式方面，移动设备的应用既能支持丰富的"学"的活动，也能很好地支持广泛的"教"的活动。从"学"的角度看，应用移动设备支持的主要活动类型有网络资源搜索、表达和结果呈现工具、讨论交流、知识管理等，这些方面的应用可以提高学生的学习体验和学习效果。从"教"的角度看，移动设备的应用改变了专业的教学文化（课堂文化和学习过程等）、教师对应用的关心（包括如何更好地使用平板电脑以使教学效果最大化以及创新 1:1 计算对他们个人的影响）、课程处理（curriculum handling）、专业发展计划（professional development programmers）、与之相关的社会环境（surrounding society）（包括社会经济状况、家长参与等）[⑤]。在教与学方式的创新上，移动设备的

① KIM S, CLARKE E. Case study：An iPad – based intervention on turn – taking behaviors in preschoolers with autism[J]. Behavioral Development Bulletin, 2015, (20):253 – 264.

② NEELY L, RISPOLI M, CAMARGO S, et al. The effect of instructional use of an iPad? on challenging behavior and academic engagement for two students with autism[J]. Research in Autism Spectrum Disorders, 2013, 7(4):509 – 516.

③ CHAI Z, VAIL C O, AYRES K M. Using an iPad Application to Promote Early Literacy Development in Young Children with Disabilities[J]. Journal of Special Education, 2014, 48(4): 268 – 278.

④ CARDON T A. Teaching caregivers to implement video modeling imitation training via iPad for their children with autism[J]. Research in Autism Spectrum Disorders, 2012, 6(4):1389 – 1400.

⑤ FLEISCHER H. What is our current understanding of one – to – one computer projects：A systematic narrative research review[J]. Educational Research Review, 2012, 7(2):107 – 122.

应用为其提供了多样化的途径,它在支持个体建构、情境认知、协作学习等方面都有重要的作用。在具体教学模式的选择上,案例教学、探究教学、基于任务驱动的教学、协作对话式教学等都是教师选择的重要形式。

在协作教学模式的实施上,移动设备的应用为学习者的参与、互动、协作等提供了有力的支持。如 iPad 所具备的屏幕可旋转、微型化、宽广的视角、多用户操作界面、便携性和可移动性、呈现不同媒体的灵活性、支持小组活动、语音识别等特点能很好地支持协作学习,将 iPad 与基于云服务的应用软件(如 Google Docs、AirServer、APP TV 等)结合一起能扩展和延伸学生的协作[①]。同时,研究发现,移动设备的应用能促进学生在面对面的协作中更自信地进行个人陈述和表达观点[②]。当然,协作学习并不会自然而然发生,教师需要采取一些行动以及能力来支持学生的协作。Falloon 等人研究了协作教学模式的要素以及教师的支持策略,包括设置专门的面对面的讨论和协商、团队研究和汇报展示、提问及回答、安排团队角色等等。Engin 等人则分析了 iPad 支持的对话教学,提出了 iPad 支持下的对话教学的要点[③]。

图 8 - 2　电子书包支持的协作学习

① FALLOON G. What's the difference? Learning collaboratively using iPads in conventional classrooms[J]. Computers & Education, 2015,(84):62 - 77.

② ALVAREZ C, BROWN C, NUSSBAUM M. Comparative study of netbooks and tablet PCs for fostering face - to - face collaborative learning[J]. Computers in Human Behavior, 2011, 27(2):834 - 844.

③ ENGIN M, DONANCI S. Dialogic teaching and iPads in the EAP classroom[J]. Computers & Education, 2015, 88(C):268 - 279.

在个体探究教学模式的应用方面,应用软件的设计、学习内容的设计、教师的指导和支持以及学习活动的组织对个体探究学习来说是几个非常重要的因素。为了更好地实现探究学习中的个体参与以及创造性,教师需要采取以下策略:通过多种方法交流学习目标;对实现的目标提供流畅的、无干扰的路径;提供易获得的、可理解的教学指导;整合形成性的、正确的反馈;对游戏和练习以及学习要素进行正确的混合方式;根据每个学生组的学习特性提供匹配的交互等①。

图 8 - 3　电子书包支持个体探究学习

同时,移动学习也成为移动设备教学应用的一个重要应用领域。电子书包的移动性,可以支持学习者随时随地的学习,并且通过无线网络支持学习者在线资源获取以及互动交流,既可以更好地与课堂教学实现无缝链接,也可以很好地实现移动学习、泛在学习。

(三)持续发展的影响因素及管理策略

要深入推进移动设备在教学中的持续应用,就必须厘清其影响因素,并实施有针对性的策略。我们知道,移动设备的教学应用受多方面因素的影响。这些影响因素中,既有来自教师方面的因素,如教师的准备状态、教学信念以及技术应用能力都直接影响了教师对移动设备的整合应用;也有来自学校层面的技术支持和行政支持;还有来自学生的个体差异、家庭文化背

---

① FALLOON G. Young students using iPads: App design and content influences on their learning pathways[J]. Computers & Education, 2013, 68(4):505 – 521.

景以及父母的教育水平等。

同时,移动设备在教学中的使用将带来更多的管理问题,如容易导致学生注意力的分散,学生也容易使用移动设备进行与学习无关的活动,如聊天、发邮件、玩游戏、看电影等。也有研究证明,课堂中使用平板电脑的可视化活动还会干扰和影响到同桌或旁边的同学①。为此,不仅教师应该做好课堂监管,而且还要注意从学校领导、教师、学生等利益相关者方面带来的管理问题②。

(四)学习效果检验与评估旨向

学习效果的好坏决定了移动设备教学应用是否需要大规模地采用或是否禁止。国外几乎所有的项目以及相关研究都对此进行了检验和评估,其结果还存在一定的争议。一些研究发现移动设备是促进学习的一种重要工具,在班级授课中它能促进学生的主动探究学习以及师生的有意义交互③,并且,利用移动设备创建的无缝式移动学习能促进学生对知识的理解以及对科学探究的积极态度④。而一些研究则认为它阻碍了学习(hinder learning),对学生的知识理解和课程表现都产生了负面影响⑤。特别是在学生学业成绩的提高方面分歧较大,有研究表明,平板电脑的应用并不能提高学生的标准化考试成绩,而有的研究则证实教学中有效地应用移动设备对学生的学业成绩有显著提高。当然,人们也逐渐认识到,教学中应用移动设备的目的不只是为了提高学生的学业成绩,人们常常将其与学生的阅读体验、互动和合作、资源管理以及高阶思维能力等联系起来。大量的实践和研究证明,基于平板电脑的教学能创造开放的、建构的、合作的、反思的和高认知的

① SANA F, WESTON T, & EPEDA N J. Laptop multitasking hinders classroom learning for both users and nearby peers[J]. Computers & Education, 2013,62(3):24－31.

② LUIK P, & KUKEMELK H. Changes in school management caused by regular usage of laptops in lessons[J]. Procedia － Social and Behavioral Sciences, 2011,(11):190－194.

③ BARAK M, LIPSON A. & LERMAN S. Wireless laptops as means for promoting active learning in large lecture halls[J]. Journal of Research on Technology in Education,2006,(38):245－263.

④ SONG Y. "Bring your own device (BYOD)" for seamless science inquiry in a primary school[J]. Computers & Education,2014,(74):50－60.

⑤ FRIED C B. In－class laptop use and its effects on student learning. Computers & Education,2008, 50(3):906－914.

学习任务,学生在类比和归纳能力等方面表现更好,能促进学生的抽象推理能力发展,而且能提高学生的参与性和学习动机、学习兴趣,还包括:促进学生学业成就提高;缩小数字鸿沟;提高本地区经济竞争力;为学生未来的工作做准备;提高教学质量,等等。此外,学生 21 世纪技能的培养和提高也是移动设备教学应用关注的一个重要标准,包括为学生 21 世纪做准备,促进学生 21 世纪技能的发展,如数字素养、创新技能以及批判性思维等。

(五)教师角色转变及教师专业发展

移动设备在教学中的应用,改变了教师的角色以及知识结构,对教师提出了更高的要求。根据 Montrieux 等人的观点,教师在平板电脑支持的教学中的角色可以分为两类:工匠型教师(instrumental teachers)和创新型教师(innovative teachers)[①]。工匠型教师与传统教师并没有区别,仅是作为一个传递知识并帮助学生巩固、掌握知识的角色,而创新型教师则更多地表现为教练的角色(coaching role),考虑为学生知识形象化和高级思维发展提供有效的教学活动。同时,在移动设备构建的高技术环境下教师的知识结构也面临改变和更新,Beeson 等人通过比较不同教师在一对一环境中教学的差异,分析研究了教师的 TPACK 结构[②]。

二、我国电子书包教学应用的发展方向

我国电子书包应用已进入深入发展阶段。并且在国家"三通两平台"工程建设的基础上,以电子书包及智能移动终端设备为支撑的智慧教育将是当前乃至下一阶段我国教育信息化发展的重要课题。基于目前应用中存在的问题及实际情况,我国下一步推进电子书包持续深入发展应坚持做好以下几个方面的工作。

---

① MONTRIEUX H, & VANDERLINDE R. A qualitative study about the implementation of tablet computers in secondary education: the teachers' role in this process[J]. Procedia – Social and Behavioral Sciences, 2014,(112):481 – 488.

② BEESON M W, JOURNELL W, & AYERS C. A. When using technology isn? t enough: a comparison of high school civics teachers? tpck in one – to – one laptop environments[J]. Journal of Social Studies Research,2014,38(3):117 – 128.

（一）逐步拓展应用范围，深化应用层次

1. 拓展电子书包应用范围

我国电子书包教学应用目前主要集中在中小学，在其他教育领域的应用还比较少，虽然也有人对电子书包在高校推广应用进行了调查及初步探索，但还缺乏更大范围的应用实践和实证研究。反观国外，移动设备教学应用的范围和领域十分广泛，积累了大量可供参考的方法。相关实践也告诉我们，移动终端设备所蕴含的教育功能和优势是可以被应用于多种类型的教育教学领域。因此，我们应积极尝试拓展电子书包以及移动设备在教学中的应用范围，具体包括：（1）应用的学校类型由基础教育向职业教育、高等教育、特殊教育扩展的可行性论证与实践。目前，国家良好的政策环境、学校良好的技术环境为电子书包的广泛应用提供了很好的基础，使得电子书包在这些教育领域的应用成为可能。（2）应用的课程和学科由语、数、外等传统学科向科学、社会、信息技术、品德等课程应用的尝试。（3）应用的场所由课堂内向课堂外延伸特别是家校互动应用的探索。

2. 深化电子书包的应用层次

我们知道，教育与技术的融合可以分为 4 个阶段：起步、应用、整合、创新（如图 8－4 所示）。① 根据实践的需要以及"十三五"期间教育信息化发展的规划，整合应用与融合创新是下一阶段信息技术教育应用的主要目标，其核心任务就是实现信息技术与课堂教学要素的深层次融合，实现教学方式和教学模式的创新。对于当前的电子书包以及移动设备的教学应用来

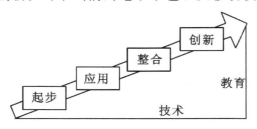

图 8－4　教育与技术融合发展的诸阶段

---

① 杨宗凯，杨浩，吴砥. 论信息技术与当代教育的深度融合[J]. 教育研究，2014，(3)：88－95.

说,要走向深层次的应用,必须实现其多元化角色及功能,特别是作为探究工具以及促进学生高阶思维能力发展的应用探索,转变电子书包以及移动设备教学应用模式,由传统教学框架下的应用模式到探究学习和协作学习的应用探索。

(1)电子书包在教学中应用的目的要更加明确,我们不是为了产品推广而应用,更不是为了随波逐流而应用,而是从教师教学、学生学习的实际需求出发而应用,电子书包的应用是为着解决教学中的问题、改善教学效果这个目的的。因此,其应用的目的和逻辑起点应是学科问题以及学科需要,有了这个前提,我们才去思考、设计如何应用。

(2)电子书包在教学应用中的角色是多元化的,除了资源呈现,更应该向教学交互、学生自主探究等方面发展。电子书包的应用绝不仅仅限于教学内容的演示工具,也不是强化传统教学,而应实现对整个教学过程的改进和优化,体现在教学理念、教学交互、教学模式等多个方面的革新上。

(3)探索探究型的电子书包应用模式。我们要实现电子书包在教学中的融合创新应用,就必然要对传统的教学结构和教学模式有所触动,改变传统以教师为中心、以传授为主要形式的教学,探索新的教学应用模式。如基于电子书包的主题探究教学模式和混合式教学模式等。

3.探索电子书包应用的新方向——智慧教室

智慧教室是近年来信息化环境建设的一个热点话题,它主要是依托物联网技术,以云平台为中心,无缝连接计算机设备、移动终端、电子白板等教学设备,实现多屏互动、教室环境智能感知与设备智能控制、数据自动采集等功能。智慧教室的"智慧性"涉及教学内容的优化呈现、学习资源的便利性获取、课堂教学的深度互动、情境感知与检测、教室布局与电气管理等多个方面的内容,可以概括为内容呈现、环境管理、资源获取、及时互动、情境感知等5个维度。[①]

随着智慧教室的提出以及各个学校智慧校园、智慧教室建设的兴起,电子书包将由传统的孤立课堂教学应用逐渐走向与智慧教室整合的应用方向。在智慧教室的建设与应用中,我们可以在原有多媒体教室基础上,以教

---

① 黄荣怀,胡永斌,杨俊锋,肖广德.智慧教室的概念及特征[J].开放教育研究,2012,(2):22-27.

育云平台为依托,搭建以电子书包为核心,配套电子书包软件、学科应用工具的智慧教室,实现以下功能:

(1)互动教学。有效地课堂管控、丰富的师生互动,根据学生课堂表现随时进行奖励、鼓励,轻松调动全体学生参与学习的积极性,及时发现学生学习过程中的问题并迅速解决,建立学生学习档案,以方便管理与进行针对性的辅导学习。

(2)随堂评测。可供选择的多种答题方式,包括统一答题、随机发题、抢答题、小组答题、画板题、随堂语文英语听写题、随机出题等,活跃课堂气氛,确保教学质量,学生和教师可以得到及时反馈与改进。

(3)绿色管控。教师远程关机,一键锁屏,对学生画面进行实时监控,对访问网址进行设定,轻松打造安全良好的网络环境。

(4)开放平台。通过平台提供的开放的资源中心和应用软件中心,可以拓展学生知识获取范围,并激发学习兴趣。

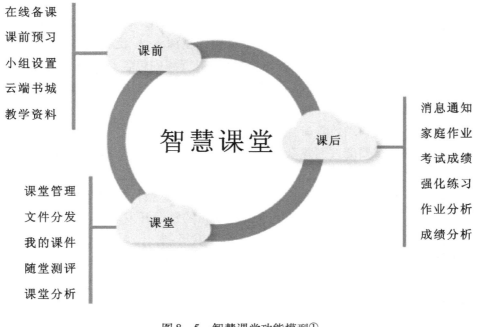

图 8 - 5　智慧课堂功能模型①

---

① 立人智慧教室方案[EB/OL]. http://edu. lirenkj. com/fangan_zhihuijiaoshifangan. html.

（5）云端备课。通过资源中心提供的教案、素材、题库等优质资源，实现高效智能在线备课，并可实现客户端自主同步。

（6）一体化学习。通过云平台＋终端实现学生课前预习、课中互动、课后自评联系的个性化一体服务。

（二）电子教材、电子书等学习资源的深度开发

资源是开展移动设备教学应用的基础，国外的移动设备教学应用中几乎都强调了资源的支持。而国内的电子书包应用中，高质量、针对性的学习资源还比较欠缺，电子教材、电子书等还处于起步阶段。因此，我们应特别重视电子教材等数字化资源的设计与开发。

1. 富媒体形态的电子教材和电子课本的开发

大量开发富媒体资源，真正让电子书包由媒介工具向资源库转型发展。富媒体资源首先是指学习资源不仅能够整合图文、音频、视频、动画等多种媒介表征方式，而且能够支持动态控制（缩放、高亮、书签、检索、上传、下载等）与交互式阅读行为（标注、复制、插入、笔记、重列、超链接等）；其次，体现在学习资源的内容与组织形式不受资源提供商限定，能够通过学习者的应用与信息共享来随时重组、更新和扩充，应用越深入、广泛，电子书包可提供的关联资源就越丰富；再次，"富"体现在学习资源中包含与知识单元配套的虚拟学习工具（简称虚拟学具）与学习测评系统，能够完成包含阅读、认知加工、操作演练、知识迁移等在内的丰富的学习活动。①

2. 资源开发模式的革新

电子书包需要庞大而复杂的资源系统（包括客户端资源系统、教辅资源系统、虚拟学具系统及云出版＋云服务系统），仅靠企业人员或者研究人员单方面的开发不可能达到要求。因此，我们需要革新传统的开发模式，探索多方合作、共同开发的模式，才能保证高质量的资源开发。

一是建立校、企、社三位一体的合作开发机制，让产品开发商、学校、出版集团都积极参加电子书包资源的开发。二是建立统一的出版平台，整合社会研发力量，实现电子教材与拓展资源的并行开发，加速资源积累的进程。如 APP Store 模式是实现全民软件研发的成功案例。苹果公司一方面将 APP Store 作为方便、高效的第三方软件销售平台，通过诱人的利益分成

① 周榕.电子书包资源体系构建与关键问题分析[J].现代教育技术,2013,(10):62-67.

比例吸引各大媒体公司和业余开发者发布手机软件,一方面将其作为开放的内容分发系统,帮助手机用户寻找、购买、下载和安装各种各样的内容。①三是探索和推广"轻便式"的课堂教学资源开发模式与技术,让一线教师参与资源的设计与开发,实现资源的强针对性。

(三)教师信息化教学能力的提升以及 TPACK 知识的更新

在任何教育改革和教学方式的创新上,教师的采纳及其能力都是决定其成效和持续推进的关键因素。然而,电子书包支持下的教学对教师提出了新的要求,它对学生的学习方式、学习内容、教学方法等都产生了变化和影响,怎样将电子书包融入学科教学当中是教师必须思考和研究的一个重要的问题。因此,我们应特别注重教师的教学能力提升,加强教师使用新技术、新媒体以及教学应用能力的培训,促进教师 TPACK 知识的更新。

TPACK 是 Technological Pedagogical and Content Knowledge 的缩写,即整合技术的学科教学知识,它是 2005 年美国学者 Koehler 和 Mishra 在 Shulman 提出的 PCK(学科教学知识)的基础上提出的高技术环境下的教师教学能力框架,是当今所处社会的信息技术水平对教师提出的新要求。TPACK 框架包含 3 个核心要素,即学科内容知识(CK)、教学法知识(PK)和技术知识(TK),4 个复合要素,即学科教学知识(PCK)、整合技术的学科内容知识(TCK)、整合技术的教学法知识(TPK)以及整合技术的学科教学知识(TPACK),具体框架(如图 8 – 6 所示)。

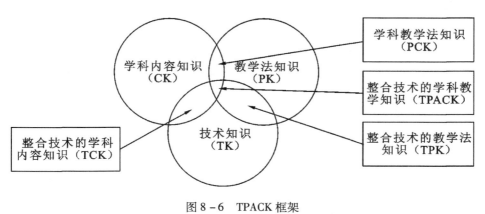

图 8 – 6　TPACK 框架

---

① 周榕.电子书包资源体系构建与关键问题分析[J].现代教育技术,2013,(10):62 – 67.

毋庸置疑,在电子书包支持的教学环境中,教学技术、学习方式、教学理念和方法等方面的改变都促使教师更新和提升其TPACK知识结构和能力。在电子书包教学环境下,教师的教学实践面临较大的挑战:一方面,教学设计和教学活动变得更加灵活和复杂;另一方面,在移动设备支持的课堂教学环境中,教师的知识结构和技术应用能力需要持续更新。

那么,如何提高教师的TPACK知识,促进其信息化教学能力的提升呢?

1. 学校积极组织教师参与信息化教学能力提升项目,开展信息化教学的教研活动

学校应采取多种方法和手段帮助教师提高其信息化教学能力:一是有计划、分阶段地组织本校教师参加国家、省级、区域各个层次的信息化教学能力建设项目和师资培训,支持教师参与各种研修学习;二是在本校内有针对性地开展以实践反思为特点的课例和教学法研讨,重点培养教师有特色、有创新、有实效的信息化教学能力,特别是利用信息技术开展学情分析、个性化教学的能力。

2. 教师个体层面的实践探索与反思、创新

由于传统教学工作的封闭性,教师的教学实践往往带有极强的经验主义色彩,在技术的创新应用和教学的革新上往往难以突破,甚至举步维艰。即便是面对自上而下的行政推动,他们也只是限于对传统教学的强化。同样,在电子书包的深入应用中,教师作为直接实践者,其理念、行动、能力都直接影响了其效果和可持续发展。因此,从教师个体层面探讨其TPACK能力的发展有着至关重要的意义。作为教师个体,首先要认识到信息化教学发展的趋势,不断适应电子书包所构建的一对一学习环境对教师角色的要求,主动应对其挑战,从而实现自我的不断提升及职业发展。具体来说,可以通过以下几点进行完善:通过参与培训与实践反思,更新自我教学理念,提升个人的能力;结合教学实践,设计与开发针对性的课程资源;将电子书包融入到教学的全过程,探索电子书包应用的新模式。

3. 多方合力,为教师提供良好的教学扶助和支持

电子书包在教学中的深入应用必然引发教师在教学中角色和职能的改变。然而,这一转变并非一蹴而就,教师极有可能因为在适应期遇到问题或与传统教学发生冲突时无法得到及时的解决而选择消极对待甚至中途放弃。因此,为了减少教师不必要的矛盾和困惑,我们在具体实践或应用中特别是初始阶段要为一线教师提供教学支持和扶助,要特别重视示范引领和

对教师个体层面的针对性指导。当然,这种指导不仅限于蜻蜓点水式的听课,也不止于定期的座谈或者调研,而是"伙伴式"的支持服务。[①] 包含研究者、技术支持、教学管理者等在内的扶助者应给予教师在教学设计、资源选择、资源应用等方面的全程指导和帮助。

(四)利益主体协同机制的建立

电子书包教学应用不是简单地将技术设备投入教学场所而改变其教学手段,它涉及教学理念的更新和教学模式、教学方法等一系列变革。变革就要涉及多方主体的利益,涉及多个因素,这些主体和因素共同决定着变革的成败。因此,我们应避免孤立地思考每一个因素,而应理清影响电子书包项目的利益相关者,建立各方利益主体的协同机制。

就目前情况来看,电子书包应用项目通常是由政府、企业、学校等多方参与的一项实践项目,它涉及的利益主体包括设备提供商、学校、教师、家长和学生、研究人员等,他们各自扮演者不同的角色。设备提供商通过政府、教育行政部门向学校提供电子书包设备,以期获取经济利益,因此,他们积极向教育部门和学校推广电子书包应用,甚至过分宣扬电子书包的优势和作用,而在资源的开发与服务方面,往往急功近利,缺乏对学校、课堂教学的深入了解,设计的产品和资源也难以适应教学实践。而学校作为电子书包项目的实践场域,是教学实施的"最后一公里",在学校这个组织单元中,其政策、制度、环境都对电子书包项目的实施和发展有着重要的影响。教师和学生作为使用者,通过使用电子书包以及开展教学实践对其优劣进行评价,他们关注的是电子书包系统如何为教与学提供服务,提高教学效果。家长们往往从学生的身心健康、学业成绩等方面关注电子书包的利弊,而研究人员更多关注其研究价值。这些主体共同参与到电子书包项目的实施中,并有着各自的利益出发点或行动立场,不可避免地会产生多种利益博弈,如果不能协调各自的利益而只是追求自身的利益最大化,必然影响电子书包项目的可持续发展。因此,当前我们需要建立各方利益主体的协同机制,制定相关的协同工作策略,共同促进电子书包的健康发展。具体来说,需要解决以下几个方面的问题。

① 周榕.电子书包课堂教学应用的现象解读与推进策略研究[J].电化教育研究,2013,(11):103-109.

1.探索合理的成本分担机制

在大范围推广电子书包应用之前,首先需要解决电子书包的成本问题。目前在试点阶段,一般的做法是由政府买单或者由设备供应商赞助,但真正到大范围推广的时候,这种模式显然是行不通的。而且,电子书包的价格对于不少学生来说也是一笔不小的开支,让每位学生个人购买电子书包系统也不现实,况且家长的态度还处于质疑之中。因此,如何解决这一问题将直接影响着电子书包的推广和普及,我们仍需要探索合理、有效的资金投入和成本分担机制。

2.建立电子书包学习资源的合作开发机制

资源和服务是电子书包应用的核心。就目前来说,电子书包系统的资源还比较缺乏,特别是优质的电子教材、富媒体资源等难以满足实际教学需要,而且各个厂商之间的平台、服务和资源还没有完全实现开放与共享,缺少市场机制。另外,在资源的开发中,一线教师往往属于"局外人",没有参与到资源的制作与开发中。从长远的角度看,这些问题的存在是不利于电子书包项目的可持续发展的。

因此,我们急需建立多方合作的开发共享机制。在这一点上,我国学者周榕提出建立校、企、社三位一体的合作开发机制(如图8-7所示)值得借鉴,。[①]

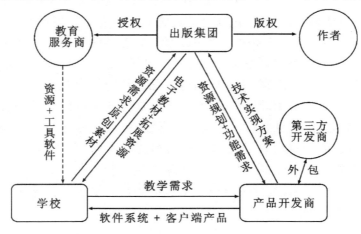

图8-7 电子书包学习资源"三位一体"合作开发机制(周榕,2013)

① 周榕.电子书包课堂教学应用的现象解读与推进策略研究[J].电化教育研究,2013,(11):103-109.

基于电子书包的数字化学习研究与实践

在合作中,出版集团需要着力完成:第一,学习资源的组织与体系规划。资源是围绕教材展开的。出版机构必须联合作者、教师、素材制作单位,对电子教材内容、类型、组织方式、媒体形式进行精心策划,并制定教材体系建设的战略规划。第二,著作权的管理与保护。目前,数字出版的版权保护方案尚待政策与技术的完善。如何界定教材改编权的归属,如何避免未经授权的资源下载、转载、复制行为,如何在版权独有向版权共有的转化中找到恰当的运作方式,都将是出版机构未来的研究重点。第三,原创资源的收集与出版。新媒体在应用过程中,往往会产生大量由一线教师创作的教学素材。这些原生态素材能够很好地贴合教学实际,有着良好的目标适应性,出版机构应尽早获得其授权,将之纳入电子教材出版的整体规划中。第四,基础资源与服务的技术实现。在实践数字出版的过程中,出版机构或掌握了纸质教材数字化改造的基本技术,或与技术服务商建立了业务外包关系。部分有实力的出版机构已拥有自己的数字出版平台,实现了云出版的相关服务。因此,出版机构应尽快完成技术创新,通过已有教材资源的改造和信息服务的整合,促进电子书包资源系统"骨骼"的形成与进化。电子书包产品开发商通常有着雄厚的技术力量,能够快速实现云平台搭建与维护、产品硬件系统升级以及特色软件系统开发。然而,电子书包功能策划既依赖于出版机构的资源建设规划,又依赖于学生、教师、管理者甚至家长在教学应用中不断提出的改进要求。可以说,三位一体分工机制赖以形成的基础,正是出版机构、学校与产品开发商之间相互依存、高度融合的共生关系。

3. 优化电子书包教学实践的环境,探索多元主体的协同模式

学校是电子书包应用的主阵地,学校的总体环境、行政支持和技术支持对于教学创新有着重要影响。可以说,电子书包教学实践是一项涉及学校信息化教学氛围、信息化管理体制、信息化教学环境等的复杂系统工程。除了提升教师信息化教学能力以及做好资源支持外,我们还需更系统地考虑,包括优化电子书包教学实践的学校环境和协同模式,具体包括:提升校长信息化领导力,做好学校的顶层设计,制定相应的发展规划;完善信息化基础环境建设,尤其重视优质资源的引入及校本资源的开发,创建学校良好的应用氛围和环境;平衡企业、学校、教师、学生等各利益主体的诉求,建立技术支持、研究人员、一线教师的协同机制;优化学校组织内的管理模式,共同推进电子书包的深入实践。

（五）电子书包支持的一对一学习效果检验及评估体系构建

电子书包推行多年来，我国教育者以及社会各界对电子书包在教育教学中应用的认识和态度褒贬不一。从教育信息化发展的大背景来看，我们希望通过应用电子书包实现优质资源共享、促进教与学方式变革，推动我国教育信息化的发展以及教育变革。然而，现实中还存在不少质疑声音，主要表现在两个方面：一是对学生身心健康带来的不利影响，如造成学生视力下降、产生网络依赖等；二是产生的教学效果不明显，如对于学生学习成绩、书写能力、实际教学效果等方面的影响。基于这些忧虑，甚至有些教育者或者家长排斥电子书包的应用。

但是，从国外的发展来看，教育者正积极对待移动设备对传统教学带来的冲击与影响，正如 Nielsen 对 BYOD 在教育教学中应用的必要性的阐释那样，无视移动技术教育应用前景的学校事实上在拒绝、排斥学校围墙之外世界的变化，学校不能剥夺学生利用他们选择的工具进行学习的自由与权利。而且，从历史发展来看，每一种新技术在教育中的应用都要经历一个艰难的采纳与融合的过程，早期的多媒体教学和网络教学等都是一样。根据我国"十三五"期间全面、深入推进教育信息化工作的指导意见，"积极探索使用新技术、新设备与新工具，利用技术、设备和工具探索、创设适应信息时代特点的新型教学环境，创新教学模式，切实提升教育教学的现代化水平"是当前乃至下一阶段我国教育信息化发展的一项重点工作。因此我们不能因循守旧，依赖于过去适应的方法和模式，而应积极应对现实挑战。在现实中，要回应上述争议和解决这些问题，目前极为紧迫的任务和工作便是开展电子书包教学应用效果的评估，建构完整的教学应用体系和保障措施。对于教育者和政策制定者来说，也希望看到一些基于试验和证据的结论，并以此来决定是否采用或实施这些项目。

就目前来说，不管是国内还是国外，对 ICT 在教育中的影响和效果的研究还不足，特别是便携式电脑在教育中的使用。在我国，对电子书包的应用效果的评估还未建立，其探索局限于微观层面的学习成绩、学习态度等调查，缺乏大范围的、普遍认可的评估体系。因此，效益评估是当前电子书包项目研究的重要内容。

当然，评估电子书包项目不能简单地用学习成绩、教师发展水平和软硬件装备指标来衡量，而是需要寻求系统的方案来评估电子书包对个体发展的影响、对教师发展的影响及对数字化教学的影响,如何在数字校园框架下评估电子书包的效能等问题都值得探索。① 美国学校网络联盟Co SN(Consortium for School Networking)在此方面做了不少努力,他们通过个案研究的方式,采用 VOI(Value of Investment)或 TCO(Total Cost of Ownership)两个指标来衡量,评估内容包括提升学生的 21 世纪技能,促进地区发展和教育公平,提高学生的学习动机和学业成绩,培养学生的行为习惯、学生的合作交流能力和与家长的沟通能力等。② 因此,基于上述争议和已有成果,我们可以从两个方面来考虑电子书包应用效果的评价:一方面是从学生学业成就水平、21 世纪技能发展、信息素养发展、教师专业发展、课堂教学质量改善及学校系统变革等方面加以综合评价;另一方面应立足于目前各方对电子书包的争议,以正反双方争议的论点和论据为基础分析电子书包应用效果评价的内容维度。③ 在此基础上,童慧等人提出了电子书包应用效果评价的内容框架,如表 8−1 所示。

表 8−1　电子书包应用效果评价参考内容框架

一级维度	二级维度	参考评价要点
教学方面	课堂教学模式	自主性(教师中心—学生中心)、合作性(个体学习—合作学习)、探究性(被动接受—主动发现)
	课堂教学质量	课堂活动组织、技术使用情况等
	学生学习方式	课内课外衔接、校内校外衔接、课外自主学习等
	家校协同教育	家校互动情况、校外资源利用情况等

① 王佑镁,陈慧斌.近十年我国电子书包研究热点与发展趋势——基于共词矩阵的知识图谱分析[J].中国电化教育,2014,(05):4−10.

② 刘俊生,余胜泉.一对一数字化学习研究的领域与趋势[J].现代教育技术,2012,(1):19−24.

③ 童慧,杨彦军,郭绍青.电子书包应用效果评价研究进展述评及反思[J].远程教育杂志,2016,(1):99−112.

一级维度	二级维度	参考评价要点
学生方面	学业成就变化	考试成绩、作业质量等
	课程学习质量	语文（如作文质量、阅读水平等）、英语（听说能力、跨文化素养等）、数学（数据分析、模型思维等）
	21世纪技能	信息技术素养、合作交流能力、创新能力、问题解决能力等
	心理方面变化	学习自信心、注意力、学习动机、媒介依赖（网络成瘾）等
	身体方面变化	视力变化、课业负担、睡眠情况等
教师方面	专业技能发展	信息技术素养、教育技术能力等
	专业学习改善	专业学习形式、专业学习支持等
学校方面	教学管理方式	组织机构、教学管理、部门协作等
	信息化建设	硬件设施建设、软件资源、网络服务平台等
	信息化应用	信息化科研成果、信息化教学案例、信息设备利用率等

当然，上述内容框架仅为参考的评估观测点，针对具体的实践项目，应根据实际情况进行选择和调整。同时，在评估中，应避免陷入传统应试教育的评估思维，更多地从学生发展的角度考虑评估的旨向。

参考文献

[1]裴新宁,刘新阳.为21世纪重建教育——欧盟"核心素养"框架的确立[J].全球教育展望,2013,(12):89-102.

[2]崔允漷.新课程"新"在何处?——解读《基础教育课程改革纲要(试行)》[J].教育发展研究,2001,(9):5-10.

[3]魏雪峰,李逢庆,钟靓茹.2015年度国际教育信息化发展动态及趋势分析[J].中国电化教育,2016,(4):120-127.

[4]魏先龙,王运武.日本教育信息化发展战略概览及其启示[J].中国电化教育,2013,(9):28-34.

[5]山西润一,宋庆清.日本中小学教育信息化的发展现状与动向——日本教育工学会会长山西润一专访[J].外国中小学教育,2015,(5):1-4.

[6]教育部办公厅关于印发《中小学教师信息技术应用能力标准(试行)》的通知[EB/OL].[2014-05-27].http://www.moe.edu.cn/publicfiles/business/htmlfiles/moe/s6991/201406/170123.html.

[7]教育部办公厅关于开展2014年度"一师一优课、一课一名师"活动的通知[EB/OL].[2014-07-01].http://www.moe.edu.cn/publicfiles/business/htmlfiles/moe/s8001/201407/171300.html.

[8]教育部关于印发《教育信息化"十三五"规划》的通知[EB/OL].[2016-06-07].http://www.moe.edu.cn/srcsite/A16/s3342/201606/t20160622_269367.html.

[9]高媛,黄荣怀.《2017新媒体联盟中国高等教育技术展望:地平线项目区域报告》解读与启示[J].电化教育研究,2017,(04):15-22.

[10]李莹,瞿堃.移动通信技术支持下的基于问题的学习[J].现代教

育技术,2012,(08):55-58.

[11]张莉娟,傅钢善.基于云计算的电子书包网络学习空间构建[J].中国医学教育技术,2015,(05):479-483.

[12]禹琳琳.语音识别技术及应用综述[J].现代电子技术,2013,(13):43-45.

[13]胡小强.虚拟现实技术基础与应用[M].北京:北京邮电大学出版社,2009.

[14]CHABERT G, MARTY J CH CARON B, et al. The Electronic Schoolbag:A CSCW Workspace. Presentation and Evaluation[J]. AI& Society-AIS,2006.

[15]BRODERSEN C CHRISTENSEN B GRONBAK K, et al. eBag-a Ubiquitous Web Infrastructure for Nomadic Learning[R]. World Wide Web Conference Series-www,2005.

[16]祝智庭,郁晓华.电子书包系统及其功能建模[J].电化教育研究,2011,(4):24-27.

[17]"电子书包"能否融入教育大市场[EB/OL].[2002-01-25].http://tech.sina.com.cn/s/n/2002-01-25/101092.shtml.

[18]张迪梅."电子书包"的发展现状及推进策略[J].中国电化教育,2011,(9):87-89.

[19]HASELTON T. School district buys 26 000 iPads[EB/OL].[2012-06-26].http://www.technobuffalo.com/2012/06/26/school-district-buys-26000-ipads/.

[20]LEONARD D. The iPad goes to school[EB/OL].[2013-10-24].http://www.businessweek.com/articles/2013-10-24/the-ipad-goes-to-school-the-rise-of-educational-tablets.

[21]刘俊生,余胜泉.一对一数字化学习研究的领域与趋势[J].现代教育技术,2012,(1):19-24.

[22]任友群,侯承宇.每个孩子都应该有一台自己的笔记本电脑——访秘鲁教育部首席教育技术执行官奥斯卡·贝塞拉[J].开放教育研究,2011,(1):4-9.

[23]NIELSEN L. Why BYOD,Not Banning Cell Phones,Is the Answer

[EB/OL].[2012 - 05 - 09] http://theinnovativeeducator. blogspot. com/2012/05/why - byod - not - banning - cell - phones - is. html.

[24]李卢一,郑燕林.美国中小学"自带设备(BYOD)"行动及启示[J]. 现代远程教育研究,2012,(6):71 - 76.

[25]电子书包进校[EB/OL].[2010 - 12 - 18]. http://www. 360doc. com/content/11/1231/15/5682299_176312247. shtml.

[26]贺平,郑娟,王济军.电子书包应用现状与未来研究趋势[J].中国 电化教育,2013,(12):52 - 56.

[27]王娟,吴永和."互联网 +"时代 STEAM 教育应用的反思与创新路 径[J].远程教育杂志,2016,(2):90 - 97.

[28]祝智庭,雒亮.从创客运动到创客教育:培植众创文化[J].电化教 育研究,2015,(7):5 - 13.

[29]马相春,钟绍春,徐妲,等.基于电子书包教学系统的翻转课堂教学 模式实践研究[J].电化教育研究,2017,(6):111 - 115.

[30]张文兰,张思琦,林君芬等.网络环境下基于课程重构理念的项目 式学习设计与实践研究[J].电化教育研究,2016,(2):38 - 45.

[31]钟启泉.教学活动理论的考察[J].教育研究,2005,(5):36 - 42.

[32]雷兰兰,林德丰.从活动理论看 MP - Lab 数学课堂的设计[J].现 代教育技术,2009,(9):27 - 30.

[33]吕巾娇,刘美凤,史力范.活动理论的发展脉络与应用探析[J].现 代教育技术,2007,(1):8 - 14.

[34]THORNE K. Blending Learning:how to integrate online & traditional learning[M]. London:Kogan Page Limited, 2003.

[35]黎加厚.关于"Blended Learning"的定义和翻译[EB/OL].[2000 - 06 -18] http://www. zbedu. net/jeast/000618. html.

[36]黄荣怀,周跃良,王迎.混合式学习的理论与实践[M].北京:高等 教育出版社,2006.

[37]SINGH H. Building Effective Blended Learning Programs[J]. Educa- tional Technology, 2003, 43(6):51 - 54.

[38]黄荣怀,马丁,郑兰琴,等.基于混合式学习的课程设计理论[J].电 化教育研究,2009,(1):9 - 14.

[39]郁佩璐.情境认知理论在汉语作为儿童第二语言教材编写中的应用研究——基于《汉语乐园》文化因素导入的实例分析[D].上海:复旦大学,2009.

[40]王文静.情境认知与学习理论述评[EB/OL].http://www.etc.edu.cn/articledigest14/qingjing.htm.

[41]夏征农.辞海[M].上海:上海辞书出版社,1989.

[42]钟志贤.信息化教学模式——理论建构与实践例说[M].北京:教育科学出版社,2005.

[43]黄建军,杨改学.网络环境下的情境认知与学习[J].远程教育杂志,2003,(2):13-15.

[44]高文.教学模式论[M].上海:上海教育出版社,2002:290-314.

[45]田慧生.教学环境论[M].南昌:江西教育出版社,1996.

[46]黄飞莺,周志毅.建构主义学习环境:意义·模式[J].当代教育论坛,2002,(12):83-85.

[47]翁凡亚,何雪利.分布式认知及其对学习环境设计的影响[J].现代教育技术,2007,(10):14-17.

[48]殷旭彪,陈琳.论数字化学习环境设计[J].现代教育技术,2013,(05):20-24.

[49]胡海明,祝智庭.个人学习环境的概念框架:活动理论取向[J].开放教育研究,2014,(04):84-91.

[50]简婕.支持高阶思维发展的数字化学习环境构建及其实证研究:基于小学五年级写作教学[D].长春:东北师范大学,2011.

[51]郁晓华,祝智庭.电子书包作为云端个人学习环境的设计研究[J].电化教育研究,2012,(07):69-75.

[52]吴永和,祝智庭,何超.电子课本与电子书包技术标准体系框架的研究[J].华东师范大学学报(自然科学版),2012,(02):70-80.

[53]胡海明,吴永和.个人学习环境系统的应用设计:以电子书包为例[J].华东师范大学学报(自然科学版),2014,(02):116-126.

[54]李葆萍.基于平板电脑的1对1数字化学习环境应用效果调研[J].现代远程教育研究,2016,(01):96-103.

[55]陈桄,龚朝花,黄荣怀.电子教材:概念、功能与关键技术问题[J].

开放教育研究,2012,(02):28-32.

[56]赵姝,王晓晨,陈桄,黄荣怀.基于 EPUB + SMIL 的同步发声电子书开发技术研究[J].现代教育技术,2012,(07):93-97.

[57]iBooks Author[EB/OL]. https://www.apple.com/cn/ibooks-author/.

[58]李珍珠,赵姝,丁杰,王朋娇.基于 iBooks Author 的电子教材设计与开发[J].中小学信息技术教育,2012,(11):77-81.

[59]曹东梅.基于易企秀平台的手机移动学习资源设计研究——以小学三年级奥数课程为例[D].上海:上海师范大学,2016.

[60]何克抗,吴娟.信息技术与课程整合[M].北京:高等教育出版社,2007.

[61]陈丹,祝智庭."数字布鲁姆"中国版的建构[J].中国电化教育,2011,(1):71-77.

[62]焦建利,周晓清.基于 Pad 的一对一数字化学习 BA4C 模型[J].电化教育研究,2015,(1):9-17.

[63]Using The Padagogy Wheel:It's All About Grey-Matter Grids(GGs)[EB/OL]. http://www.unity.net.au/allansportfolio/edublog/? p=917.

[64]何克抗.教学支架的含义、类型、设计及其在教学中的应用——美国《教育传播与技术研究手册(第四版)》让我们深受启发的亮点之一[J].中国电化教育,2017,(4):1-9.

[65]高潇怡.科学教育中的探究教学模式发展述评[J].外国教育研究,2007,(3):76-80.

[66]BYBEE R W, TAYLOR J A, & GARDNER A. et al. The BSCS 5E Instructional Model:Origins and Effectiveness[EB/OL]. https://bscs.org/bscs-5e-instructional-model.

[67]胡卫星,张婷.电子书包的系统构建与教学应用研究[J].现代教育技术,2011,(12):120-123.

[68]王玉玺,张妲,钟绍春,钟永江.基于电子书包的探究式教学模式设计——以小学科学教学为例[J].中国电化教育,2014,(02):95-100.

[69]强敏姮.基于电子书包教学模式的构建研究[D].沈阳:沈阳师范大学,2015.

[70]江佩,雷体南.基于电子书包的"学案导学"教学模式研究[J].中国教育信息化,2016,(02):20-23.

[71]石娟.基于电子书包的一对一数字化学习在高中生物课堂教学中的探索与实践[D].苏州:苏州大学,2016.

[72]何克抗.从Blended Learning看教育技术理论的新发展(上)[J].电化教育研究,2004,(3):1-6.

[73]SINGH H. & REED C. A White Paper:Achieving Success with Blended Learning[EB/OL]. http://www. leerbeleving. nl/wbts/1/blend-ce. pdf.

[74]苏丹.虹口区电子书包教学模式及其应用研究:从信息技术与课程整合视角研究的学模式变革[D].上海:上海师范大学,2012.

[75]黄明燕.混合学习环境下电子书包应用模式初探[J].现代教育技术,2013,(1):28-31.

[76]沈书生,刘强,谢同祥.一种基于电子书包的翻转课堂教学模式[J].中国电化教育,2013,(12):107-111.

[77]刘凯.基于电子书包的翻转课堂教学案例设计[D].兰州:西北师范大学,2014.

[78]何克抗,吴娟.信息技术与课程整合的教学模式研究之二——"传递—接受"教学模式[J].现代教育技术,2008,(8):8-13.

[79]王会娟.布卢姆掌握学习理论研究[D].哈尔滨:哈尔滨师范大学,2011.

[80]郑金洲.互动教学[M].福州:福建教育出版社,2005.

[81]李凌.互动教学理论在ESP教学中的应用研究[D].武汉:华中师范大学,2008.

[82]李朝辉.教学论[M].北京:清华大学出版社,2010.

[83]连云梅.电子书包在小学语文阅读教学中的应用研究[D].西安:陕西师范大学,2014.

[84]成小娟,张文兰,李宝.电子书包在小学语文阅读教学中的应用模式及成效研究——基于学习成效金字塔课论的视角[J].中国远程

教育,2017,(4):57 - 64 + 78.

[85]张文兰,李喆,员阁,连云梅.电子书包在小学数学教学中的应用模式及成效研究[J].中国电化教育,2013,(12):118 - 121.

[86]刘洁荣.电子书包在小学英语听说教学中的应用研究[D].西安:陕西师范大学,2016.

[87]冯惠敏,郭洪瑞.芬兰国家核心课程改革中横贯能力的培养对我国的启示[J].外国中小学教育,2017,(10):8 - 14.

[88]于国文,曹一鸣.跨学科教学研究:以芬兰现象教学为例[J].外国中小学教育,2017,(07):57 - 63.

[89]辛涛,姜宇,王烨辉.基于学生核心素养的课程体系建构[J].基础教育论坛,2016,(09):34 - 37.

[90] Partnership for 21st Century Learning. Standards:A 21st CenturySkills Implementation Guide[EB/OL]. http://www. p21. org/storage/documents/p21 - stateimp_standards. pdf.

[91]周文叶,陈铭洲.指向深度学习的表现性评价——访斯坦福大学评价、学习与公平中心主任 Ray Pchone 教授[J].全球教育展望,2017,(7):3 - 9.

[92]周文叶.核心素养的课程转化:以美国为例[J].教育发展研究,2017,(12):38 - 45.

[93]杜文彬.澳大利亚中小学课程结构改革及其启示[J].全球教育展望,2017,(09):37 - 48.

[94]SALTER P, MAXWELL J. The Inherent Vulnerability of the Australian Curriculum's Cross - curriculum Priorities[J]. Critical Studies in Education,2016,(3):296 - 312.

[95]Australian Curriculum, Assessment and Reporting Authority. The Australian Curriculum _ work studies[EB/OL]. http://www. acara. edu. au/.

[96]MINISTRY OF EDUCATION, SINGAPORE. Primary School Curriculum[EB/OL]. https://www. moe. gov. sg/education/primary/primary - school - curriculum.

[97]师曼,周平艳,陈有义,等.新加坡 21 世纪素养教育的学校实践

[J]. 人民教育,2016,(20):68-74.

[98] RIDZUAN A R. Pedagogy for thinking and creativity: the Singapore context[EB/OL]. https://www. oecd. org/edu/ceri/04%20Ridzuan_Singapore. pdf.

[99] 窦桂梅. 构建"1+X课程",为聪慧与高尚的人生奠基[J]. 课程·教材·教法,2014,(01):6-10.

[100] 张卓玉. 项目学习何以可能?——基于山西的实践与思考[J]. 中小学管理,2017,(4):23-26.

[101] TOOLIN R E. Striking a Balance Between Innovation and Standards: A Study of Teachers Implementing Project-Based Approaches to Teaching Science[J]. Journal of Science Education & Technology, 2004, 13(2): 179-187.

[102] KARACHOCA D, KARAHOCA A, UZUNBOYLUB H. Robotics teaching in primary school education by project based learning for supporting science and technology courses[J]. Procedia Computer Science, 2011,(3):1425-1431.

[103] CHU S K W, CHOW K, TSE S K. The development of students' information literacy and IT skills via inquiry PBL and collaborative teaching[J]. Proceedings of the American Society for Information Science & Technology, 2009, 46(1):1 - 22.

[104] MIODUSER D, BETZER N. The contribution of Project-based-learning to high-achievers' acquisition of technological knowledge and skills[J]. International Journal of Technology & Design Education, 2008, 18(1):59-77.

[105] LING Y B S, QUEK C L. Evaluating students' perceptions and attitudes toward computer-mediated project-based learning environment: A case study[J]. Learning Environments Research, 2010, 13(2):173-185.

[106] METTAS A C, CONSTANTINOU C C. The Technology Fair: a project-based learning approach for enhancing problem solving skills and interest in design and technology education[J]. International Journal

of Technology & Design Education, 2008, 18(1):79 - 100.

[107]LAM S F, CHENG W Y, MA W Y K. Teacher and student intrinsic motivation in project - based learning[J]. Instructional Science, 2009, 37(6):565 - 578.

[108] HOU H T. Exploring the Behavioural Patterns in Project - Based Learning with Online Discussion: Quantitative Content Analysis and Progressive Sequential Analysis[J]. Turkish Online Journal of Educational Technology, 2010, 9(3):52 - 60.

[109]RYE J, WARNER T A. Incorporating Concept Mapping in Project - Based Learning: Lessons from Watershed Investigations[J]. Journal of Science Education & Technology, 2013, 22(3):379 - 392.

[110]费夏. 基于项目的学习在中职计算机教学中的应用研究:以《Dreamweaver 网页设计与与制作》课程为例[D]. 上海:上海师范大学,2014.

[111]邬彤. 基于项目的学习在信息技术教学中的应用[J]. 中国电化教育,2009,(06):95 - 98.

[112]夏惠贤. 多元智力理论与项目学习[J]. 全球教育展望,2002,(9): 20 - 26.

[113]刘景福,钟志贤. 基于项目的学习(PBL)模式研究[J]. 外国教育研究,2002,(11):18 - 22.

[114]刘育东. 我国项目学习研究:问题与趋势[J]. 苏州大学学报(哲学社会科学版),2010,(04):182 - 187.

[115]孙俊霞,韩永国,郑一露. 基于项目学习的网络课程教学设计[J]. 中国教育技术装备,2009,(27):125 - 126.

[116]师庆良. 项目学习在校本课程教学中的应用研究[D]. 宁波:宁波大学,2009.

[117]杨柳. 基于项目学习的高中数学校本课程开发研究[D]. 长春:东北师范大学,2009.

[118]郝超君. 基于项目学习的教师培训模式探究——以 UNESCO PBL 培训为例[J]. 广州广播电视大学学报,2011,(05):52 - 57 +110.

[119]王林发. 研究型教师培养的项目学习教学模式[J]. 教育研究,

2010,(08):105 - 109.

[120]唐雅慧.网络环境中项目式学习评价指标体系研究[D].重庆:西南大学,2013.

[121]邵伟琳.基于项目的中学信息科技学习平台的设计与实践[D].上海:华东师范大学,2009.

[122]宋乐.基于项目学习的高中信息技术网站设计与开发[D].曲阜:曲阜师范大学,2014.

[123]胡舟涛.英语项目式教学的探索与实践[J].教育探索,2008,(02):70 - 71.

[124]王斌,朱守业,刘苗苗.电子书包发展中相关问题的探讨[J].电化教育研究,2011,(9):88 - 94.

[125]贺平,郑娟,王济军.电子书包应用现状与未来研究趋势[J].中国电化教育,2013,(12):52 - 56 + 60.

[126]富兰.教育变革新意义[M].赵中建,等译.3 版.北京:教育科学出版社,2005:65.

[127]刘太如.电子书包建设与应用的十大误区[J].中国信息技术教育,2014,(19):16 - 18.

[128]张立春,焦建利.教师对电子书包的理解及态度研究[J].电化教育研究,2015,(05):46 - 52.

[129]王晶晶.中小学电子书包推广应用研究[D].石家庄:河北大学,2014.

[130]KIM S, CLARKE E. Case study: An iPad - based intervention on turn - taking behaviors in preschoolers with autism[J]. Behavioral Development Bulletin, 2015,(20):253 - 264.

[131]NEELY L, RISPOLI M, CAMARGO S, et al. The effect of instructional use of an iPad on challenging behavior and academic engagement for two students with autism[J]. Research in Autism Spectrum Disorders, 2013, 7(4):509 - 516.

[132]CHAI Z, VAIL C O, Ayres K M. Using an iPad Application to Promote Early Literacy Development in Young Children with Disabilities [J]. Journal of Special Education, 2014, 48(4):268 - 278.

［133］CARDON T A. Teaching caregivers to implement video modeling imitation training via iPad for their children with autism［J］. Research in Autism Spectrum Disorders, 2012, 6(4):1389 – 1400.

［134］FLEISCHER H. What is our current understanding of one – to – one computer projects: A systematic narrative research review［J］. Educational Research Review, 2012, 7(2):107 – 122.

［135］FALLOON G. What's the difference? Learning collaboratively using iPads in conventional classrooms［J］. Computers & Education, 2015, 84:62 – 77.

［136］ALVAREZ C, BROWN C, NUSSBAUM M. Comparative study of netbooks and tablet PCs for fostering face – to – face collaborative learning［J］. Computers in Human Behavior, 2011, 27(2):834 – 844.

［137］ENGIN M, DONANCI S. Dialogic teaching and iPads in the EAP classroom［J］. Computers & Education, 2015, 88(C):268 – 279.

［138］FALLOON G. Young students using iPads: App design and content influences on their learning pathways［J］. Computers & Education, 2013, 68(4):505 – 521.

［139］SANA F, WESTON T, & CEPEDA N J. Laptop multitasking hinders classroom learning for both users and nearby peers［J］. Computers & Education, 2013,62(3):24 – 31.

［140］LUIK P, & KUKEMELK H. Changes in school management caused by regular usage of laptops in lessons［J］. Procedia – Social and Behavioral Sciences, 2011,(11):190 – 194.

［141］BARAK M, LIPSON A, & LERMAN S. Wireless laptops as means for promoting active learning in large lecture halls［J］. Journal of Research on Technology in Education,2006,(38):245 – 263.

［142］SONG Y. "Bring your own device (BYOD)" for seamless science inquiry in a primary school［J］. Computers & Education,2014,(74):50 – 60.

［143］FRIED C B. In – class laptop use and its effects on student learning.

参考文献

Computers & Education,2008, 50(3), 906 – 914.

[144] MONTRIEUX H, & VANDERLINDE R. A qualitative study about the implementation of tablet computers in secondary education: the teachers' role in this process[J]. Procedia – Social and Behavioral Sciences, 2014, (112):481 – 488.

[145] BEESON M W, JOURNELL W, & AYERS C A. When using technology isn? t enough: a comparison of high school civics teachers? tpck in one – to – one laptop environments[J]. Journal of Social Studies Research,2014, 38(3), 117 – 128.

[146] 杨宗凯,杨浩,吴砥.论信息技术与当代教育的深度融合[J].教育研究,2014,(3):88 – 95.

[147] 黄荣怀,胡永斌,杨俊锋,肖广德.智慧教室的概念及特征[J].开放教育研究,2012,(2):22 – 27.

[148] 周榕.电子书包资源体系构建与关键问题分析[J].现代教育技术,2013,(10):62 – 67.

[149] 周榕.电子书包课堂教学应用的现象解读与推进策略研究[J].电化教育研究,2013,(11):103 – 109.

[150] FREER F, BELVÍS E, Pàmies J. Tablet PCs, academic results and educational inequalities[J]. Computers & Education, 2011, 56(1):280 – 288.

[151] 王佑镁,陈慧斌.近十年我国电子书包研究热点与发展趋势——基于共词矩阵的知识图谱分析[J].中国电化教育,2014,(05):4 – 10.

[152] 童慧,杨彦军,郭绍青.电子书包应用效果评价研究进展述评及反思[J].远程教育杂志,2016,(1):99 – 112.